〈오징어 게임〉과 놀이 한류의 미래

〈오징어 게임〉과 놀이 한류의 미래

초판 1쇄 인쇄 2022년 1월 28일
초판 1쇄 발행 2022년 2월 12일
지은이 문재현, 윤재화, 임오규, 모아
펴낸이 김승희
펴낸곳 도서출판 살림터

기획 정광일
편집 조현주, 송승호
북디자인 이순민

인쇄·제본 (주)신화프린팅
종이 (주)명동지류

주소 서울시 양천구 목동동로 293. 22층 2215-1호
전화 02) 3141-6553
팩스 02) 3141-6555
출판등록 2008년 3월 18일 제313-1990-12호
이메일 gwang80@hanmail.net
블로그 https://blog.naver.com/dkffk1020

ISBN 979-11-5930-214-5 03370

〈오징어 게임〉과 놀이 한류의 미래

문재현, 윤재화, 임오규, 모아 지음

살림터

한류가 형성되고 사람들의 입에 오르내리게 된 것은 1990년대 후반이다. 하지만 그때부터 10여 년 뒤까지도 한류는 나에게 남의 나라 이야기나 마찬가지였다. 그 까닭은 내가 대중문화와 별 관련이 없는 삶을 살았기 때문이다. 대중문화를 비하하는 어떤 선입견이 있었던 것은 아니다. 드라마는 거의 보지 않고, 영화는 몇 년에 한 번 정도 보는 데다가, K-팝 그룹들은 여럿이 모여서 군무를 추는 특징이 있다는 건 알았지만 그룹 이름도, 그들의 노래도 거의 들어본 적이 없기 때문이다.

또 하나는 내가 하는 일의 특성 때문이다. 1990년대부터 나는 우리 사회의 소수자 문제 해결에 집중했다. 장애인 이동권·교육권·노동권 문제, 아이들의 왕따 문제, 여성과 성 소수자 문제, 환경문제 등이 주요 관심사였다. 이러한 소수자들은 공적 영역에서 자기 목소리를 내지 못하고 있다. 따라서 이들의 목소리를 드러낼 수 있는 영역과 매체가 내 문화적 관심사였다. 자신의 놀이 경험, 함께 부를 수 있는 노래 그리고 자신의 아픈 기억을 해방할 수 있는 자기 이야기 등이 중요했기 때문이다.

하지만 나 역시 한류의 흐름을 피해갈 수 없었는데, 여기엔 두 가지 이유가 있었다. 우선, 두 아들이다. 아이들은 초등학교 고학년 무렵 K-팝 그룹의 팬이 되었다. 큰아이는 원더걸스와 소녀시대의 팬이었고 둘째 아이는 블랙핑크의 열렬한 팬이다. 아이들과 대화하려면 내가 K-팝 그룹과 노래뿐만 아니라 그들이 인정받고 수용되는 문화적 맥락을 알아야 했다. 그래서 R&B의 역사, 힙합 그리고 한국 대중음악의 역사를 공부했고 아이들과 함께 이야기했다.

또 하나는 내 연구와 실천에 미친 한류의 영향이다. 소수자 문제를 다루다 보면 글보다는 말이 더 중요하다. 자기 말을 하지 못하는 사람의 목소리를 드러내고 스스로 스피커가 돼서 그 목소리들을 확산시켜야 하기 때문이다. 따라서 소수자 운동은 소수자들의 입말, 곧 모국어가 중요하고 우리말 살리기 운동과 어떻게든 관련을 맺을 수밖에 없다. 그런데 2000년대 중반부터 2010년대 중반까지 우리말 운동은 참 어려웠다. 이명박 정권의 시작과 함께 영어몰입교육이 정책으로 제시됐고, 한국말의 소멸을 이야기하는 지식인의 목소리가 높아졌기 때문이다. 그들은 영어를 공용화해야 한다고 주장했다. 많은 사람이 영향을 받았고, 우리말 살리기 운동을 하는 사람들은 심리적·실천적으로 위축될 수밖에 없었다. 그런데 K-팝이 확산되면서 전 세계적으로 우리말을 배우는 흐름이 생겨났다. 어느 순간 영어공용화론은 흔적도 없이 사라져버렸고, 국내외의 많은 사람이 우리말과 한글의 아름다움과 위대함을 말하고 있다. 봉준호 감독과 배우들, K-팝 아티스트들이 아카데미 시상식이나 미국 티비 프로그램에서 우리말로 인터뷰하는 것은 자연스러운 일이 되었다. 그리고 많은 외국인이 한국 드라마와 노래를 즐기기 위해 한글을 배우는 것이 유행이 되고 있다. 이제 한류는 음식, 난방 같은 주거문화 등 기층문화로 확산되고 있다. 한국문화 전체를 연구주제로 삼고 있는 나에게 한류는 평생 씨름해야 할 거대한 주제가 되었다.

내가 한류를 보다 본격적으로 탐구하게 된 계기는 하나의 사건 때문이다. 시간까지 정확히 기억나는데, 2018년 9월 2일이다. 인도네시아 자카르타-팔렘방에서 열린 아시안 게임의 폐막식 공연을 우연히 봤는데, 그 순간이 한류에 대한 내 생각이 근본적으로 변하게 된 계기다.

> 자카르타에서 열린 아시안게임 폐막식을 지켜본 적이 있다. 동남아시아 가수들과 K-팝 밴드가 공연했다. 그런데 느낌이 전혀 달랐다. 다른 가수들이 노래할 때는 손뼉 치며 즐기던 선수와 관중이 K-팝 밴드가 노래를 시작하자 모두 앞으로 몰려들었고, 함께 노래하며 춤을 추었다. 공연한다는 느낌보다는 함께 노는 느낌이었다. 팬들은 끊임없이 함께 노래 부르면서 추임새를 넣었고, K-팝 밴드는 더욱 열정적인 공연으로 팬들의 신명을 부추겼다. 한류스타들은 한국인들 가운데서 놀이와 노래, 춤에 가장 능한 사람들이다. 다시 말하면 한국인 특유의 신끼를 더 많이 지닌 사람들이다. 따라서 자신의 문화적 역량을 바탕으로 우리 문화 속에서 자라나지 않는 사람들에게서도 신명을 끌어낼 수 있었다. 이렇게 놀이와 신명을 통해 한류 현상을 해석할 때 그 파장의 의미와 속살이 밝혀질 수 있을 것이다. -본문 21쪽

그랬다. 그것은 놀이판이었다. 그 현장을 보고 나는 한국인의 신명풀이가 단순히 한국문화의 특수성이 아니라 인류의 보편적 문화 현상을 설명할 수 있는 키워드라는 생각을 하게 되었다. 소리판, 놀이판, 탈춤판 같은 데서 알 수 있는 것처럼 한국인들은 어떤 장소, 그것도 노래, 놀이, 춤이 역동적으로 펼쳐지는 그 연행공간을 '판'이라고 말한다. 그래서 한국문화를 판문화라고 하고, 그 안에서 이루어지는 신명풀이가 한국문화의 특성이다. 그리고 그런 신명이 길러지는 것은 놀이판이다. 엄마와 아기의 옹알이, 아기 어르는 소리를 매개로 만들어지는 가족과 마을의 놀이판, 대동놀이판 등이 한국인들의 신명풀이 문화의 뿌리이자 샘이기 때문이다. 그래서 나는 한류 문화의 미래와 궁극의 지향점은 놀이문화로 수렴될 것으로 생각했다. 그런 생각은 몇 년도 안 돼서 증명되었다. 드라마 〈오징어 게임〉이 그 계기가 되고 있다. 많은 사람이 한국 놀이에 관심을 가지고 놀이에 참여하고 있다. 이제 앞으로 팬데믹이 끝나면 수없이 많은 사람이 한국을 찾을 것이고, 그들의 버킷리스트 가운데 하나가 한국에서 놀이하는 것이 될 것이다. 우리는 그들과 함께 우리 놀이를 할 뿐만 아니라 그들의 놀이도 배워서 진정한 수평적 문화교류를 이끌 수 있는 역사적 주도권을 가질 수 있게 된 것이다.

〈오징어 게임〉 이전에도 나는 우리 놀이와 그 놀이가 다른 문화의 놀이와 만나서 소통할 가능성을 탐색했다. 여행 갈 때도 그랬지만 우리 모임의 회원들이 해외교사 연수나 단기 유학 등을 할 때 우리 놀이를 가지고 소통하도록 권장한 것이다. 그 시도는 성공적이었다. 하지만 그러한 개별적 실천으로는 한계를 느낄 수밖에 없었다. 드라마 〈오징어 게임〉 이후 근본적인 변화가 생겼다. 개인적인 시도가 아니라 모두의 관심과 유행 속에서 우리 놀이를 제안하고 진행할 수 있게 된 것이다. 한국 사회에서도 아이들 속에서 놀이문화 부흥(르네상스)의 흐름이 생겨나고 있고, 외국인들도 우리 놀이가 지닌 '함께하는 놀이문화'의 매력에 빠져들고 있다. 지금의 느낌을 정리하자면, 전쟁에서 한 개 부대가 보병전만 하다가 강력한 공군의 지원을 받는 기분이다.

문제는 세계의 열광적인 모습과 달리 한국에서는 초등학교와 유치원 교사들이 가장 싫어하는 드라마가 〈오징어 게임〉이라고 할 정도로 이러한 변화를 거부하는 흐름도 만만치 않다는 것이다. 그래서 〈오징어 게임〉 이후 변화하고 있는 우리 사회의 내부와 세계적인 흐름을 진단하고 한류가 지향해야 할 바를 정리할 긴급한 필요를 느꼈다. 이 책을 내게 된 배경이다. 이 책에는 그동안 놀이를 살리기 위해 내가 실천해 온 과정과 〈오징어 게임〉 이후 일어나는 변화를 담았다. 첫 번째 글인 〈오징어 게임〉과 놀이 한류의 미래'는 〈오징어 게임〉과 놀이 한류의 가능성을 담았고, 두 번째 글인 '새로운 여행 문화를 위한 청소년들과의 간담회'부터 네 번째 글인 윤재화 교장 선생님의 '독일에서 느낀 우리 놀이의 힘'은 그동안 우리 놀이가 가진 힘이 외국인에게 어떤 반응을 일으키는지에 대해 우리 회원들과 함께한 실천 경험을 담았다. 다섯 번째 글인 '고무줄놀이와 새로운 문화창조'부터 마지막 글 '놀이는 공동체의 밥이다'는 내가 복원하고 실천해 온 놀이와 그것이 지닌 뜻과 속살을 담았다.

놀이문화를 연구해 오는 과정에서 도와준 많은 분과 '마을배움길연구소' 연구원들, 청소년 모임 '모아' 회원들, 집필 과정에서 타자 치고 정리해 준 김채희 연구원에게 고마운 마음을 전한다. 살림터 정광일 사장님과 직원 여러분께도 감사드린다.

이 책이 놀이문화를 살리고 수평적인 인류문화를 만들어가기 위해 노력하고 있는 많은 분께 힘이 되길 바란다.

2022년 1월 문동리에서
문재현

차례

〈오징어 게임〉과
놀이 한류의 미래

....

〈오징어 게임〉과 놀이의 재발견

"소장님, 혹시 〈오징어 게임〉 보셨어요?"

"아직 보지는 않았는데 어떤 내용이죠?"

"서바이벌 데스 게임 형태의 드라마인데요. 여러 사연이 있는 456명의 사람
이 외딴섬에 있는 건물에 초대돼요. 거기서 목숨 걸고 서바이벌 게임을 하
는데, 그 게임이 우리가 예전에 골목에서 하던 놀이예요. '무궁화 꽃이 피
었습니다', '구슬치기', '딱지치기', '줄다리기', '달고나' 같은 놀이를 하는 거
죠. 한 명에게 1억씩 주고 매 게임에서 탈락한 사람의 돈은 회수되어 남은
사람들의 상금으로 적립돼요. 결국 최후에 남은 1인이 456억의 돈을 다
갖는 거죠."

"뭔가 혼란스러운 표정인데 어떤 문제의식을 느끼는 거죠?"

"어렸을 때 했던 정겨운 놀이가 그렇게 선정적이고 폭력적으로 다뤄지는 것을 보고 걱정되기도 했고, 이런 드라마가 왜 그렇게 전 세계에서 열광적인 반응을 일으키는지 궁금하기도 해요."

내가 〈오징어 게임〉을 처음 알게 된 장면이다. 이 대화는 시작에 불과했다. 그 뒤로도 수십 번 이와 비슷한 대화를 반복해야 했다. 전화, 일대일 대화, 강의에서 많은 사람이 〈오징어 게임〉에 관한 질문을 했다. 놀이운동가이고 교육운동가이며 학교폭력 예방 전문가이기도 한 내가 〈오징어 게임〉을 어떻게 생각하는지 궁금했던 것 같다. 보통 사람들보다 놀이꾼들이 〈오징어 게임〉 안의 놀이를 어떻게 봐야 할지 더 혼란스러워했다. 놀이에 대한 애정과 추억이 많을수록 더 많은 반발심이 있었다.

이런 문제에 답하려면 감독이 왜 그렇게 우리 전래놀이를 다루었는지부터 살펴볼 필요가 있다. 감독이 이 드라마에 어떤 문제의식, 어떤 메시지를 담고자 했는지부터 시작하는 것이 좋겠다. 내 생각에 감독은 이 영화를 통해 0.0001%와 99.9999%로 표현되는 현대사회의 심각한 불평등과 빈부격차를 다루고 싶었던 것 같다. 이는 〈오징어 게임〉 속 폭력이 개인적인 폭력이 아니라 구조적 폭력이라는 데서 짐작할 수 있다. 배틀로얄이나 헝거 게임 같은 다른 데스 게임은 참가자들이 서로 죽이는 형태의 폭력이다. 인간은 이기적인 존재이고 사회 규범이 없으면 서로에게 폭력을 행사하고 죽이는 존재라는 철학이 담겨있는 것이다. 그러한 드라마의 주인공은 어떤 어려운 상황에서도 독립적으로 판단하고 결정하면서 승리하는 영웅이 될 수밖에 없다.

이와 달리 〈오징어 게임〉은 게임 규칙이나 보상, 처벌을 주최 측이 정한다. 주최 측은 자본주의 사회를 상징하는 기업이고 그 배후에는 국제자본의 그림자까지 어른거린다.

그들이 바로 이 사회에서 폭력을 정당화하는 규칙을 정하고 행사하는 존재들이다. '오징어 게임'에 참가하는 사람들은 자본주의 사회의 피해자 또는 희생자들이다. 스스로 폭력을 행사하는 존재들이 아니라 폭력의 대상이 되는 존재이며, 그 안에서도 끊임없이 인간과 관계에 대해 고민하는 보통 사람들이다. 물론 그 안에서 사람들끼리 싸우고 죽이는 장면도 나오지만, 그것은 그들이 악해서가 아니라 그 상황이 그렇게 만들어내는 것이다.

우리가 알아야 할 것은, 〈오징어 게임〉에서 존재하는 놀이는 진짜 놀이가 아니라는 것이다. 감독이 자기 메시지를 가장 효과적으로 전달하기 위해 선택한 예술적 장치일 뿐이다. 나는 감독이 우리 전래놀이를 예술적 표현 수단으로 삼은 것은 탁월한 선택이라고 본다. 자유로운 놀이, 진짜 놀이와의 대비를 통해 우리 사회의 구조적인 억압을 아주 직관적으로 본질에서 보여주며 느낄 수 있게 했기 때문이다.

놀이를 탐색해 온 철학자들은 놀이의 가장 중요한 특성을 자유라고 보았다. 사람들은 누가 주는 것만을 수용하는 수동적 존재가 아니라 의지와 자유를 지닌 존재이고 놀이를 통해 그 가능성을 실현해왔다는 것이다. 놀이는 '~로부터의 자유'도 가능하게 하지만 '~을 할 수 있는 자유'를 성취하게 한다. 따라서 누군가 명령과 지시를 받아서 하는 행동은 놀이라고 볼 수 없다는 것이 오늘날 놀이에 관한 학문의 일반적인 견해다.

규칙을 놀이 참여자들이 스스로 만들고 바꾼다는 것도 놀이의 특징이다. 놀이는 자유롭지만 놀이 규칙을 지킬 때만 그 판이 유지된다는 특징도 있다. 따라서 어떤 사람들이 일방적으로 규칙을 만들고 적용한다면 그 역시 놀이라고 볼 수 없다.

이런 생각은 어렸을 때 자유로운 골목 놀이를 경험한 사람이라면 누구나 동의할 것이다. 감독은 인류가 어렸을 때부터 경험한 가장 자유로운 놀이를 전체주의적이고 일방적인 활동과 대비시켰고, 이 때문에 사람들은 누구나 직관적으로 감독이 제시하는 메시지에 공감하게 되었다. '우리 사회의 부조리와 불평등을 만들어내는 규칙을 누가 만들고 유지할까?', '우리는 언제까지 이러한 부당한 규칙을 일방적으로 수용하고 참으면서 살아야 할까?'

나는 감독의 이러한 문제의식에 공감하며 〈오징어 게임〉에서 놀이를 활용하는 방식을 지지한다. 놀이가 그저 아이들이나 하는 주변적이고 부차적인 것이 아니라 세계를 이해하고 설명할 수 있는 가장 좋은 방법이며 세상에 대한 근본적인 은유가 될 수 있다는 것을 보여주기 때문이다.

그래서 나는 〈오징어 게임〉의 세계적인 열풍에서 놀이의 역할이 아주 크다고 믿는다. 〈오징어 게임〉은 다른 드라마와 달리 모든 세대가 참여하는 이야기를 만들어내고 있다. 사람들이 단순한 오락물이 아니라 자기 이야기로 받아들이는 것이다. 그 결과 세대와 인종을 넘어 누구나 〈오징어 게임〉을 이야기하고 끼어들 수 있으며 이 게임에 공명한다. 우연히 40대 남성 몇 명이 〈오징어 게임〉을 가지고 이야기하는 장면을 본 적이 있는데, 놀이에 대한 회상과 욕구, 기대가 이 드라마를 통해 어떻게 살아나고 있는지 보여준다.

> "야야, 근데. 내가 요번에 〈오징어 게임〉을 보면서 좋은 게 있어. 다 내가 아
> 는 놀이더라고!"
> "맞아, 맞아. 우리 어렸을 때 다 '오징어 게임'을 했지. 근데 동네마다 부르는
> 이름이 다 달랐던 것 같아."
> "근데 아쉽기도 해."
> "뭐가?"
> "비석 치기도 없고 고무줄놀이도 없고 자치기도 없잖아?"
> "나는 속편이 나오면 말뚝박기나 사방치기가 있었으면 좋겠어. 강강술래,
> 차전놀이 할 수 있는 건 많잖아?"

이런 이야기판은 40대뿐만 아니라 다른 세대 역시 다르지 않을 것이
다. 또한, 한국뿐만 아니라 세계적인 현상이기도 하다.

〈오징어 게임〉은 가상세계도 뜨겁게 달구고 있다. 유튜브, 틱톡 등에
서 〈오징어 게임〉에 대한 짧은 영상(짤)과 모방이 넘쳐난다. 그리고 그러한
모방들은 또 다른 이야기를 만들어내면서 이야기판이 확대되고 있다. 이
야기판과 더불어 놀이판도 커지고 있다. 〈오징어 게임〉의 장점은 그 안에
놀이가 있고 그 놀이가 사람들의 모방 본능을 자극한다는 것이다. 〈오징
어 게임〉 속 놀이를 모방하면서 드라마뿐만 아니라 그 안의 놀이에 빠져들
고 있다. 요즘 아이들이 '오징어 게임을 하자'고 하면 그것은 '오징어 게임'
하나가 아니라 그 안에 있는 모든 놀이를 포함하는 것이다.

그동안 어떤 드라마도 이렇게 현실에서 사람들의 생활과 행동 방식을 바꾸지 못했다. 이런 공감 속에서 우리는 다시 한국 전통 놀이를 발견하고 있고, 그것이 인류와 세계의 빛이 될 수 있음을 깨닫고 있다.

놀이 한류의 가능성 모색하기

언제부턴가 한류는 우리 문화의 얼굴 또는 그릇이 되었다. 우리 문화 요소를 한류라는 말에 담아서 영화 한류, 드라마 한류, 음식 한류로 그 정체성을 세계에 가시화하는 것이다. 요즘 들어서는 K라는 알파벳에 우리 문화의 요소를 담아서 K-드라마, K-팝, K-푸드, K-뷰티, K-방역, K-민주주의 등으로 발신하며 세계인에게 열렬하게 수용되고 있다.

K-팝과 드라마를 중심으로 확산하기 시작한 한류는 한국 음식, 한국어 등의 기층문화로 확대되더니 팬데믹 이후에는 K-방역, K-민주주의 등 시스템 한류로 확장되고 있다. 세상 사람들이 한국에서 먹는 것을 보면 먹고 싶어 하고, 한국에서 부르는 것을 보면 함께 부르고, 한국에서 보는 것을 함께 보는 것이다.

한류를 수용하며 이해하는 사람들도 청소년과 일부 여성을 넘어 남성과 지식인들, 정치 엘리트들로 확대되고 있다. 요즘 주요 언론이나 미국 싱크탱크(think tank)에서 한류의 소프트 파워를 주제로 토론회가 열리는 것은 한류의 영향력이 문화를 넘어 국제정치에도 영향을 미치는 요소가 되고 있음을 보여주는 것이다.

공간적으로도 처음 동아시아에서 시작되어 동남아시아, 아프리카, 남아메리카로 확산했고 이제 미국과 유럽에서도 강력한 흐름을 형성하고 있다. 그동안 16~17세기 유럽 지배층 사이에서 중국 문화를 수용하는 사조였던 '시누아즈리', 18세기 말 유럽 중산층과 예술가들이 일본 민화와 정원 문화를 열광적으로 수용했던 '일본풍'(자포니즘) 현상이 있었다. 현대에 들어와서도 일본 만화, 인도 영화 등은 서양인들에게 영향을 미치고 있다. 하지만 서양에서 한류처럼 소위 선진국이 아닌 제3세계에 속한 나라의 영향력이 거의 모든 분야에 걸쳐 수용되고 있는 것은 사상 초유의 일이 아닐까.

우리나라는 정치적으로는 촛불로 상징되는 새로운 민주주의 선도국가, 경제·군사적으로 중견 강국, 문화적으로는 강대국으로 세계에 받아들여지고 있는데, 군사적 점령이 아니라 사회·경제적, 문화적 성장을 통해 그 과정이 이루어지고 있다는 것이 다른 서구 강대국과 구별되는 특징이다. 정치·사회·문화적인 역동성이 이런 흐름을 만들고 있다는 점에서 진정한 소프트 파워가 무엇인지 보여주는 역사적 사례라고 보아도 지나친 평가는 아닐 것이다. 디지털 기술을 기반으로 한 IT 생태계가 수평적인 문화교류의 가능성을 열어주고 있고 한국이 이를 적극 활용했기에 가능한 현상이기도 하다. 국력을 따질 때 영토와 인구를 중심으로 하지만 이제는 IT 생태계에 미치는 영향력도 국력의 주요한 요소로 보아야 한다. IT 생태계에서 한국은 현실적 영토나 인구보다 훨씬 넓은 영토를 지닌 강대국인 것이다.

팬데믹으로 전 세계인의 실내생활이 늘어나면서 K-드라마, K-팝의 수용 정도는 더욱 확산·강화되고 있으며, 그로 인해 한국 문화에 대한 관심은 더욱 증대되는 선순환이 형성되고 있다. 〈오징어 게임〉은 그 한류의 흐름이 놀이로 확장되고 있음을 보여준다. 나는 오래전부터 미래한류의 방향은 민속을 통한 문화교류와 문화공유일 것으로 생각해왔다. 대중문화에서 시작된 한류가 이해와 수용의 저변이 깊어지고 두터워지면 민속이 한류의 중심축이 되리라고 보았기 때문이다. 실제로 한류 수용층이 늘어나면서 한국 음식이나 한국어, 한복, 한국 민요나 판소리에 관한 관심이 확대되고 있으며, 직접 배우려고 한국에 오는 사람들도 생겨나고 있다. 얼마 전에 한 언론사에서 한류 하면 생각나는 것이 무엇이냐는 여론조사를 한 적이 있는데, K-팝 못지않게 한국 음식을 지목한 사람이 많았다.

나는 오랫동안 한류의 궁극적인 형태가 놀이 한류라고 생각해왔다. 이는 한국문화의 특성을 생각할 때 자연스러운 방향이기도 하다. 노래, 춤, 놀이를 즐기는 것은 어느 사회나 마찬가지겠지만 우리 겨레는 훨씬 유난스럽다. 예나 지금이나 외국인들이 우리 사회를 경험하고 그 인상을 정리한 글에는 노래와 놀이를 즐긴다는 내용이 들어있다. 그 가운데 중국의 옛 기록인 『삼국지』「위서」 "동이전"은 고구려, 부여, 백제, 마한, 변한 등의 풍속을 기록한 것이다. 그 속살을 민속학자 임재해는 다음과 같은 키워드로 정리한 바 있다.

남녀노소 군취가무 주야무휴 연일음주가무

男女老少 群聚歌舞 晝夜無休 連日飮酒歌舞

1800년 전의 중국인들이 볼 때 한국인들의 특징은 남녀가 밤낮으로 어울려 노는 것이었다. 남녀 구별이 분명하고 계급 간에 함께 어울려 놀지 않았던 당시 중국의 모습과 달랐기 때문에 그렇게 인상적이었을 것이다. 오늘날에도 이러한 문화적 유전자는 이어지고 있다. 2002년 월드컵 당시 붉은 악마의 거리 응원은 옛 국중대회의 음주·가무 전통이 현대에 되살아난 것이라고 볼 수 있다. K-팝에 대한 세계인의 열광 역시 한국인의 신명에 대한 반응이라고 생각한다. 성악가 조수미는 "세계를 돌아다녀 봐도 한국인처럼 모두가 예술가인 나라는 없다."고 한 바 있다.

2018년 인도네시아 자카르타에서 열린 아시안게임 폐막식을 지켜본 적이 있다. 동남아시아 가수들과 K-팝 밴드가 공연했다. 그런데 느낌이 전혀 달랐다. 다른 가수들이 노래할 때는 손뼉 치며 즐기던 선수와 관중이 K-팝 밴드가 노래를 시작하자 모두 앞으로 몰려들었고, 함께 노래하며 춤을 추었다. 공연한다는 느낌보다는 함께 노는 느낌이었다. 팬들은 끊임없이 함께 노래 부르면서 추임새를 넣었고, K-팝 밴드는 더욱 열정적인 공연으로 팬들의 신명을 부추겼다. 한류스타들은 한국인들 가운데서 놀이와 노래, 춤에 가장 능한 사람들이다. 다시 말하면 한국인 특유의 신끼를 더 많이 지닌 사람들이다. 따라서 자신의 문화적 역량을 바탕으로 우리 문화 속에서 자라나지 않은 사람들에게서도 신명을 끌어낼 수 있었다. 이렇게 놀이와 신명을 통해 한류 현상을 해석할 때 그 파장이 지닌 의미와 속살이 밝혀질 수 있을 것이다.

놀이는 인류 문화의 공통 주제이고 하나의 원형적 현상이다. 그래서 민담이라 부르는 이야기와 놀이는 전 세계 어디나 비슷한 모습일 수밖에 없다. 나라마다 특색이 있지만, 그 문화적 원형이 같으므로 서로 놀이를 배우고 비교하면서 수평적으로 문화를 교류하고 공유할 수 있다. 고급문화나 대중문화처럼 일방적으로 자기 문화를 강요하는 것이 의미가 없기 때문이다.

내가 놀이를 바탕으로 한 세계인들과의 문화교류를 고민하고 실천해 온 것은 이미 오래전부터다. 가장 먼저 시도한 것은 우리나라에 와 있는 외국인 노동자와의 교류프로그램이다. 외국인 노동자 상담소와 함께 여러 나라 노동자들이 참여하는 민속놀이마당을 구상했다. 우리 놀이를 가르치려는 것이 아니라 각 나라 사람들이 자기 놀이를 진행하고 서로 배우며 그 과정에서 우리 놀이도 함께하는 프로그램이었다. 하지만 상담소의 반응이 적극적이지 않았다. 지금처럼 외국인들이 한국 놀이에 관심이 높아진 상황에서 시도한다면 가능성이 컸겠지만, 그때는 그런 여건이 아니었다.

한국 사람들과 결혼한 외국인 이주 여성과의 교류프로그램도 진행하려고 했다. 학교에서 다문화 가정 부모들과 먼저 그 나라의 놀이를 하고 한국 놀이도 함께 하려고 시도한 것이다. 하지만 다문화 가정 부모들은 먹고살기에 바빴고, 교사들도 그 프로그램의 의미를 이해하지 못해 제대로 진행할 수 없었다.

그다음, 외국 여행을 진정한 문화교류의 기회로 삼고자 했다. 내가 소장으로 있는 마을배움길연구소는 2, 3년에 한 번씩 해외여행을 했다. 아름다운 자연이나 건축물만이 아니라 민요, 놀이 같은 기층문화를 바탕으로 서로 소통하면서 새로운 세상을 상상하는 서로문화적인 교육 기획이었다.

시작은 캄보디아 여행이었다. 여행팀은 어른과 청소년이 반반으로 구성되었기 때문에 청소년들이 보이는 반응은 여행을 계획하는 데 아주 중요했다. 청소년들은 아름다운 자연이나 거대한 건축물을 볼 때 감탄은 했지만, 그 이상의 반응은 보이지 않았다. 마음을 움직이는 감동과 열정은 사물이 아니라 사람들을 향했다. 청소년들은 톤레삽 호수에서 물풀을 가지고 주민들과 함께 수공예품을 만들 때 가장 즐거워했다. 할머니와 아줌마들과도 몰입해서 작품을 만들었지만, 더 좋았던 것은 그 고장 아이들과 어울릴 때였다. 얼굴이 활짝 피어나고 누가 시키지 않아도 적극적으로 움직였다. 역시 아이들의 마음을 끌어당기는 가장 큰 힘은 또래 아이들에 관한 관심이었다. 버스를 타고 지나갈 때도 아이들이 노는 장면을 보면 모두가 관심을 가지고 쳐다보았고 손도 흔들었다. 그다음 여행지인 백두산과 연변에서도 마찬가지 반응이었다. 그래서 베트남 여행에서는 서로문화주의적인 여행을 좀 더 체계적으로 기획하려고 했다. 그래서 다음과 같은 3가지 원칙을 세웠다.

· 여행 안내자는 반드시 현지인으로 한다.
· 안내자의 설명을 일방적으로 듣고 끝나는 것이 아니라 간단한 설명 후 질문하고 대화하는 과정을 반드시 만든다. 그것을 위해 우리가 1년간 그 나라와 고장의 역사를 공부하고 각자 질문을 형성한다.
· 가능한 한 그 나라의 청소년들과 어울려서 놀이할 수 있는 시간을 만든다.

캄보디아 여행보다 베트남 여행의 효과는 좋았다. 베트남 역사가 우리 역사와 쌍둥이처럼 닮았기 때문에 그 역사와 문화를 이해하기도 쉬웠고, 여러 번의 경험으로 그곳 문화를 존중하는 태도도 갖추어져 문화적 차이가 새로운 배움과 대화의 계기가 되었기 때문이다. 청소년들의 반응은 이번에도 같았다. 하롱베이나 짱안의 절경들도 볼 때는 좋아했지만 그들의 마음을 끄는 것 같지는 않았다. 청소년들의 모습이 극적으로 바뀐 것은 마이쩌우에서, 그 마을 아이들을 만나면서부터였다. 지루했던 표정들이 사라지고 생기가 넘쳤다. 그리고 한류의 위력을 실감할 수 있었다. 그것은 전 세계 청소년들의 공통언어였다.

마이쩌우는 베트남 소수민족인 타이족의 마을이다. 베트남어나 타이족의 말을 모르는 것이 청소년들에게는 문제 되지 않았다. 몸짓과 표정으로 서로 탐색하기 시작하더니 바로 BTS와 블랙핑크를 아냐고 물었는데, '열광적인 팬'이라는 반응이 나왔다. 이윽고 휴대전화 번역기 앱을 켜고 소통하기 시작했다. 휴대전화로 BTS의 노래를 듣고 배구도 하고 무리 지어 마을을 돌아다녔다. 조금 더 친해지자 준비해간 고무줄놀이가 시작되었다. 베트남의 고무줄놀이는 우리와 같은 것도 있고 다른 것도 있었다. 동작이 단계별로 점점 어려워진다는 점이 같지만, 놀이의 속살은 달랐다. 우리 고무줄놀이는 노래 놀이 형태인 데 비해 베트남의 고무줄놀이는 한 친구가 어려운 동작을 시도하면 다른 친구가 그걸 따라 해야 하고 해내지 못하면 지는 방식이었다. 청소년들은 필리핀 고무줄놀이를 알고 있었기에 베트남 고무줄놀이도 이와 비슷하지 않을까 생각했지만, 베트남 고무줄놀이가 또 다른 것을 발견하면서 문화의 다양성을 다시금 확인할 수 있었다.

마을 아이들과 신나는 놀이 분위기는 밤늦게까지 이어졌다. 마이쩌우에서는 관광객들을 상대로 민속공연을 하는데, 보통은 야외 카페 같은 곳에서 주민들이 공연하고 관광객들은 샴페인을 마시면서 구경했다. 그런데 우리가 노는 것을 보고 안내자가 마을 사람들과 이야기하더니 공연방식을 바꿨다. 우리가 바라는 것은 일방적인 구경이 아니라 서로 대화하면서 문화를 교류하고 공유하는 것이니 바꾸는 거라고 했다. 마을 한가운데에 있는 광장에서 민속놀이를 했고, 바로 함께 놀 수 있는 방식으로 진행했다. 그러고는 우리에게 한번 놀이를 주도해 보라고 권하는 것이었다. 우리 여행팀은 참여자 모두가 강강술래를 이끌어갈 능력을 갖추고 있었기에 그 자리에서 바로 강강술래 판을 벌였다. 오후에 함께 놀았던 아이들이 먼저 참여하고 마을 어른들도 하나, 둘 손을 잡으면서 강강술래에 참여하자 중국과 다른 나라에서 온 사람들도 손잡고 끼어들었다. 그야말로 감동의 대동 놀이판이었다. 우리 대동 놀이가 지닌 신명의 힘은 모두를 열광과 몰입으로 이끌었다. 대동 놀이가 끝나자 그동안 청소년들 가운데 놀이에 가장 소극적인 친구가 흥분된 얼굴로 나에게 말했다.

"놀이로 세계를 정복할 수 있겠어요! 저녁 먹을 때 민요를 부르는 것도 좋았어요."

대동 놀이판이 열리기 전에 민박집 주인 가족들과 저녁을 먹은 뒤 내가 주인집 사람들에게 마을 민요를 불러 달라고 하고, 그들의 요구로 아리랑과 판소리를 부르면서 소리판을 벌였는데, 그것이 그렇게 신기하고 즐거웠나 보다.

외국에 연수 가는 교사들을 통해서도 놀이 한류의 가능성을 탐색했다. 한 교사가 호주 연수에서 놀이를 가지고 그 나라의 교사, 아이들과 함께한 경험은 실로 감동적이다. 그 교사는 평소 아이들과 놀지 않았는데, 호주에 어학연수 가면서 내가 함께하고 있는 평화샘 모임 교사들에게 비석치기를 배운 뒤 호주에서 수업 시간에 시도해 본 것이다. 아이들의 반응은 열광적이었고, 한 번 수업하려던 계획과 달리 열렬한 반응 속에 여러 교실에서 놀이를 진행했다고 한다. 교실에서 놀이할 때는 다른 반 아이들이 복도 유리창을 통해 교실 안을 지켜보는 진풍경도 연출되었다고 한다.

한 교장 선생님은 독일로 연수 갔는데, 마침 찾아간 학교에서 학교폭력 예방프로그램으로 놀이를 진행하고 있었다고 한다. 그런데 그 놀이가 의자 바꿔앉기 놀이였고, 사실상 왕따 놀이였다. 더구나 아이들이 인종별로 서로 어울리지 않는 모습이 그대로 드러났다. 답답하지만 어떻게 하지 못하다가 수업이 끝날 때쯤 수업을 진행하던 선생님이 한국 노래를 불러줄 수 없겠냐고 했다. 놀이의 달인이던 교장 선생님은 아이들과 강강술래와 대문 놀이 등을 진행했고, 모든 아이가 함께 어울리면서 인종 장벽이 무너지고 서로 어울리는 장면이 펼쳐졌다.

놀이 한류가 진정한 세계문화공동체를 형성하는 기반이 될 수 있다고 확신하게 된 것은 이런 경험 때문이다. 이제 〈오징어 게임〉은 이러한 초보적인 시도들이 아니라 대중적이고 근본적인 놀이 한류의 가능성을 탐색할 계기를 만들고 있다.

〈오징어 게임〉과 놀이 르네상스의 조짐

〈오징어 게임〉 신드롬 이후 가장 걱정이 많은 사람들은 선생님들이다. 내가 직·간접적으로 만난 많은 선생님이 〈오징어 게임〉의 선정성과 폭력성에 거부감을 느꼈다. 다른 나라보다 우리나라 사람들이 〈오징어 게임〉에

호불호가 갈린다는데, 교사들이 호가 아닌 불호가 많다는 생각이 들었다. 그것이 교사 일반의 공유된 정서라는 것을 확인한 것은 15만 명이 넘는 거대 교사 커뮤니티에 올라온 글과 댓글 반응이었다.

> 매번 자료실에 자료 올려주시는 선생님들, 무한 감사드립니다. 그런데 〈오징어 게임〉 자료가 몇 개씩 보여서요. 이거 〈오징어 게임〉이라고 말씀하시면서 활동하시나요? 드라마 자체가 너무 잔인하고 선정적이어서 저는 학생들에게 말도 꺼내지 못하게 하고 있습니다. 혹시 말 꺼내면 보고 싶을까 봐서요. 마음 같아서는 뉴스도 학생들에게는 다 차단하고 싶은 심정입니다. 이걸 유명하다고, 이미 아이들도 다 안다고, 봤다고 학교에서 선생님까지 〈오징어 게임〉을 언급하면 아이들이 궁금해하고 보고 싶어지지 않을까요? 상식이 없는 학부모들이 아이들과 함께 보거나 보여준다는 이야기는 들었습니다만 선생님들은 부디 〈오징어 게임〉을 언급하지 않으셨으면 하는 바람입니다.

교사 1 저는 교실에서 아예 〈오징어 게임〉 언급 금지했어요. ㅠㅠ 아이들이 볼 수 없는 콘텐츠인데, 본 아이들이야 어쩔 수 없다 쳐도 안 본 아이들까지 관심 갖고 호기심 생길까 봐서요. ㅠㅠ 모르던 애들도 물어보더라고요.

교사 2 아뇨, 전 보지도 말고 이야기도 하지 말라고 했어요. 애들이 안 봤으면 좋겠지만, ㅠㅠ 뭐, 집이나 밖에서 보는 건 막을 수 없으니 최소한 학교에서라도 관련 이야기는 안 했으면 좋겠어서요. 너무 잔인하더라고요.

교사 3 동의합니다. 저도 우리 반에서 〈오징어 게임〉이 금지어입니다.

이미 많은 아이가 보았기 때문에 금지하는 것이 효과가 없고 함께 토론하는 것이 좋다는 의견도 일부 있었지만, 대다수 선생님이 〈오징어 게임〉을 교실에서 말하지도 못하게 해야 한다는 확고한 신념이 있었다. 아이들에게 좋은 것만 해주고 보여주고 싶은 교사들의 심정은 이해가 간다. 하지만 과연 그렇게 금지하는 것이 효과가 있을까? 사람 심리는 누가 보지 말라고 하면 '왜 보지 말라고 하는 거지?' 하면서 더 보게 되어있다. 또한, 아이들이 컴퓨터와 스마트폰을 어른보다 더 잘 사용하는 현실에서 〈오징어 게임〉을 보지 않도록 하는 것은 불가능하다. 그리고 이미 많은 아이가 드라마에 나오는 놀이를 모방하고 있는데 이런 현실에 눈감고 금지한다는 명령을 내리는 것만으로 교사들이 원하는 효과를 얻을 수 없다는 것은 누구나 알 수 있을 것이다.

나는 이러한 전체주의적 학급 운영은 〈오징어 게임〉을 연출한 황동혁 감독이 비판하려는 그 사회와 다르지 않다고 생각한다. 모든 규칙을 아이들과 함께 결정하는 것이 아니라 교사가 일방적으로 결정하는 잔인한 사회 말이다.

오랫동안 놀이를 통해 아이들과 소통해 온 교사들은 놀이 운동과 교육의 새로운 가능성이 생기고 있음을 눈으로 확인하고 있다. 〈오징어 게임〉이 세계적인 화제가 되기 전에는 아이들과 전래놀이를 하는 것이 쉬운 일이 아니었다. 교실에서 영향력 있는 아이들은 축구 등 스포츠를 고집하고 전래놀이에 몰입하지 않았다. 그런데 〈오징어 게임〉이 유행한 다음에는 너나 할 것 없이 〈오징어 게임〉에 나오는 놀이를 하려고 한다. 전에 방해하던 아이들이 더 적극적으로 놀이하고, 소극적이던 아이들도 적극적으로 참여한다. 그러다 보니 놀이에 더 빨리 몰입하고 새로운 놀이에 대한 수용과 도전이 훨씬 쉽게 이루어진다. 물론 문제도 있다. 진짜 놀이가 아니라 〈오징어 게임〉에 나오는 놀이를 드라마에서 하는 것처럼 따라 하는 일도 있기 때문이다. 이런 문제를 1학년 학생들과 같이 놀며 '금지'가 아니라 '교육적 대화와 대안적 활동'으로 해결한 교사의 사례를 살펴보자.

"얘들아. 우리 '무궁화 꽃이 피었습니다' 할까?"

"와, '오징어 게임'이다!"

"왜 '무궁화 꽃이 피었습니다'가 '오징어 게임'이야?"

"거기서 나와요."

"거기서 나오는 놀이는 다 '오징어 게임'이라고 부르는 거야? 그럼 너희도 〈오징어 게임〉을 봤니?"

"네, 엄마·아빠랑 봤어요."

"유튜브에 나오는 거 봤어요."

아이들도 거의 〈오징어 게임〉을 알고 있었고, 놀이를 하고자 하는 열기가 대단했다. 그런데 놀이를 시작하자 아이들이 이상한 행동을 했다. 술래가 뒤를 돌더니 움직이는 아이들을 향해 '피용' 하며 손가락권총을 쏘았다.

그러자 총을 맞은 아이가 가슴을 움켜쥐고 '억' 하며 바닥에 쓰러졌다. 드라마처럼 총에 맞고 죽는 시늉을 한 것인데, 다른 아이들도 깔깔 웃으며 똑같은 모습으로 놀았다. 그 모습을 보며 아이들에게 우리 놀이와 드라마의 차이를 알려줘야겠다고 생각했다. 그래서 실컷 논 다음 아이들과 이야기를 나눴다.

"'무궁화 꽃이 피었습니다' 놀이 어땠어요?"

"정말 재미있어요."

"그런데 아까 술래가 쏜 총을 맞은 친구가 죽는 건 어디서 나와요?"

"〈오징어 게임〉요."

"그럼 〈오징어 게임〉 속 놀이를 흉내 낸 것과 우리가 평소 하던 놀이가 어떤 점이 다른지 생각해 볼까요?"

아이들은 〈오징어 게임〉에서는 인형 눈에 동작 감지 기능이 있어서 작은 움직임도 찾아내어 사람을 죽이지만 우리가 노는 놀이는 움직이다 잡힌 친구도 다른 친구들이 살려낸다는 것, 술래와 가까워지는 친구는 가슴이 조마조마하지만 그걸 참고 죽은 친구를 살리려고 용기를 내어 술래 가까이 온다는 것, 특히 술래는 누구나 하고 싶어 하는 역할이라는 것을 찾아냈다. 아이들은 눈을 반짝이며 이야기에 몰입했고, 우리가 평소에 하는 '무궁화 꽃이 피었습니다'가 얼마나 좋은 놀이인지 확인하면서 행복해했다.

외손자와 영유아기부터 놀이한 할아버지의 사례는 더욱 감동적이다.

"우리 손자, 할아버지랑 '무궁화 꽃이 피었습니다' 할까?"

"할아버지, 나 유치원에서도 '무궁화 꽃이 피었습니다' 했어. 근데 할아버지

랑 한 놀이랑 좀 달라."

"어떻게 했는데?"

"유치원에서 ○○형이랑 했는데 빵빵 총을 쏘면 죽는 놀이야."

"할아버지랑 한 놀이랑 어떤 게 더 재밌어?"

"할아버지랑 하는 게 더 재밌지."

"왜?"

"할아버지랑 하는 건 죽어도 다시 살아날 수 있잖아. 그리고 몰래 가서 살

려주는 게 아주 조마조마하면서도 재밌어."

평소 '무궁화 꽃이 피었습니다' 놀이를 해왔기 때문에 겨우 다섯 살밖에 안 되는 아이도 드라마에 나오는 게임과 진짜 놀이의 차이를 이해하고 표현한다. 교사들이 평소 아이들과 놀이하고 또 권장하는 것이 얼마나 중요한지 보여준다. 진짜 잔인한 것은 〈오징어 게임〉에 나오는 놀이가 아니라 우리 사회이고, 아이들의 대화와 놀이 욕구를 차단하고 있는 학교 현실이라는 인식의 전환이 필요하지 않을까.

〈오징어 게임〉 이후 한국문화에 대한 전 세계적인 기대와 압력 역시 우리가 부딪치는 현실이다. 현재 전 세계적으로 〈오징어 게임〉 속 놀이에 대해 다양한 방식으로 놀이 욕구가 표현되고 있다. 하나는 생활 현장, 곧 집안, 공원, 헬스클럽, 지하철 등 많은 곳에서 사람들이 '딱지치기', '달고나', '무궁화 꽃이 피었습니다'를 즐기는 것이다. 한국 교민들이나 관광공사 등에서도 〈오징어 게임〉 놀이를 매개로 한 프로그램을 만들고 있고 대성공

을 거두고 있다. 뉴욕에서 관광공사가 기획한 놀이프로그램은 80명을 모집해서 행사를 진행하려고 했지만 3,114명이 참여하는 대성황을 이루었다고 한다. '2020 두바이 엑스포'(2021. 10~2022. 3)에서는 한국의 날 행사에서 〈오징어 게임〉 놀이에 수만 명이 참여했다. 프랑스, 네덜란드, 미국, 영국 등 수많은 나라의 공원에서 놀이를 진행하면 구름같이 인파가 모인다. 소셜 네트워크에서도 놀이방식과 놀이하는 모습들이 계속 올라온다.

한 가지 걱정되는 것은, 진짜 놀이가 아니라 〈오징어 게임〉에 나오는 경쟁의 모습을 그대로 흉내 내는 것이다. 다수를 모아서 홍보 프로그램으로 진행할 때 생길 수 있는 현상이다. 우리가 알아야 할 것은, 놀이는 상품이나 홍보가 아니라 삶이고 문화여야 한다는 것이다. 그래서 실제 놀이 한류는 사람과 사람의 만남에서 그 가능성이 개척될 수 있다. 현재 외국에 사는 많은 한국인이 〈오징어 게임〉에 나오는 놀이의 규칙과 방법에 대해 계속 질문을 받고 있다고 한다. 한국에 찾아올 사람들도 버킷리스트로 놀이를 즐기고 싶어 한다. 과연 이러한 욕구에 우리가 제대로 응할 수 있을까?

현재 이런 상황에 민감하게 반응하고 있는 것은 어른들이 아니라 아이들이다. 아이들이 〈오징어 게임〉을 통하여 우리 전래놀이를 낡고 케케묵은 과거의 것이 아니라 최신 트렌드로 받아들이는 것이다. 우리 놀이가 좋고 재미있을 뿐만 아니라 세계인들과 만날 때도 중요한 매체가 될 수 있다면, 이런 교육 효과를 만들어 낼 수 있는 주제를 어디서 찾을 수 있을까. 교사와 놀이꾼들, 나아가 시민들의 전향적 태도가 절실한 때다.

무엇을 할 것인가?

　80년대 독일 유학을 다녀온 한 철학 교수 이야기다. 성악에 재능이 있고 음악을 전공하려다 철학으로 바꾸었는데, 독일 친구들과 어울리면서 자기가 잘 부를 수 있는 독일 가곡을 자주 불렀다고 한다. 처음에는 반응이 좋았는데 한 달쯤 지나자 독일 친구들이 "네가 독일 가곡을 잘 부르는 건 알겠다. 이제 한국의 전통적인 노래를 듣고 싶다."라고 했다. 우리 문화를 잘 몰랐던 그 교수는 그만 얼음이 되었다고 한다.

　자기 정체성 없이 유럽 문화만 추종해 왔던 우리 유학생들이 누구나 부딪칠 수 있는 상황이다. 그나마 이 교수는 나은 편이다. 학과 공부만 하다 돌아온 다른 유학생들과 달리 그래도 문화적 소통을 시도하다 한계에 부딪혀 스스로 반성하는 계기를 갖게 된 것이니까. 만약 그 교수가 아리랑이나 판소리를 부를 수 있었다면 진정한 문화교류가 되었을 것이다. 그것이 가능하려면 자기 문화를 이해하고 표현할 수 있는 역량과 상대 문화에 대한 존중이 있어야 한다. 베트남 여행 당시 내 경험을 가지고 비교해보겠다. 저녁 먹고 술 마시며 오간 대화다.

　"베트남에 와서 꼭 듣고 싶은 게 있어요. 베트남 민요를 들을 수 있을까요?"
　"할 수는 있는데 말씀하신 분이 먼저 부르면 저도 부를게요."
　"그럼 제가 아리랑과 판소리 한 자락을 하고, 같이 온 분들도 민요를 부를게요."

나와 함께 여행했던 동료들이 베트남 문화를 존중하지 않거나 우리 민요를 부를 줄 몰랐다면 이런 교류는 불가능했을 것이다.

〈오징어 게임〉 이후 또 다른 흐름이 형성되고 있다. 우리가 군이 하려고 하지 않아도 외국인들이 한국인의 문화, 특히 놀이에 관심을 가지고 모여들고 있다. 놀이는 그것을 진행하는 과정에서 공통감각을 형성하는 것이 특징이다. 같은 노래, 같은 동작을 하면서 같은 느낌과 같은 감각을 형성하면 서로 몸과 마음이 열리고 공통의 감정과 지식 곧 공동성이 형성되는 것이다. 그래서 하나의 집단이 공통감각을 형성하는 것은 사회문화적 실천의 본질이자 요체가 된다. 민족문화뿐만 아니라 인류문화 공동체 역시 그렇게 형성될 것이다. 그리고 그 실천의 중심이 되는 것은 고급문화나 대중문화가 될 수 없다. 이야기, 노래, 놀이, 음식 같은 민속이 그러한 공통감각을 형성하는 중심적인 영역이기 때문이다.

특히 놀이와 이야기가 중요하다. 민담이라고 부르는 옛이야기와 놀이는 전 세계에서 보편적 주제이며 문화적 원형을 공유하고 있기 때문이다. 전 세계 어딜 가나 비슷한 이야기가 있고 비슷한 놀이가 있다. 인간의 감각기관과 신체 구조가 비슷하고 살아가는 모습이 비슷하므로 이야기와 놀이는 어디서나 비슷하기 마련이다. 세계 어디서나 아이들 이야기에는 괴물, 거인이나 계모가 등장한다. 아이들 눈높이에서는 어른들이 그렇게 보일 수밖에 없기 때문이다. 모든 어른은 거인이나 괴물이고 계모는 진짜 계모가 아니라 엄마의 나쁜 측면을 형상화한 것이다. 문제는 그 거인과 괴물, 계모가 나를 살아있게 만드는 존재이기에 부정할 수도 없다는 것이다. 그러니 현실이 아닌 이야기 세계에서 그들을 이김으로써 자아와 자존감을 얻는 것이다. 놀이 역시 마찬가지다. 현실 세계에서는 이길 수 없지만, 놀이에서는 어른들을 이길 수 있으므로 아이들이 그러한 상상의 세계에 참여하고 승리하는 것을 좋아하는 것이다. 모두가 공유하고 있어서 우리는 그것을 공유함으로써 구체적 상황에서 이해, 체험, 존중, 사랑, 공감, 지지 등 삶의 본질적 측면을 경험할 수 있고, 서로 깊은 이해를 나누면서 하나의 공동체가 되는 것이다.

이제 우리는 그러한 문화교류와 문화공유의 중심에 설 수 있는 역사적 기회를 얻게 되었다. 우리가 만들어가는 수평적이고 공감적이며 평등한 인류문화는 이러한 대화를 통해 그 구조가 형성될 것이다.

> "한국인이죠? 우리에게 '무궁화 꽃이 피었습니다' 놀이를 가르쳐줄 수 있어요?"
> "물론이죠. 그런데 한 가지 조건이 있습니다."
> "뭐죠?"
> "그런 비슷한 놀이가 당신 나라에도 있을 텐데 그 놀이도 함께 하면 좋겠습니다."

이렇게 서로 존중하면서 배우는 관계가 형성된다면 관계의 질도 높아지고 서로 존엄해지면서 인류의 삶에서 새로운 국면이 나타날 것이다.

얼마 전까지만 해도 우리는 이런 생각을 할 수 없었다. 정치, 경제, 문화 모든 면에서 서구가 배움의 대상이고 모든 것의 기준이었기 때문이다. 지금까지 우리 학문과 지식은 서양에 의존하고 있고 특히 교육은 더 심하다. 교육과정의 핵심 내용이 서양 문화를 전달하는 것이다. 그래서 우리는 교육을 많이 받을수록 서양 백인 중산층의 사고를 닮게 되어있다. 이런 상황에서 자기 정체성이나 자존감을 형성하긴 어렵다. 자기 것이 오히려 낯설고, 의심스럽고, 불편해지기 때문이다. 이런 의식을 지식과 존재의 식민성이라고 할 수 있다. 존재의 식민성은 '내가 서양인보다 부족해'라는 뿌리깊은 열등감이고, '서양은 우리를 가르칠 수 있지만 우리는 서양을 가르칠 수 없다'는 인식 그 자체다.

서양인과 우리는 역사적 경험이 달라서 세상을 대하는 태도가 다르다. 서양인은 '우리가 세상을 이끌고 너희는 우리를 따라와야 한다. 현재 너희가 사회발전에서 거치는 과정은 우리가 옛날에 다 거쳤다.'라는 식의 우월감과 함께 자기들이 세상을 이끌어야 한다는 제국주의적 리더십이 깊이 내재해 있다. 이와 달리 식민지를 경험한 사람들의 의식과 실천은 '무시당하고 거부당하고 부정당하면서 내 말이 받아들여지지 않는다.'는 식민상처로부터 시작하는 것이다. 현재 상황은 미묘하다. 우리가 한류를 통해 문화 패권을 쥐려고 한다면 아류 제국주의적인 문화강국이 될 것이고 그 미래는 밝지 않을 것이다. 하지만 우리가 같은 식민상처를 지닌 사람들의 경험을 드러내고 짓눌린 문화 정체성과 자부심을 함께 회복할 수 있다면 그것이 바로 한류의 진정한 의미가 될 수 있다고 믿는다.

그러한 새로운 문화창조는 우리의 경험과 자원으로부터 시작할 수 있고, 우리 대다수는 그것을 가지고 있다. 어떤 분야의 달인이 되는 데 1천 시간이 필요하다고 하는데, 지금 40대 이상 성인들은 하나의 놀이마다 1천 시간 이상 놀았을 것이다. 그래서 지금 우리에게 필요한 것은 열린 몸으로

우리 손과 발을 다시 놀리는 힘을 찾는 것이다. 짧은 대화를 통해 자신의
힘을 발견한 한 선생님의 이야기다.

"선생님, 저는 놀이에 소질이 없나 봐요."

"왜 그렇게 생각하세요?"

"제가 가르친 놀이는 아이들이 자기들끼리는 안 해요."

"어떻게 하시는데요?"

"수업 시간에 PPT를 띄워놓고 하지요. 놀이 방법과 규칙을 가르쳐준 다음
놀았어요. 규칙을 지키지 않은 아이는 놀이에 끼지 못하게 하는 벌칙도 주
고요."

"놀이는 일제식 수업 방식하고는 함께 갈 수 없는데, 옛날 선생님이 어렸을
때는 어떻게 놀았어요?"

"그때야 동네 골목에서 놀았고, 저는 고무줄 여왕이었어요."(자부심 넘치는 표
정으로)

"그러면 고무줄을 주도적으로 하셨을 텐데. 다른 아이들을 그 놀이에 어떻
게 끌어들였어요?"

"'고무줄놀이할 사람 여기여기 붙어라' 하면서 시작했죠. 어느 정도 모이면
다 붙었나 주변을 돌아보기도 했고요."

"그러면 지금 선생님이 수업으로 놀이를 가르쳐주는 것과 옛날 어렸을 때
놀았던 방법 가운데 어떤 것이 진짜 놀이일까요?"

"아~하! 이제 알겠어요. 제가 옛날 동네에서처럼 주변 아이들하고 놀면서 다
른 친구들이 하고 싶은 마음에 몰려들면 '여기여기 붙어라' 할 수 있겠군요."

놀이를 살리는 방법은 이렇게 교실마다 선생님들이 아이들과 자기 경험을 나누면서 문화를 전승하고 집안에서도 부모님들이 자기가 어렸을 때 했던 놀이를 아이들과 함께 하는 것이다. 집과 교실마다 이런 일이 벌어진다면 마을에 놀이마당이 펼쳐지는 건 자연스러운 일이다. 문화가 자연스럽게 전승되고 세계인을 만날 수 있는 준비가 다 되는 것이다.

그리고 우리 안에서 국제적인 교류 가능성을 활용할 필요가 있다. 현재 한국에는 외국인 노동자, 결혼 이주 여성, 외국 유학생, 워킹홀리데이로 방문한 사람들, 관광객 등 수백만 명의 외국인이 있다. 이런 사람들이 우리 문화와 세계문화를 연결하고 함께 성장할 수 있는 제도를 만들 필요가 있다. 전국 주요 도시에 한류 문화센터나 국제문화교류센터를 만들고 우리나라에 와 있는 아시아 여러 나라의 노동자나 결혼 이주 여성들이 놀이마당을 계속 열 수 있도록 국가와 지방자치단체가 지원하면 어떨까? 관련 기관인 국가와 지방자치단체, 대학 그리고 놀이 지원단체, 외국인 노동상담소 등이 함께 기획해서 그러한 기관 설립과 활동 내용에 대해 협의하고 그것을 지원할 수 있는 법과 제도도 만들어야 한다. 그 가운데 중요한 내용이 베트남, 중국, 몽골, 필리핀 등 우리나라에 많이 와 있는 나라 사람들을 위한 특별한 날을 만들고, 그때 아시아 여러 나라가 서로의 문화를 배우고 한국인들도 그 행사에 참여하면서 함께 배우면 아시아 문화 공동체 형성의 바람직한 계기가 될 수도 있다.

앞서 말한 대로 놀이는 한국을 찾는 여행객들의 버킷리스트가 될 것이다. 그들과 함께할 수 있는 다양한 계기를 만들어야 한다. 경복궁 같은 고궁에서 놀이마당을 펼치게 하면 어떨까? 얼마 전 놀이꾼들이 경복궁 마당에서 고무줄놀이를 한 적이 있다. 많은 외국인이 몰려들어 사진도 찍고 고무줄도 배우려고 했는데 갑자기 관리인이 나타나 "아주머니들, 여기서 이러시면 안 됩니다!"라며 중지시켰다.

민주주의 시대의 고궁은 대중의 놀이터가 되어야 한다. 봉건적 가치관, 곧 '고궁은 엄숙한 곳이고 놀면 안 된다.'라는 고루한 관념이 여전히 남아 있는데, 깊이 생각해 볼 문제다.

고궁과 함께 국제문화교류센터에 넓은 실내외 운동장을 갖추고 음식, 의복, 건축, 놀이 등 다양한 체험활동을 할 수 있도록 만들면 그러한 요구에 부응할 수 있을 것이다. 그리고 외국에 이민 가거나 여행 또는 취업을 위해 가는 사람들이 우리 놀이의 의미와 가치, 세계인과 교류하고 소통하는 방법들에 대해 교육도 하는 것이다. 외교관이나 유학생들도 우리 문화의 정체성을 가지고 우리 문화를 알릴 뿐만 아니라 그 나라의 역사, 문화, 놀이 등을 배워서 우리 문화와 세계문화를 풍부하게 하는 역할을 해야 한다.

외국 여행 갈 때 놀이도구를 가져가서 주요 도시의 광장에서 놀이판을 펼치면 어떨까? 많은 사람이 몰려들 것이다. 그 나라의 놀이도 배우고 놀잇감도 사 오는 것이다. 그런 자료들을 다 모아서 국제놀이박물관도 만드는 것이다. 그리고 박물관과 국제문화교류센터에서는 연구원을 두고 놀이하는 방법들을 모으며 비교연구를 해야 한다. 그것이 수평적이고 전인류의 문화가 존중되는 진정한 문화 플랫폼을 만드는 길이다.

새로운 여행 문화를 위한
청소년과의 간담회

....

일　　시 2021년 10월 25일 오후 8시

장　　소 줌(zoom) 회의장

참 여 자 문재현(마을배움길연구소 소장), 김채희(청소년 인권을 생각하는 모임
'모아' 청년대표), 문가을(모아 청소년대표), 강재성(이하 모아 회원),
김온슬, 김재영, 문솔뫼, 문한뫼, 박예님, 신민용, 유지원, 유지혜, 유한별,
임예솔(이상 14명)

정리 편집 김채희

문재현 청소년 인권을 생각하는 모임 '모아' 회원 여러분, 반갑습니다.

다 함께 반갑습니다!

문재현 내가 소장으로 있는 마을배움길연구소와 모아 회원 여러분이 함께
여행 간 곳이 어디죠?

김채희 캄보디아, 중국 만주, 베트남이요.

문재현 우리가 여행 갈 때마다 인원이 많았죠. 30명 정도가 되었는데 그
가운데 반쯤이 아이나 청소년이었어요. 아이들이 여행 갈 때는 부

모님이랑 함께 가지만 우리 같은 경우는 청소년들이 집단을 이루고 있었기 때문에 청소년들의 요구사항이 좀 더 강할 수밖에 없었죠. 그래서 일반적인 해외여행과는 다른 모습이 많이 나타났고, 그것이 많은 사람에게 영감과 새로운 가치를 제공하는 경험이 되었다고 생각합니다. 그래서 여러분과 그 경험을 다시 떠올려보고 이야기 나눌 필요가 있어 오늘 이 자리를 마련했습니다. 세 번의 여행 가운데 중국의 경우는 현지 사람들과 인간적인 만남을 가질 기회가 없었기 때문에 오늘은 캄보디아와 베트남의 사례를 중심으로 이야기하면 좋겠습니다. 먼저 캄보디아부터. 캄보디아 하면 특별히 떠오르는 장면이나 인상적인 느낌부터 이야기해 봅시다.

김채희 저는 톤레삽 호수가 좋았어요. 우리나라에는 그렇게 큰 호수가 없잖아요. 사방으로 수평선이 보일 정도여서 바다 한가운데에 있는 듯했어요. 사람들의 생활 모습은 더 신기했어요. 캄보디아에 가기 전부터 꼭 보고 싶었던 것이 수상가옥이었거든요. 어떻게 물 위에서 집을 짓고 생활하나, 하는 것들이 호기심을 자극했어요. 직접 보니 배 밑에 타이어나 뜰 수 있게 하는 장치를 하고 그 위에 집을 지었더라고요. 학교, 구멍가게, 카페, 교회, 사원, 대장간, 배를 고치는 철공소도 다 그렇게 만들어졌어요. 심지어 닭장과 채소밭도 있었어요. 가정집처럼 보이는 배에는 빨래도 널려있고 아기를 재우는 엄마의 모습도 보였어요. 큰 배 위에는 큰 집, 작은 배 위에는 작은 집이 있었는데, 여행 안내자는 배의 크기가 빈부격차를 보여준다고 하더라고요. 배를 여러 개 연결하면 상품을 진열할 수 있는 공간이 생겨 장터도 열렸고요. 행상들도 있었어요. 작은 배에 과자나 빵, 과일을 싣고 다니며 여객선에 파는 사람들이었어요. 사람 사는 건 어디나 똑같다는 생각이 들었죠.

유지원　저는 수상가옥에서 만들기를 했던 게 좋았어요. 평소 만들기를 좋아했거든요.

문한뫼　저도 톤레샵 호수에서 할머니들이랑 같이 만드는 것이 좋았어요.

문재현　뭘 만들었죠?

유지원　물풀로 만드는 공예였어요. 가이드 아저씨가 호수마을에 가서 공예품도 배우고 음식도 만든다는 말에 기대를 많이 했어요. 배 타고 호수 위를 달릴 때는 '무슨 공예를 하나?', '수 놓는 걸 하나' 하는 생각이 들었는데, 집 안으로 들어가자마자 물품이 엄청 많았잖아요? 보자마자 한눈에 반했어요. 만들어 놓은 가방과 바구니 등은 알록달록하게 너무 예쁜 거예요. 또 자세히 보니까 풀의 느낌은 있어도 매끈하고 대나무공예를 하듯이 깔끔하게 보이는 거예요. 우리 짚 공예품은 아무리 깔끔하게 만든다 해도 조금씩 튀어나온 게 있어 거칠잖아요? 그래서 더욱 감탄했고 마음에 쏙 들었어요. 새로운 것을 배울 수 있다는 생각에 설레더라고요. 아주머니 앞에 앉으니까 처음부터 알려주시는데 방법은 아주 간단했어요. 물론 간단한 걸 보여주신 것이겠지만 깔끔하고 간단하니 뭐랄까, 초급반을 대하는 느낌이고, 새끼꼬는 것부터 시작하는 우리나라는 고급반 느낌이었어요. 만들기, 조립하기같이 손으로 하는 걸 좋아해서 아주머니가 하는 걸 금방 따라 할 수 있었죠. 하나를 뚝딱 만들고 나서 아주머니와 대화할 수 있게 되었어요. 가이드 아저씨가 통역해서 함께 이야기할 수 있었는데, 그때 알았어요. 아주머니가 캄보디아 이름으로 식물 이름을 말해주면서 "이 식물의 줄기를 말린 거야"라고 하셨는데 당연히 이름을 모르죠. 그런데 여행 안내자가 부레옥잠이라고 해서 우리나라에도 있는 물풀이라는 것을 알았죠. 그런데 우리나라에서 보는 부레옥잠보다 훨씬 컸어요. 열대지방과 온대지방의 식생 차이겠죠? 제가 물풀공예에 관심을 가진 건 할아버지가 공예품을 만드셨기 때문일 거예요. 도시에서 사서서 짚을 구하지 못해 전화선에 쓰는 구리 선으로 바구니를 만드셨어요. 명절에 서울에 올라가면 할아버지가 바구니 만드는 것을 보여주셨는데, 저는 뭐든 뚝딱 만든 할아버지가 예술가로 보였고, 무엇이든 만드는 것을 좋아하는 계기가 되었어요. 그래서 아주머니와 이야기하면서 아주머니한테 예술가라고 하니 좋아하셨어요. 그 집에서 한 달간 있으면서 다 배우고 싶어졌고, 우리나라 짚풀공예도 다 배우고 익혀서 장인이 되어 보고 싶다는 생각도 들었어요. 세계의 모든 풀 공예를 배워 사람들과 함께 만들고 싶다는 생각도 들었고요.

김채희 그때 호수에서 음식도 만들어 먹었잖아요.

유지혜 맞아. 생선 채소볶음 요리가 기억에 남아요.

신민용 저는 캄보디아 청년들이 제기를 차는 장면이 떠올라요. 앙코르와트가 있는 씨엠립에서 우리가 묵었잖아요. 저녁에 산책하러 나갔다가 공원에서 제기 차는 걸 발견했어요. 차는 모습이 우리랑 달라 아주 신기했어요. 생김새도 우리 제기랑 달랐어요. 앞부분에는 스프링이, 뒷부분에는 깃털이 달려있어서 탄성이 좋아 보였어요. 혼자 차기보다는 여러 명이 서로 차면서 족구 하듯이 주고받는 놀이 같았는데, 우리나라 동네 제기와 비슷했어요. 저도 그걸 보고 한번 해 보고 싶어서 그날 바로 삼촌이랑 야시장에 가서 제기를 사려고 찾아다녔어요. 그때 제기를 '싸이'라고 부른다는 것도 알았어요. 다음날 '싸이'를 캄보디아 현지 안내자에게 보여주니 정말 좋아했어요. 얼굴이 꽃처럼 피어나더니 바로 호텔 로비에서 제기 차는 시범을 보여주더라고요. 그 모습이 마치 묘기를 부리는 듯 신기해서 탄성이 절로 나왔어요. 다른 나라에서 우리 놀이와 비슷한 놀이를 발견해 정말 반가웠고, 다음에 다른 나라에 가면 그 나라 놀이와 우리나라 놀이의 공통점을 찾아보고 싶다는 생각이 들었어요.

문재현 여행 다니며 특별히 느낀 것이, 청소년들의 관심은 어른들과 아주 다르다는 것이었어요. 어른들은 위대한 건축물이나 아름다운 자연경관을 찾는데 청소년들은 거기에는 그다지 흥미가 있지 않았어요. 주변의 아이들이 노는 모습이나 현지인들과 무엇을 같이 할 때 영혼이 끌리듯 반응하는 모습을 보여줬는데, 지금 말하는 인상적인 장면들이 대부분 그런 내용이네요. 그런데 여러분이 처음에는 캄보디아 음식에 적응을 잘 못 했지요. 더운 지방이라 향신료를 많이 사용하여 그 냄새와 맛에 적응하기 힘들었을 텐데요. 처음에는 짜증 부리고 먹지 않으려고도 했는데, 그게 어떻게 해결됐지요?

유지혜 그날 저녁에 다 같이 한 방에 모여서 토론을 했던 것 같아요. 소장님이 그 지역의 음식을 먹으려고 노력하는 것은 그 지역에 대한 존중이라고 얘기해주신 다음부터는 아무도 짜증내지 않고 그 나라 사람들이 왜 그런 음식을 먹게 됐는지 여건을 살펴보면서 음식문화를 이해하게 된 것 같아요.

문재현 그러면 이제 베트남 여행에 관해 이야기해 봅시다. 여기에 대해서는 서로 할 말이 많을 텐데요. 우리가 준비도 많이 했고, 2020년에 갔으니 기억도 잘 떠오를 테니까요. 먼저 베트남에서 떠오르는 인상적인 장면을 이야기해 볼까요?

박예님 베트남 소수민족 마을에서 서로 손짓 몸짓으로 대화하면서 아이들과 어울렸던 장면이 떠올라요.

김재영 원주민 마을에서 저녁을 먹고 베트남 민요와 우리 민요, 판소리를 부르던 장면이 진짜 감동적이었어요.

임예솔 베트남 민속공연을 보고 함께 어울린 뒤 강강술래를 한 장면이 기억나요. 서로 모르던 사람들이 함께 손을 잡고서 강강술래를 하는데, 소통에 아무 장애가 없더라고요.

문재현 캄보디아 여행 경험에 대한 인상과 큰 차이가 없군요. 하롱베이나 짱안 같은 절경이나 왕궁, 문묘가 아니라 보통 사람들과의 인간적 만남, 놀이나 노래들이 청소년들의 마음을 움직였군요. 그러면 이 세 장면을 하나하나 자세히 이야기해봅시다. 먼저 서로 말도 안 통하면서 어떻게 소통이 이루어졌는지, 누가 설명해볼까요?

김온슬 아이들을 좋아해서, 소수민족 마을에 갔을 때 아이들이 가장 먼저 눈에 들어왔거든요. 그중에 엄마에게 안겨있는 아기가 너무 귀여워서 끌리듯 다가갔어요. 아이 이름과 나이를 물어보고 싶었는데 말이 안 통하잖아요. 그래서 구글 번역기로 아기엄마에게 물어보니 생각보다 대화가 잘 이어지는 거예요. 그래서 자신감이 생겼고, 또 다른 사람들과 이야기 나누고 싶어서 주위를 둘러봤지요. 우리 또래 나이의 현지 친구들은 좀 더 나이 먹은 어른들과 배구를 하고 있었어요. 그런데 그보다 좀 더 어린 아이들은 그 주변에서 구경하고 있었어요. 끼고 싶은데 하지 못해 속상한 얼굴로 보였거든요. 그 아이들에게 말을 걸고 싶어서 이야깃거리를 찾던 중에 아이들이 먹고 있는 과자가 보여서 구글 번역기로 어디서 샀는지 물어봤어요. 그랬더니 동네 구멍가게라고 알려줘서, 그곳에서 얼른 과자를 사 와서 아이들과 나눠 먹었어요. 더 이야기 나누고 싶어서 무슨 얘기를 할까 하다가 BTS가 베트남에서도 인기가 많다는 얘기가 떠올랐어요. "Do you know BTS?"라고 물어보니까 아이들 표정이 갑자기 밝아지더니 흥분해서 "진! 뷔! 정국!!" 하면서 멤버들의 이름을 말하고 춤과 노래를 흉내 내면서 열광적인 반응을 보이는 거예요. 짧은 대화도 번역기를 돌려야 했는데 공통된 문화(주제)를 공유하니 흥분해서 빠르게 각자 말하는데도 다 말이 통하는 느낌이었어요. 마치 감각이 공유된 것처럼요. 한류의 문화적 파급력이 동남아에서 대단하다는 사실이 몸에 와닿지 않았는데, 그야말로 온몸으로 느낀 순간이었죠.

문재현 그다음에 아이들하고는 어떻게 어울렸죠?

김온슬 아이들하고 손잡고 동네를 돌아다녔어요. 그냥 구경하는 게 아니라 마을 아이랑 함께 다니니까 외부 사람이 아니라 마치 동네 사람이 된 것 같았어요. 동네 사람들이 우리를 보는 시선도 다른 관광객들을 보는 것보다 훨씬 따뜻한 게 느껴지더라고요.

문재현 아이들하고 고무줄 하는 장면도 있는 걸로 기억하는데.

문가을 맞아요. 그때 우리 일행 중 어른 한 분이 고무줄을 내냈어요. 베트남에서도 고무줄놀이가 있는지 알고 싶었던 것 같아요. 저희가 먼저 노래 부르면서 고무줄놀이를 하니까 베트남 친구들이 관심을 갖기 시작했어요. 그러곤 고무줄을 가져가더니 자기들끼리 고무줄을 하더라고요. 근데 우리랑 고무줄놀이하는 모습이 달랐어요. 우리는 노래 부르면서 하잖아요. 그 아이들은 먼저 한 친구가 힘든 동작을 한 후 다른 친구들이 그걸 따라 하는 거였어요. 일종의 배틀 놀이였죠. 우리랑 같은 것도 있었죠. 고무줄의 탄력성을 이용하는 것도 그랬고, 발목에서 성공하면 무릎으로, 허리로 점점 더 난이도를 높여가면서 하는 방식도 같았어요.

문재현 우리 고무줄놀이와 베트남 고무줄놀이를 비교한 소감은 어때요?

문가을 베트남 것이 좀 더 힘들었어요. 되게 높이 뛰고 차고 그랬던 것 같은데. 그리고 언니들이 동생들을 대하는 태도도 달랐어요. 언니들의 동작을 따라 하기 힘드니까 동생들은 인정을 안 하고 계속 시도하잖아요. 그러면 언니가 동생들 머리에 손을 대고 나가라고 밀어내더라고요. 그래서 조금 당황했어요. 우리 고무줄놀이가 음악에 맞춰서 발을 구르는 느낌이라면 베트남 고무줄은 누가 누가 더 높이 뛰느냐를 가리는 느낌이었어요.

문재현 그러면 노래 부르면서 하는 우리 고무줄놀이를 하긴 했나요?

문가을 예. 예진이라는 초등학교 3학년 아이가 '송아지' 노래에 맞춰서 뛰었
　　　　어요.

문재현 베트남 아이들 반응은 어땠나요?

문가을 신기해하면서 구경하기는 했는데, 바로 따라 하지는 않았어요.

문재현 서로의 놀이를 가지고 같이 놀아보았나요?

문가을 놀기는 어려웠어요. 놀이방식이 워낙 달라서. 서로 배우며 함께 놀
　　　　이하려면 적어도 며칠을 있어야 하지 않았을까요?

문재현 그렇게 소통한 뒤 여러분들의 마음은 어떻게 달라졌고, 현지 아이
　　　　들과의 관계는 무엇이 달라졌나요?

문솔뫼 우리가 다른 문화 안에 들어가고 그 안에서 교류가 일어나는 경험
　　　　이, 우리가 인원이 많아서 더 잘 일어날 수 있다고 생각했어요. 혼
　　　　자나 몇 명이 여행을 다니면 그러한 집단적인 교류 양상이 생겨나
　　　　기 어렵잖아요. 밤에 축제할 때도 우리가 30여 명 인원이 되니까 처
　　　　음부터 강강술래 분위기가 만들어지잖아요. 뭐든지 시도해도 힘이
　　　　생기는 거죠. 고무줄놀이도, 잘 기억은 안 나는데, 그래도 우리가
　　　　뭘 보여주면 애들이 따라 했잖아요. 말이 안 통해도 표정과 몸짓으
　　　　로 통할 수 있다는 것, 놀이가 바로 그런 매체였죠.

김채희 그때 가을이가 번호도 주고받고 그랬잖아요?

문가을 맞아요. 밥 먹으러 가기 전인데요. SNS 아이디를 주고받으며 우리
　　　　가 몇 시쯤 밥 먹고 나올 것 같으니 그때 함께 보자고 했어요. 마지
　　　　막 날 떠나기 전에 그 친구가 와서 마을에서 팔던 실 팔찌를 준 기
　　　　억이 나요.

문재현 그때 재영이가 나한테 뭐라고 했는지 기억나나요?

김재영 "놀이로 세계를 정복할 수 있겠어요."라고 했던 것이 기억이 나요.

문재현 정복이라는 말이 구체적으로 뭘 뜻하는 거죠?

김재영 군사적으로 정복한다는 의미가 아니라 '세계인이 진짜 하나가 될 수 있다'는 의미였어요. 사람 사이가 그렇게 순식간에 소통되고 하나가 될 수 있다는 것이 참 신기했거든요.

문재현 재영이가 대단히 인상적이었던 것 같은데, 좀 더 자세히 이야기를 들어볼까요?

김재영 내가 워낙 시골을 좋아하기도 해서, 마이쩌우에 갔을 때부터 좋았어요. 마이쩌우에서 아기를 안아보면서 '이전 여행과 다르구나!' 실감했죠. 이전 여행은 안내자가 "내리세요.", "쇼핑하세요.", "식사하세요."라고 말하는 대로 따라가면서 스스로 시도할 수 있는 게 없었거든요. 그래서 뭔가 남는 게 없었는데 이건 진짜 다른, 마치 피가 통하는 느낌이었어요. 그리고 가장 인상적인 건 고무줄 할 때였어요. 우리 문화와 베트남 문화가 만나고 결합하는 느낌 같은 것이었어요. 소장님이 옆에 계시기에 나도 모르게 "이거 놀이로 세계를 정복할 수 있겠어요."라고 했어요. 요즘 〈오징어 게임〉이 유행하잖아요. 그걸 보고 그때의 감동이 다시 살아나는 느낌이에요. 퍼즐 조각이 맞춰지듯이 놀이를 통한 사람들 사이의 교류에 확신이 생겨요. 저녁 먹고 나서 소장님과 주인 부부, 채희 누나, 완 팀장님이 서로 주고받으며 민요를 불렀는데, 그 분위기가 아주 좋았어요. 그래서 휴대전화를 꺼내 들고 영상을 찍었는데, 그때 주인아주머니가 울먹이던 모습이 지금도 생각나요. 강강술래의 감동은 말할 것도 없고요. 그때 사람들의 얼굴, 함께 어울리는 동작 하나하나가 다 충격적이고 감동 자체였어요. 그때 사진과 영상을 종종 찾아보는데, 그때의 감정이 떠올라 이야기하는 지금도 심장이 뜨거워지는 것 같아요. 그래서 그 기억들이 어제 있었던 것처럼 또렷해요. 아니, 기억에 남는다기보다는 모든 과정이 내가 마치 그 안에 들어가 있었던 것 같아요.

문재현 이것도 하나하나 풀어야 할 이야기보따리네요. 저녁 먹고 있었던 민요 장면부터 이야기해 볼까요?

강재성 저녁 먹은 뒤였어요. 소장님이 먼저 그 주인 부부에게 말을 걸었어요. 제가 기억하기로는 이런 내용이었죠. "베트남에 와서 하롱베이나 왕궁을 구경하는 것도 좋지만 진짜 원하는 바는 사람들과 이야기하며 서로의 문화를 나누는 거다. 그래서 이 마을의 민요를 들었으면 좋겠다." 그런데 그 주인아주머니가 "먼저 한국 민요를 부르면 우리도 부르겠다"고 했어요. 그러자 소장님이 바로 "아리랑"과 단가(短歌) "사철가"를 불렀죠. 채희도 판소리 "사랑가"를 불렀고요. 그러자 주인아주머니가 민요를 불렀는데, 노래 제목은 잘 기억이 안 나요. 그때 분위기가 정말 좋았어요. 처음에는 소장님과 그 주변에 몇 명이 있었는데 민요를 부르기 시작하면서 사람들이 다 몰려들었죠. 자석이 쇠를 끌어당기는 것처럼요. 베트남 현지 여행 안내자는 춤을 추듯 흥분했고요. 주인아주머니는 손님을 대하는 표정이 아니라 동네 사람과 어울리는 모습처럼 자연스러워졌어요. 주인아저씨는 계속 술을 내오고, 마치 동네잔치 같았죠. 함께 노래 부르면 하나의 동아리가 만들어지는 것 같아요.

김채희 소장님이 먼저 부르신 다음 "너도 한번 불러보라"고 해서 "사랑가"를 불렀어요. 좀 반성이 되는 게, 더 적극적으로 해야 했는데 뒤로 빼려는 모습이 있었거든요. 그런데 노래하고 나서는 잘했다는 생각이 들었고, 앞으로는 더 적극적으로 해야겠다고 다짐했어요.

유한별 처음에는 '뭐 하는 거야?' 이런 생각이었어요. 그런데 이쪽 문화도 배우고 베트남 사람들도 민요를 부르고 하니까 서로 얼굴이 풀리면서 더 가까이 다가가는 느낌이었어요. 주인집 아저씨도 말 한 번 더 해보려고 노력하는 것이 보였고, 동네를 돌아다닐 때도 아이들과 동네 어른들이 처음엔 그냥 물끄러미 바라보았는데 인사도 하고 말도 걸어주더라고요. 그 간단한 교류 장면이 얼마나 사람들을 가깝게 하는지 깨달았어요.

문재현 동네 속으로 들어가는 느낌?

유한별 네, 딱 그거였어요.

문재현 그런 장면이 어떻게 가능했을까, 한번 생각해 보죠.

문한뫼 우리가 그 사람들의 문화에 깊은 관심을 가졌기에 가능했던 것 같아요. 처음에 아주머니께 민요를 불러 달라고 했을 때 우리한테 먼저 부르라고 한 것은 구경거리가 아니라 존중받고 싶은 느낌이 아니었을까요? 그리고 우리가 우리 문화를 몰랐어도 이상했을 것 같아요. 베트남 민요는 불러 달라고 해놓고 우리가 우리 민요를 부르지 못했다면 분위기가 좀 황당했을 것 같거든요. 서로가 자신의 문

화를 누릴 뿐만 아니라 타문화를 이해하려고 할 때 진정한 교류의
지평이 열릴 것 같아요.

유한별 그때부터 동네 사람들이 우리를 대하는 태도가 달라진 것 같아요.
우리를 보는 표정 하나하나가 관광객을 보는 표정이 아니었거든요.
빈랑나무 열매를 씹는 것도 마찬가지잖아요. 빈랑나무 열매는 베
트남 사람들의 기호식품이죠. 근데 맛이 좀 맵고 약간의 환각 증세
가 있어서 어떤 사람들은 불쾌해하잖아요. 우리는 동네 할머니께
부탁해서 대다수가 씹어보았죠. 베트남 사람들이 진짜 좋아했어
요. 타문화를 이해할 때에만 자기 문화를 제대로 이해하고, 그 두
가지가 동시에 이루어질 때 서로 문화가 달라도 서로의 마음속으
로 들어갈 수 있다는 것을 깨닫는 순간이었어요.

문재현 이제 모두가 클라이맥스로 기억하는 강강술래에 대해 이야기판을
펼쳐봅시다.

김채희 강강술래, 진짜 좋았죠. 쏟아지는 별빛 속에서 모닥불은 타오르고
우리 팀뿐만 아니라 마을 주민들, 중국 일본 서양 관광객, 아이 어
른 할 것 없이 서로 손 잡고 하나 되던 그 순간. 아! 다시 생각해도
가슴이 뭉클해요.

박예님 맞아요. 나도 강강술래가 가장 기억에 남아요. 근데 우리가 어떻게
강강술래를 하게 된 거죠?

김채희 그것을 알려면 민속공연부터 이야기해야 할 것 같아요. 마이쩌우
에서 민속공연은 마을 주민으로 구성된 공연팀이 마이쩌우의 민속
공연을 시연하고 관광객이 감상하는 형태잖아요. 우리한테 공연

하기 전에 독일 관광객들 앞에서 공연했죠. 마당에서 공연하고 독일 관광객들은 야외 카페 같은 곳에 앉아 구경하는 거죠. 마지막에는 관광객들도 공연에 참여하도록 권유하죠. 대나무를 가지고 고무줄놀이하는 것처럼 피하고 뛰어넘고 하는 놀이였는데, 독일 사람들은 아무도 참여하지 않았거든요. 즐기는 사람과 공연하는 사람으로 나뉜 느낌이었어요. 우리도 처음엔 이렇게 구경하도록 계획이 짜여있었대요. 그런데 여행 기간 내내 동네 제기, 공기놀이도 하고, 베트남 제기를 사서 차는 것도 보고, 민요도 부르고, 흥에 넘친 우리 모습을 보던 현지 가이드 완 팀장이 계획을 바꿨어요. 장소도 동네 광장으로 바꾸고, 민속놀이 공연은 조금만 하고 함께 어울려 노는 방식으로 바꾼 거예요. 우리는 모든 구성원이 민속공연에 신나게 참여했죠. 우리도 신나고 공연팀도 신나고. 그걸 본 마을 사람들도 열광적으로 반응했어요. 공연이 끝난 다음 완 팀장이 제안했어요. 한국의 놀이를 해보는 게 어떻겠냐고. 그래서 우리가 선택한 것이 강강술래였죠.

문한뫼 제가 그때 전통주를 마시고 취해서 기억이 잘 안 나는데요. 그래도 기억나는 장면이 있어요. 주변에서 쭈뼛거리는 베트남 아이가 있었는데 우리가 손짓하니까 환하게 웃으면서 제 손을 잡고 도는 거예요. 그 순간 친구가 된 느낌? 뭔가 하나의 감정을 공유한 느낌을 받으니까 되게 뭉클했어요. 상황은 기억이 잘 안 나는데 그 순간의 감정이 지금도 선명해요.

신민용 저도 기억나요. 손에 손을 잡고 원을 만들며 빙빙 도는데 점점 한

두 명씩 원으로 들어오는 거예요. 낮에 만났던 아이들부터 처음 보는 중국, 서양 관광객들까지 합세하여 급속도로 원이 커지는데, 작았던 원이 광장을 가득 메울 때 진짜 가슴 벅찼어요.

박예님 저는 동네 꼬마가 마지막 기와밟기를 끝낸 뒤 세상을 다 가진 것 같은 그 표정을 잊을 수 없어요.

유지원 베트남에서 강강술래 할 때 동양인들의 반응은 좋으리라 예상했지만 유럽인들은 어떨까 궁금했거든요. 유럽 남성이 하나 끼어있었는데, 표정이 아주 밝고 환호하면서 펄펄 뛰더라고요. 그래서 신나는 느낌에 대한 반응은 세계적인 것이라고 생각했죠.

김채희 다시 생각해도, 독일 관광객들처럼 구경만 했으면 어땠을까? 조금 아찔해요. 이렇게 벅찬 경험을 할 수 있게 된 건 우리가 구경만 하지 않고 현지 사람들을 존중하며 함께 배우려 했기 때문이었던 것 같아요. 마을 주민들의 민속공연을 볼 때도 추임새도 넣고 일어나서 춤도 추며 함께했고, 대나무로 놀이를 할 때도 뛰어 들어가서 같이 놀았잖아요.

문한뫼 강강술래 이후 몇몇만 겪은 후일담이 있어요. 강강술래가 끝나고 다들 숙소로 들어가셨잖아요? 저랑 한별이, 민용이는 재영이가 좀 안 좋은 일이 있어서 위로해주려고 짐만 두고 다시 나왔거든요. 그런데 숙소 아래 공터에서 현지 가이드 완 팀장님이 혼자 담배를 피우고 계셨어요. 저희가 나오니까 인기척이 났는지 돌아보더라고요. 저랑 한별이가 왜 혼자 나와 계시냐고 여쭤보니까 "너무 가슴이 벅차 잠이 오지 않아서 나와 있다"고 하셨어요. 그 이야기를 하시는 완 팀장님 눈빛이 평소와 너무 달랐어요. 처음 완 팀장님을 봤을 때 느낌이 뭐였냐면 '세파에 찌든 가장', 이런 거였거든요. 그런데 저 말씀 하실 때 눈이 너무 초롱초롱하게 빛나는 거예요. 말투도 활기차고 얼굴빛도 환해서 훨씬 젊고 밝아 보였어요. 그러면서 이렇게 말씀하셨어요. "여행 안내자를 하면서 이렇게 현지인들과 무얼 해보려고 한 사람도 없었고, 같이 놀려는 사람은 더더욱 없었다. 이렇게 한마음으로 노는 현지인과 여행객을 보니까 너무 기분 좋고 감동적이다." 그러고는 이런 경험을 하게 해줘서 고맙다며 손을 내미서서 악수했어요. 그때 완 팀장님 눈가가 촉촉하더라고요. 저도 울컥해서 괜히 눈물이 나왔어요.

그날 이후부터 완 팀장님이 사람이 바뀐 것 같았어요. 약간 구부정하던 자세도 꼿꼿하게 펴지고, 말투도 활기차졌고, 저희를 보는 눈빛도 달라진 것 같아요. 우리 문묘 갔을 때의 경험도 특별했어요. 해도 거의 지고 문 닫을 시간에 가까웠잖아요. 그래서 못 들어가나 하고 있는데 완 팀장님이 버스에서부터 전화로 계속 이야기하면서 애쓰는 것을 보았어요. 나중에 물어보니 "이 사람들은 우리 베트남에 관해 연구하기 위해 한국에서 온 사람들이다. 꼭 들어가게 해줘야 한다."고 한 거였어요. 거의 30분간 통화해서 우리가 도착했을 때는 문 닫을 시간이었는데도 1시간 가까이 볼 수 있었잖아요. 덕분에 다른 관광객들도 여유 있게 같이 보았죠. 솔직히 완 팀장님을 처음 봤을 때, 저렇게 열정적인 사람일 거라고는 상상도 못 했거든요. 그 모습을 보면서 아, 우리는 단순히 관광, 여행하는 것이 아니라 현지인들과 소통하고 같이 놀면서 마음을 모으는, 정말 새로운 차원의 여행을 통해 교류하고 있다는 생각이 들어서 가슴이 벅차고 뿌듯했고, 새로운 세상이 열리는 느낌을 받았어요.

문재현 마이쩌우의 경험이 진짜 좋았는데, 더 이야기할 사람 없나요?

유한별 사실 여행 갈 때 우리처럼 가는 경우는 거의 없잖아요. 보통 건축물이라든지 풍경을 보는 것이 중심이죠. 사람들 만나고 함께 어울려 노는 여행은 생각해 보지 못했는데, 같이 해보니 너무 재밌는 거예요. 그 마을 사람들이랑 술도 마셔보고. 솔직히 베트남 하면 제일 먼저 떠오르는 것은 마을이죠. 앞으로 다른 데로 여행 가도 좀 더 시골로 들어가서 여러 날을 있고 싶어요. 그 여행 이후 늘 이런 생각을 하죠.

문재현 우리가 오늘 이야기하며 나눈 이런 느낌 같은 것들이, 놀이나 민요가 아니라 그 나라의 철학이나 역사, 학문으로 접근했으면 가능했을까요?

김재영 안 됐을 거예요.

문재현 그러니 우리가 생각했던 서로문화주의적인 여행은 그 나라의 세시풍속이라든가 기층문화들, 곧 축제나 노래, 놀이 같은 것을 함께 즐기고 서로 이해하고 표현하는 방향에서 이루어져야 한다는 것에 여러분은 어떻게 생각해요?

다 같이 좋아요!

문재현 요즘 〈오징어 게임〉에서 아이들이 발견하는 것은 무엇일까요?

박예님 놀이요.

문재현 그렇죠. 놀이가 아니고서는 그런 반응이 나오지 않았겠죠? 〈오징어 게임〉 이후 외국인들이 우리를 대할 때 다른 모습을 보여줄 것 같은데요. 외국 여행 갈 때 우리가 한국인임을 알면 우리와 놀자고 할 것이고, 외국인이 한국으로 여행 올 때도 한국 놀이를 하고 싶다는 바람을 갖고 올 텐데 어떻게 하면 좋을까요?

유지원 요즘 아빠와 동네 아이들 놀이하는 모습이 달라졌어요. 옛날에는 아빠가 분위기를 잡아야 했는데 요즘엔 아이들이 먼저 그 놀이를 하자고 몰려들더라고요. 우리도 다음에 여행 갈 때는 그 도시 광장 같은 곳에 가서 우리 놀이를 하자고 하면 좋을 것 같아요. '강강술래'를 하든 '무궁화 꽃이 피었습니다'를 하든 사람들이 몰려들지 않을까요?

문한뫼 제가 유럽을 두 번 가봤잖아요. 그때마다 공원에 들렀는데, 거기서 노는 모습들이 너무 단순해요. 술래잡기 또는 축구공 트래핑 하는 거, 딱 두 가지였어요. 우리가 다양한 놀이를 하면 세계의 문화가 풍부해질 것 같아요.

문재현 놀이가 단순하지. 유럽이.

문한뫼 네. 사실 공 트래핑이야 놀이가 아니라 연습이잖아요. 술래잡기는 어디나 있는 거고.

문재현 다음번에 유럽 여행 가서 건축물 같은 것도 보겠지만 광장에 가서 놀이하는 것을 프로그램으로 잡으면 어떨까요? 우리 놀이만 하는 게 아니라 비슷한 그쪽 놀이를 배우는 거죠. 단순한 볼거리에 머물지 않고 진정한 문화교류가 일어나지 않겠어요? 그게 가능해지면 어른들이 아이들을 데리고 다니는 여행이 아니라 아이들이 중심이 되는 여행 문화도 가능해질 것 같은데.

문한뫼 맞아요. 그런데 그런 것을 가능하게 하려면 우리 청소년들이 우리 문화를 이해하고 표현할 수 있는 힘이 필요할 것 같네요. 그렇지 않으면 시도할 수 없을 거예요.

임예솔 서울이나 이런 데 놀이터 하나 만들어 놓고 관광객들하고 신나게 놀이하도록 만들면 어떨까요?

유지원 거기가 핫플레이스가 되지 않을까요?

문재현 그리고 거기에 우리 놀이꾼들이 있는 거지.

유지혜 좋네. 좋은 일자리네요.

문재현 우리 모아에서 평화샘 선생님들과 협력하면서 지역별로 돌아다니며 '청소년 오징어 게임'을 하면 어떨까요? 그 지역의 광장도 좋고 기차역도 시도할 수 있는 곳이겠죠.

문가을 지금은 늦었으니까 '시즌 2' 나왔을 때 하죠.

유지혜 아주 재밌을 것 같아요.

문재현 자, 이제 마지막으로, 앞으로 여행 갈 때 어떤 문화를 만들어낼 수 있을지 돌아가면서 이야기해볼까요?

유지원 아까 얘기했던 것처럼, 한 마을에 3박 4일 정도 있으면서 대화도 하고 놀이도 해보고 싶어요. 그렇게 녹아드는 경험 속에서 여행하는 것이 좋겠어요.

문가을 미국 여행하면서 뉴욕 센트럴 파크에 간 적이 있는데, 애들이 놀이기구가 설치된 곳에서만 놀더라고요. 놀이기구나 장난감 없이 또는 단순한 장난감을 가지고 얼마나 신나게 놀 수 있는지 보여주고 싶어요.

문한뫼 저도 유럽 여행을 도시 위주로 다녔는데, 앞으로는 시골에 가서 긴 호흡으로 그 사람들하고 만나고 싶어요.

문솔뫼 저는 고무줄 고수가 돼보고 싶어요. 놀이 역량을 키울수록 더 깊은 만남이 가능할 것 같거든요. 고무줄놀이나 딱지치기, 구슬치기 같은 숙련이 필요한 놀이가 살아나려면 청소년들 가운데 달인이 나타나야 한다고 봅니다.

임예솔 요즘 〈오징어 게임〉이 유행인데, 그 안에 있는 놀이뿐만 아니라 제가 제일 좋아하는 돈까스를 가지고 어울리고 싶어요.

김재영 저는 그냥 광장이나 거리에서 가로수 하나 잡고 '무궁화 꽃이 피었습니다' 하면 다 달려올 것 같은데요.

문재현 한국 사람들이 하면 누가 하든 다 달라붙을 것 같죠?

김재영 네.

문재현 이야기를 시작한 지 벌써 두 시간이 됐네요. 서로의 경험이 다시 살아나고 마음이 이어지는 느낌이 듭니다. 모두 오래된 경험을 떠올리느라 고생했습니다. 이 간담회가 우리의 다음 여행을 준비하는 기반이 된 것 같기도 하고, 진정한 인류문화 공동체를 만들어가는 실마리를 잡은 것 같기도 합니다. 그렇죠?

다 함께 네~

문재현 자, 오늘 간담회를 모두 박수로 마칩시다. 고맙습니다.

다 함께 (박수)

비석치기,
호주 아이들을 사로잡다

....

임오규(충주남산초)

〈오징어 게임〉으로 더 풍성해지는 놀이마당

"이거 '오징어 게임' 맞죠?"

"맞아, 그런데 너희가 오징어 놀이를 알아?"

"네, 유튜브에서 봤어요."

교사들이 오징어 놀이를 하려고 운동장에 놀이판을 그리고 있을 때였다. 4학년 여자아이들 세 명이 다가오더니 '오징어 게임'에 관심을 보였다. 놀이 방법을 아느냐고 물어보니 잘 모르겠다고 해서 나중에 선생님들과 같이 놀자고 하니 손뼉을 치며 좋아했다. 우리 학교에 7년째 근무하지만, 여자아이들이 먼저 오징어 놀이에 관심을 보인 것은 처음이다. 드라마의 파급력이 대단하다는 생각이 들었다.

우리 학교는 학생 수가 900명 가까이 되는 큰 학교이고, 서로 친해지는 데는 놀이가 최고라고 생각하여 함께 노는 것을 아주 중요하게 여긴다.

문제는 운동장이 인조잔디로 되어있다는 것이다. 여자축구부가 있기 때문이다. 그래서 운동장에 놀이판을 그리기가 어렵다. 이런 문제를 해결하기 위해 달팽이 진 놀이와 동서남북(콘티찐빵), 8자 놀이, 발 자치기 등을 할 수 있도록 녹색 인조잔디 일부분을 오려내고 빨간색 잔디로 바꿔서 금을 그려놓았다. 교실과 복도, 놀 수 있는 공간에는 사방치기와 비석치기, 삔 치기 놀이를 할 수 있게 놀이판도 그려놓았다. 우리 학교 아이들은 평소에도 다른 학교 아이들보다 잘 놀지만 드라마 〈오징어 게임〉이 전 세계적인 반응을 보인 후엔 더욱 폭발적으로 놀이 붐이 일고 있다. 은행나무와 축구 골대 주변에선 '무궁화 꽃이 피었습니다'를 하고, 운동장에서는 달팽이 진 놀이와 8자 놀이, 오징어 놀이와 지렁이 놀이하는 아이들의 함성으로 떠들썩하다.

이렇게 신명 나는 놀이 풍경을 보면서 작년까지 우리 학교에 근무하다 비석치기로 다른 나라 아이들을 만난 이 선생의 이야기가 생각났다.

놀이가 스트레스였어요

이 선생은 2017년 우리 학교 바로 옆 학교에서 전근 왔고 첫해 2학년 담임을 맡았다. 2학년 선생님 가운데 유일한 남자였기에 다른 여선생님들은 이 선생이 놀이에서 중요한 역할을 해줄 것을 기대했다. 하지만 첫날부터 함께 진행하기로 한 놀이를 하지 않고 자기 나름의 아이들 관리방식을 고집했다. 이렇게 비협조적인 태도에 난감해하는 2학년 부장 교사의 말을 듣고 이 선생과 아이들이 운동장에서 수업하는 모습을 관심 있게 지켜보았다. 통합교과시간인데 선생님이 아이들을 정렬시키는 활동을 주로 해서 아이들은 갓 입대한 군인들처럼 바짝 긴장된 모습이었다. 우리 학교의 교육 방향과 너무 달라서 방과 후 이 선생과 만나 이야기를 나누었더니 혁신학교와 놀이에 강한 거부감이 있다는 것을 알게 되었다.

> "○○학교에서 교과전담 하면서 운동부를 계속 지도했는데, 올해 오랜만에 2학년 담임을 맡아서 적응도 잘 안 되고요. 남산학교 특색이 놀이문화라 옆 반 선생님은 매일 놀고 강강술래도 하고 있는데 내가 왜 거기에 맞춰 가야 하나 거부감이 많이 들었어요. 저는 왜 교사가 아이들과 같이 놀아야 하는지 이유를 잘 모르겠어요. 내가 잘 모르는 놀이를 하라고 하고 스트레스받아요. 남산학교가 나하고는 잘 맞지 않는 것 같아요."

강요하면 갈등과 반발만 더 커질 것 같아 좀 더 기다려 보겠다고 마음먹었지만, 그 뒤로도 이 선생은 아이들과 놀지 않았다. 이듬해에도 이 선생은 2학년을 맡았다. 우리 학교는 학년 중임제를 권장하여 본인이 원하면 중임할 수 있는데, 이 선생이 2학년을 지원한 것이다. 그런데 놀랍게도 이 선생은 작년과는 180도 다른 모습을 보여주었다. 학기 초부터 아이들과 신나게 놀았다. 1, 2학년 놀이 연계 활동도 했다. 본관 앞에 있는 소나무 아래 구멍을 파고 그 안에 구슬을 넣는 구슬치기도 하고 딱지도 직접 만들었다. 아이들도 무척 좋아했다. 작년에 같이 근무했던 동학년 선생들은 이 선생의 변한 모습에 해가 서쪽에서 뜰 거라고 했다. 도대체 겨울 방학 동안 이 선생에게 무슨 일이 있었던 걸까?

비석치기에 열광하는 호주 아이들

이 선생은 교대에서 영어를 전공했고 졸업 후에도 틈틈이 인터넷 강의를 듣거나 원어민 영어 강사를 만나 궁금한 것들을 물으며 영어 공부를 계속했다. 지난 겨울 방학에는 호주로 어학연수도 다녀왔다. 그때 변화의 계기가 있었다. 어학연수 기간에 호주의 한 초등학교에서 아이들과 '비석치기'를 주제로 수업을 했는데, 반응이 아주 폭발적이었고 본인에게도 큰 변화가 생겼다고 했다. 그 이야기가 궁금해서 이 선생에게 물었다.

'비석치기'를 수업 주제로 정한 이유가 있나요?

어학연수 가기 전에 세 번 정도 오리엔테이션을 했어요. 처음 두 번은 반 대표 뽑고 연수 일정을 공유하는 모임이었고, 세 번째 모임에서 담당 장학사님이 호주 가서 아이들과 할 수업 주제로 한국적인 것을 소개하는 것으로 하면 좋겠다고 했어요. 무엇을 할까 고민하다 우리 학교가 놀이를 특색활동으로 하고 있어서 놀이로 정했어요. 하지만 제가 우리 놀이에 대해 잘 몰라서 동학년 선생님들께 어떤 놀이를 하면 좋을지 도움을 청했어요. 그랬더니 처음에는 고무줄을 추천해 주셨어요. 갖고 다니기도 편하고 좁은 공간만 있으면 어디서든 할 수 있다고 하면서요. 그런데 제 무릎 상태가 좋지 않아요. 그래서 추천해 준 것이 비석치기였어요. 그러면서 한

반 수업할 수 있게 비석 열 세트도 챙겨주셨어요. 정말 고마웠어요.

수업 준비 과정은 어렵지 않았나요?

왜 어렵지 않았겠어요. 제가 잘 놀지 않았다고 했잖아요. 비석치기 단계도 잘 몰랐거든요. 그래서 동학년 선생님들께 놀이 방법을 배우고 각 단계를 영어로 표현하는 법을 익혔어요. 일일이 영작을 해서 한 장짜리 교수 학습 과정안도 만들었어요.

PPT도 만들었는데, 제목은 'How To Play BISEOKCHIGI'로 했어요. 영어 실력이 부족해 '도둑 발'처럼 표현이 잘 안 되는 것들은 동작으로 보여주었어요. 그냥 발등에다 비석을 놓고 목표를 향해 걸어간 다음 비석을 던져서 맞추는 것을 보여주었어요. 그리고 'Hitting the Stone'이라고 했어요. 그랬더니 금방 이해하더라고요. 몸으로 하는 언어는 만국 공통어인 걸 새삼 깨달았어요. 그리고 '토끼뜀' 단계는 영어로는 '래빗'이지만 호주 아이들에게 친근한 캥거루 뛰는 모양으로 이야기하니 금방 반응을 보이면서 신나게 하더라고요. 수업내용은 한국 것이지만 호주의 자연환경과 문화와 접맥시켜서 전개하는 것이 접근성이 좋다고 생각했는데 정말 잘했다는 생각이 들었어요.

아이들과 교사들 반응은 어땠어요?

첫 수업은 2학년 아이들과 했어요. 비석치기를 간단히 소개하고 나서 단계별 시범을 보인 다음 단계별로 1~2명 지원자를 받아 연습하게 했는데, 수업 자체가 놀이 수업이고 참여형 수업이어서인지 아이들의 반응은 폭발적이었어요. 지원자를 받기 위해 손을 번쩍 들면서 '벌런티어 (volunteer)?'라고 하면 서로 하겠다고 손을 들었고, 선정된 아이들은 정말 신나게 놀이에 참여했어요. 오줌싸개와 똥싸개 할 때는 진짜 마려운 표정을 지으면서 하는데, 아이들도 웃고 저도 배꼽 잡고 웃었어요. 까막눈(블라인드 맨) 단계에서는 내가 던진 것을 더듬어서 찾아야 하니까 옆에 있던 친구들이 '레프트', '라이트', '프런트', '백'을 소리치며 친구들이 잘할 수 있게 도와주더라고요. 우리나라 아이들이나 외국 아이들이나 친구 도와주는 마음은 똑같더라고요.

그 모습을 보던 담임 선생님이 자기도 한번 해보고 싶다며 비석을 던졌어요. 기본적인 단계를 알려주고 마지막에는 창의적인 단계를 직접 만들어 보라고 했는데 한 아이가 바닥에 눕더니 배 위에다 비석을 놓고 두 손과 두 발을 바닥에 대고 일어서더니 이동해서 비석을 맞추는 거예요. 기계체조를 한 아이 같았는데 반 친구들은 그걸 보면서 '와~~' 하며 손뼉도 치고 함성도 질렀어요. 비석치기 수업이 재밌었는지 그 반 담임 선생님이 다른 반에서도 이 수업은 꼭 더 해야 한다고 강추했어요. 그래서 한 반을 더했는데 끝나고 나서 한 반 더 진행했어요.

정말 가슴 벅차고 뭉클했던 일은 3학년과 수업할 때였어요. 시범을 보이는데 떠들썩한 소리가 계속 들리는 거예요. 무슨 일인가 고개 들어 주변을 살펴보니 다른 반 아이들이 창문에 다닥다닥 붙어서 제 수업을 쳐다보고 있잖아요. 정말 소름이 돋았어요. '내가 수업하면서 아이들이 이렇게 열광한 적이 있었던가?'라는 생각이 들면서 우리 놀이를 수업 주제로 선택한 것이 '신의 한 수'였다는 생각이 들었어요. 다른 연수생들처럼 한

글이나 한복, 전통 문양으로 호주 아이들을 만났다면 이처럼 열광적인 반응을 경험하지 못했을 거예요. 그리고 연수를 주관하고 있는 세바톤 대학에서 수업에 대해 평가하는데, 제 수업이 가장 좋았다고 하더라고요. 영어 유창성이 조금 부족하긴 했지만, 수업내용이나 구성, 아이들의 흥미와 참여도는 최고였고 앞으로 더 많이 기대된다며 칭찬해주는데 기분이 정말 좋았어요.

당황했던 일이 있었다던데, 무슨 일이었나요?

4학년 아이들과 수업할 때였어요. 비석치기를 알려주면서 예전에는 마을에서, 골목에서 아이들끼리 신나게 놀이를 했지만, 요즘은 다 사라져버려 몇몇 관심이 있는 선생님들만 학교에서 아이들하고 재밌게 논다고 했거든요. 수업이 끝나갈 때쯤 담임 선생님이 오더니 "그런데 왜 이런 재밌는 놀이가 마을에서 사라졌어요?"라고 묻는 거예요. 순간 멘붕이 왔어요. 아무 말도 못 했어요. 내 수업에 대해 선생님이 궁금한 것을 물어볼 거란 생각을 하지 않았고, 사실 창피하지만 이런 생각을 해본 적이 없었어요. 저는 어렸을 때도 잘 놀지 않았고 선생님이 아이들과 놀이하는 것도 반감이 있었거든요. 비석치기 놀이를 배운 것도 어학연수를 잘하려고 잠깐 관심을 가진 것이지 계속할 생각은 없었어요. 놀이에 관한 공부가 짧아 아직도 그 답을 찾지 못했지만, 그 질문에 답하지 못해 그 선생님께는 미안한 마음이 들어요.

그 질문을 받은 후 생각이 많이 바뀌었어요. 해외연수 와서 외국 아이들에게 잘하지도 못하는 영어 실력에다 손짓, 발짓으로 전래놀이를 설명하면서, 이렇게 좋아하는 놀이 수업을 한국에 있는 우리 반 아이들에게는 왜 열심히 안 했을까? 왜 내가 알려고도 하지 않았을까 하는 생각을 하면서 많이 반성했거든요. 앞으로는 우리 전래놀이를 많이 배우고 아이들하고도 신나게 놀아야겠다고 생각했어요. 우리 놀이에 대해 안 좋았던 감정도 싹 없어졌어요. 호주 연수 갔다 와서 제가 많이 바뀌었잖아요. 우리 놀이에 대해 잘 몰랐고 아무 준비 없이 어학연수를 갔지만, 앞으로 어학연수에 참가하는 교사들은 우리 놀이를 많이 알았으면 좋겠고 다른 나라 아이들과도 신나게 놀면 좋겠어요. 〈오징어 게임〉 이후 해외에서도 우리 놀이에 관한 관심이 폭발적이라고 들었어요. 그렇다면 어학연수 가서도 많은 외국 학생과 교사들이 한국의 전래놀이를 알려달라고 부탁받는 일들이 많을 거예요. 그때 우리 교사들이 다른 나라에 우리 놀이를 잘 안내해 주는 놀이 전도사가 되면 좋겠어요.

놀이, 아이의 닫힌 마음을 열다

어학연수를 다녀오며 이 선생은 우리 놀이에 관심을 갖기 시작했고, 전래놀이 교사 연수에 참여하면서 놀이 역량을 키웠다. 올해 8학급 규모의 작은 학교로 전근 갔는데, 그 학교 선생님들과도 함께 놀면서 놀이문화를 확산하고 있다. 자기 학급의 다문화 아이와도 같이 논다고 했다.

"우리 반에 의사소통도 안 되고 친구들과 어울리지 못하면서 혼자 지내는 다문화 아이가 있어요. 자기 마음에 안 들면 그냥 벽 보고 서 있고 어떨 땐 화장실에 들어가 울면서 나오지 않는 아이인데, 처음 한 달 동안은

나하고 말도 안 했어요. 유치원 때부터 혼자 있던 아이여서 친구들도 어른들도 그 아이가 쉽게 바뀌지 않을 거라는 선입견과 편견이 있었어요. 그래서 문제 해결을 위해 좋은 상담 프로그램도 알아보았는데 모두 거부하더라고요. 너무 답답했어요. 나하곤 얘기를 잘 안 하더라도 친구들만이라도 얘기했으면 했거든요. 그러다 생각한 것이 관계를 맺어줄 수 있는 놀이였어요. 처음엔 딱지치기랑 구슬치기나 비석치기도 하고 '무궁화 꽃이 피었습니다'도 했어요. 아이는 조금씩 마음을 열며 친구들과 놀기 시작하더니 어느 순간부터 아주 열심히 놀더라고요. 정말 신기했어요. 그 아이가 나한테 처음 말을 걸어왔을 때는 정말 기뻤어요."

아이 이야기를 하는 이 선생의 얼굴엔 걱정과 안타까움, 기쁨과 행복감이 묻어났다. 좀 더 관심을 진전시켜 베트남 엄마에게 놀이를 배우고 그것을 친구들과 나누게 하면 더 좋지 않을까 생각해서 제안했더니 아직 거기까지는 힘들다고 했다. 하지만 옳다고 생각하면 바로 시도해보는 이 선생의 특성으로 볼 때 머지않아 시도해 볼 거라는 확신이 든다.

다시 놀이가 넘쳐나는 마을을 꿈꾸며

나는 '놀이를 잘하는 선생님'이라고 많이 알려져 있다. 그래서 우리 학교뿐만 아니라 청주, 제천, 음성 등 충북에서도 교사들의 초청을 받아 놀이 강습을 한다. 서울, 세종, 전북 등 여러 지역에서도 놀이 강습 요청을 받는다. 내가 놀이를 잘하는 것은 어릴 때 언제든 놀이를 할 수 있는 환경과 지지기반이 있었기 때문이다. 놀이터에 가면 친구들과 형, 동생, 누나들이 수십여 명이 있었다. 형이나 누나는 놀이 방법을 친절하게 알려주었고 내가 잘 못 할 때는 깍두기로 끼워주었다. 이런 마을 경험이 놀이에 긍정적인 생각을 하게 해줬을 것이다.

이 선생은 왜 놀이에 거부감을 갖게 되었을까? 그의 이야기를 들어보니 어릴 때 형들과 구슬치기, 양이치기(딱지)를 했지만, 동생들과는 잘 놀지 않았다고 한다. 4학년 때부터는 친구들과 농구만 했고 중·고등학교를 거쳐 대학에서도 농구 동아리 활동을 하면서 우리 놀이는 전혀 하지 않았다. 놀이 경험이 끊긴 것이다. 그러다 보니 할 수 있는 놀이가 많지 않았고, 발령받고 나서도 교과서 내용을 잘 가르치는 것이 교사의 역할이라고 생각해 우리 놀이엔 전혀 관심을 두지 않았다. 이 선생이 이런 태도를 보이게 된 것은 이 선생만의 잘못이 아니다. 우리나라의 예비교사 양성과정이나 학교문화가 놀이를 중시하지 않기 때문일 것이다.

이 선생의 이야기에서 이 시대의 우리가 함께 성찰해야 할 지점이 있다. 이 선생이 호주에서 받은 질문, 곧 '이 재밌는 놀이가 왜 마을에서 사라졌어요?'라는 질문에 어떻게 답해야 할 것인가이다. 이 질문의 답을 찾으려면 우리 마을에서 놀이가 사라져 간 원인을 찾고 그 놀이들을 살릴 대안까지 마련해야 한다. 놀이가 사라진 원인은 여러 가지다. 역사적으로 보면 일제강점기에 우리 말을 사용하지 못하게 하면서 놀이도 함께 사라졌다. 해방 후에는 자동차가 놀이 공간을 없앴고, 그 결과 많은 놀이가 없어졌다.

교육하는 사람으로서 뼈아픈 것은, 교사들이 바깥 활동이 아니라 실내활동을 중심으로 하며, 전통 놀이보다는 뉴스포츠와 보드게임을 선호하고 권장하는 것도 놀이가 사라지는 데 영향을 미쳤다는 점이다. 그래도 우리에게 기회는 있다. 많은 선생님과 부모님이 골목 놀이를 기억하고 있기 때문이다. 따라서 어른들이 놀이를 살리려고 마음먹고 공동행동을 시작한다면 놀이문화를 되살리는 것이 불가능하지 않다.

〈오징어 게임〉은 그런 놀이문화 기반을 다시 만들 수 있는 좋은 계기가 되고 있다. 얼마 전 마을 축제에 아이들과 함께 참여했는데, 사람이 가장 많이 모여든 곳은 '무궁화 꽃이 피었습니다'였다. 어린아이부터 어른들까지 다 함께 어울려 놀고 있었다.

요즘 교사들과 마을 놀이활동가들을 대상으로 퇴근길 놀이 연수를 한다. 2학년 아이부터 내년 퇴직을 앞둔 교사까지 참여하는데, 처음에는 교사들만 놀다가 교사들이 자녀들을 데리고 오면서 자연스럽게 어른과 아이가 함께하는 놀이마당이 되었다. 처음에는 두 명의 아이가 참여했는데 지금은 열 명 정도의 아이가 참여한다. 그 가운데 6학년 남자아이 네 명이 있었는데, 다른 놀이에 비해 고무줄놀이에는 쭈뼛거리며 잘 참여하지 않았다. 그런데 놀이 연수에 방문한 남자 대학생이 '이상하고 아름다운 도깨비 나라' 고무줄놀이를 보여주자 적극적으로 참여하기 시작했다. 아니, 열광적으로 빠져들었다. 그 한 번의 경험으로 고무줄놀이가 여자아이들의 놀이라는 편견을 극복한 것이다. 2학년 여자아이도 있는데, 고무줄을 잘하기 위해 집에서 연습하고 방과후 돌봄 교실에서는 친구들에게 그 놀이를 알려주며 놀이 전도사 역할을 하고 있다. 이런 모습을 보면서 놀이 연수에 참여한 교사들은 반 아이들과 더 적극적으로 놀이판을 만들고 있고, 마을 놀이활동가들도 마을에서 놀이판을 어떻게 만들지 생각을 구체화하고 있다. 이런 활동이 지속적으로 확대된다면 옛날 우리 어렸을 때 경험처럼 마을과 학교, 지역에서 놀이판이 신명 나게 펼쳐지는 모습을 머지 않아 다시 볼 수 있지 않을까 기대한다.

독일에서 느낀
우리 놀이의 힘

························

윤재화(청주 한솔초)

놀이 학교의 교장 선생님

2019년, 한솔초에 공모제 교장으로 부임한 첫해의 봄날.

중간놀이 시간에 학교를 한 바퀴 도는데, 학교 곳곳에서 아이들이 활발하게 노는 모습이 참 보기 좋았다. 3층에서 2층으로 내려오다가 4학년 아이들이 계단을 내려오며 비석치기 하는 모습을 보았다.

"와! 계단 내려오며 비석치기 하는 건 처음 본다. 우리 학교에는 비석치기가 몇 단계까지 있니?"

곰곰 생각하던 아이들이 손가락을 꼽더니 말했다.

"스물세 단계인 것 같아요."

놀이 강사를 하는 나도 겨우 열 단계 정도를 하는데 스물세 단계라니 정말 놀라웠다.

"어떤 단계가 있는데?"

"던지기, 도둑 발, 토끼 뜀, 오줌싸개, 똥싸개, 배 사장, 비행기, 뺨따귀, 이마, 뒤통수…."

문자마자 생전 처음 들어보는 단계가 쏟아져 나왔다. 한솔 아이들은 비석치기로 무한히 놀이 세상을 창조하고 있었다. 이런 모습은 지속해서 놀이가 이어지고 놀이하는 사람 대다수가 숙달될 때 나오는 현상이다. 내가 이 학교 교장으로 온 것이 최고의 선택이라는 것을 새삼 느꼈다.

2018년 교장 공모제 심사 장면이 문득 떠올랐다. 한솔초에서는 부모, 교사, 학생 등 각 교육 주체들이 새로운 교장에 대한 요구사항을 미리 토론하며 준비했다. 부모의 요구사항은 부모위원이, 교사와 학생의 요구는 교사위원이 발표했다. 한 선생님이 아이들의 이야기를 모아왔다며 수첩을 펼쳤다. 그 수첩에는 전교생이 쓴 포스트잇이 두껍게 붙어 있었는데, 그 가운데 몇 가지를 읽어주었다.

"우리와 놀아주고, 함께 나들이 가고, 캠핑도 같이하는 교장 선생님이면 좋겠어요, 우리가 하고 싶은 말이 있어 찾아가면 반가워해 주면 좋겠어요."

이런 과정을 거쳐 교장이 된 나에게 아이들은 높은 친밀감과 함께 자부심을 느끼고 있었다. 부임 후 교장실에 놀러 온 아이들이 나에게 한 말이다.

"교장샘, 우리가 교장샘 뽑은 거 아세요?"

"몰랐네, 어떻게 뽑았는데?"

"작년 겨울에 학급 회의를 했어요. 어떤 교장 선생님이 오면 좋겠냐고요. 그래서 우리랑 놀아주는 교장샘이 오면 좋겠다고 했어요. 그랬더니 교장샘이 오셨잖아요. 우리가 뽑은 거 맞죠?"

자부심 넘치는 아이의 말을 들으며 꼭 그런 교장이 되고 싶었다. 난 아이들 덕분에 놀이 학교의 교장이 되었다.

놀이가 활성화된 만큼 한솔초 아이들의 행복 지수는 무척 높다. 그 바탕에는 아이들을 도와주려는 교사들의 협력과 부모들의 지지가 있다. 한솔초 교사들은 다른 반, 다른 학년, 유치원과 중등까지 연계하여 전체가 함께 놀이하는 기반을 만들었다. 한솔초뿐만 아니라 다른 학교에도 놀이 지원을 나가는데, 청주 지역의 50%에 이르는 학교에서 놀이 연수를 요청하고 있다. 부모들의 역할도 중요하다. 교사는 아이들에게 일방적으로 놀이를 가르쳐 주는 것이 아니라 부모에게 배우도록 한다. 그렇게 배운 놀이를 아이들은 서로 가르치고 배운다. 그래서 청주시의 다른 초등학교에서는 한솔초를 '놀이 학교'라고 부른다.

이렇게 놀이로 10년을 성장한 한솔초의 저력을 나는 새 학년 맞이 연수부터 느꼈다. 2월에 열린 새 학년 맞이 연수 첫날, 낯선 학교에 출근하려니 어색하기만 했다. 교문에서 한 선생님을 만나 서로 어색하게 언덕길을 올라갔는데 현관 입구에서 한솔초 직원들이 꽃을 들고 기다리고 있었다. 우리를 보더니 환하게 웃으며 꽃을 안기고 팔짱을 낀 채 교무실이 아닌 강당으로 안내했다. 팔짱에서 온기가 전해지는 순간 무겁던 마음이 가벼워지고 따뜻해졌다.

"새로 오신 분들을 열렬히 환영합니다. 우리 학교는 새로운 식구가 오면 놀이로 맞이해요. 오늘의 첫 놀이로, 저기 원 선생님이 제안하신 오징어 진 놀이를 해볼게요."

교무부장의 인사말에 이어 편을 갈라 놀이가 시작되었다. 수비 사이를 뛰어넘으려는 사람과 잡아채려는 사람이 얽히면서 옷소매가 늘어나고 엉덩방아를 찧고…. 철벽 수비를 뚫고 돌진해서 '찐'을 한 사람은 나처럼 새로 온 이 선생이었다. 모두의 박수를 받으며 환하게 웃는 이 선생에게 물었다.

"선생님, 전에 무슨 운동 했어요?"

"검도를 조금 했어요. 아주 조금."

"절대 조금 한 것 같지 않아요. 와, 샘은 못 이기겠어요."

이야기를 나누다 보니 어색하던 얼굴에 웃음꽃과 이야기꽃이 피었다. 나도 오징어 진 놀이는 어릴 때 해보고 처음이어서 규칙도 생각이 안 났는데 놀이를 하니 기억이 났다. 이날 선생님들과 흠뻑 빠져 놀면서 한솔초가 놀이 학교라는 것을 실감할 수 있었다. 첫날 연수가 끝나고 나와 함께 전입해 온 직원들의 말이 지금도 귀에 쟁쟁하다.

"2~3년은 근무한 학교 같아요."

"아침에 출근할 때 걱정했던 게 다 사라졌어요. 내일이 기다려지네요."

단 3일의 연수 동안 한솔초 직원들은 이미 잘 알던 사이처럼 친해졌다.

드디어 개학식과 입학식을 함께하는 3월 2일. 아이들을 처음 만나는 날이다. 평소에 거의 안 입던 정장을 입고 강당에 들어갔다. 무대에 올라가 나를 바라보는 300여 명에게 어떤 인사말로 시작할지 고민하고 있는데, 개학식 사회를 맡은 교무 선생이 나를 소개했다.

"여러분, 여기 계신 선생님은 놀이를 아주 잘하는 분이에요. 오늘 여러분과도 아주 재미있게 놀아주실 거예요."

덕분에 인사말을 할 필요가 없었다. 바로 놀이를 시작했다.

"옆 친구와 마주 볼까요? 방학 동안 못 만났던 친구 얼굴 좀 자세히 보세요."

늘 보던 얼굴인데 다른 사람이 보라고 하니 웃음부터 터진 아이들과 실꾸리 똘똘도 하고 눈싸움도 하면서 즐겁게 놀았다. 뒤이어 시작한 1학년들의 입학식도 놀이로 열었다. 담임 선생님과 기차놀이도 하고 부모님과 뛰기도 하고, 친구들과 신발 던지기도 하면서 즐겁게 놀았다. 아이들과 놀면서 만나서 아이들도 나를 교장이 아니라 놀이 친구라고 생각했고, 함께 놀자며 교장실로 마실을 왔다. 그래서 교장실 놀이 바구니엔 아이들과 놀 수 있는 우리 놀잇감을 준비해두고, 바닥에는 비석치기와 땅따먹기를 할 수 있는 그림을 그렸다. 아이들은 중간놀이 시간이나 방과 후 시간과 학원 차를 기다리는 시간 등 틈만 나면 교장실에 와서 논다. 그래서 공문 결재를 하다가 아이들이 오면 얼른 일어나 "우리 뭐 하고 놀까?" 하고 묻는다. 주로 비석치기나 공깃돌 땅따먹기, 딱지, 실뜨기 등을 했는데, 이렇게 아이들과 노는 우리 놀이문화가 국제적인 교류에도 큰 의미가 있다는 것을 발견했다. 2019년 5월 독일 연수 때 경험인데, 그때를 생각하면 지금도 가슴이 벅차다. 이렇게 학교에서 길러진 나의 놀이 경험은 교장단 해외연수에서 빛을 발했다. 그 얘기를 해보려고 한다.

왕따 놀이를 하는 왕따 예방프로그램

프랑크푸르트의 한 학교에서 학교폭력 예방프로그램 수업을 참관할 수 있었다. 독일도 학교폭력 예방프로그램을 놀이로 진행하고 있었는데, 그 놀이를 보며 답답하고 딱하다는 느낌이 들었다. 사실상 소수자들을 따돌리는 행동이었기 때문이다.

수업이 진행될 4학년 교실에는 18명의 아이가 둥글게 의자를 마주하고 앉아 있고 교사는 모두 세 명이었다. 수업을 진행할 전담교사와 담임교사, 보조교사였는데, 한 교실에 세 명의 교사가 협력하며 수업하는 모습은 참 부러웠다. 아이들은 독일 아이들이 열 명 정도였고, 아프리카계 아이와 아랍 아이도 두세 명 보였다. 동양인 여자아이도 한 명 있었다.

교사가 손뼉 치며 시작을 알리자 자리에 앉아 있던 아이들이 우르르 일어나 서로 의자 바꿔 앉기 놀이를 시작했다. 독일 아이들은 대부분 놀이에 적극적으로 참여했고, 서너 명의 아랍계 아이들도 자기들끼리 웃으며 자리를 바꿨다. 그런데 동양인 여자아이는 교사가 의자를 바꾸라고 하면 바로 옆자리 의자에 앉고, 그다음 바꾸라는 말에 다시 자기 자리로 돌아와 앉기를 반복하면서 30분 동안 단 세 개의 의자에만 앉았다. 그런데 수업을 진행하는 교사나 친구들은 그 아이가 투명 인간이라도 되는 양 관심을 두지 않았다. 친구들과 어울리지 못하고 자기 자리만 맴도는 아이를 전혀 챙기지 않는 모습을 보면서 '이거야말로 왕따 상황이네!' 하는 생각이 들었다. 우리 학교에서 이런 일이 일어난다면 아이들은 '멈춰!'를 외쳤을 것이다.

우리 학교는 학교폭력 예방프로그램으로 평화샘 프로그램을 진행하는데, 이 프로그램에서는 아이들 가운데 그 놀이에 참여하지 못하거나 배제되는 아이가 있으면 곧 왕따가 있다고 본다. 그래서 놀이를 주도하던 아이들이 그 아이에게 놀이를 제안하면 왕따가 해소되기 시작한 것이라고 보고, 왕따 당하던 아이가 놀이를 제안하고 다른 아이들이 이를 수용하면 왕따가 사실상 해소된 것으로 본다. 그런 기준에 따르면 이 교실의 수업은 왕따 현상을 방치할 뿐 아니라 왕따 문제를 더 심화하는 측면이 있는 것이다. 내가 느낀 상황에 대해 담임 선생님이나 전담 선생님은 어떻게 생각하는지, 이후 어떤 프로그램으로 연결되는지 묻고 싶었다. 하지만 꽉 짜인 일정으로 시간도 없고, 언어 장벽으로 소통도 어려워 어떻게 할 수가 없었다. 그런데 다행히 왕따 상황을 해결할 수 있는 대안적 실천의 계기가 생겼다.

강강술래로 만난 독일 아이들

"선생님들, 반갑습니다. 우리 반 아이들에게 한국에서 선생님들이 오신다고 했더니 한국의 전통 노래를 듣고 싶다고 하네요. 저도 듣고 싶고요. 부탁드려도 될까요?"

학교폭력 예방 수업이 10분 정도 남았을 때 담임교사가 우리에게 청했다. 아이들도 기대에 찬 모습으로 우리를 보고 있었다. 순간 어떤 노래를 할까 고민했다. 가장 먼저 아리랑도 생각나고 자장가도 생각났는데, 노래보다는 강강술래를 해야겠다고 생각했다. 조금 전 수업에서 본 의자 놀이가 왕따를 만드는 과정이나 다름없었기에 모두가 친해지는 우리의 대동 놀이를 하면 좋겠다는 생각이 들었기 때문이다. 하지만 미리 준비되지 않은 상황이라 다른 연수생들과 상의했다.

"어떡하죠? 아리랑을 하나?"

"음악 시간에 배운 '소나무야' 노래가 독일민요던데 그걸 할까요?"

"제가 강강술래를 할 줄 알아요. 그걸 같이 하면 어떨까요?"

"와, 그럼 정말 좋죠. 너무 잘됐네요."

"그럼 걷기랑 대문 놀이랑 덕석몰기 할게요. 남생이놀이는 독일 아이들이 못 알아들을 것 같아서 빼고요. 선생님들이 시범을 보일 수 있을까요?"

"네."

우리가 먼저 시범을 보이고 나중에 같이 하자고 했더니 담임교사가 환하게 웃으며 고개를 끄덕이고 아이들도 소리 지르며 좋아했다. 다섯 명이 손잡고 놀이를 시작할 때 약간 긴장되었다. 그동안 학급, 학교의 놀이마당이나 몇백 명이 모인 놀이 연수에서도 강강술래를 불렀지만, 문화가 다른 나라의 아이들이 어떤 반응을 보일지 예측되지 않았기에 기대되면서도 부담스러웠기 때문이다. 긴장감을 이기려고 더 힘 있게 노래를 불렀다. 아이들이 깜짝 놀랄 만큼.

강강술래 강강술래

달 떠온다 달 떠온다

독일 교실에 달 떠온다

저기저기 저 달 속에

우리 소원 빌어보세

강강술래 강강술래

다행히 연수생 모두 강강술래를 잘 알고 있어 성공적으로 마칠 수 있었다. 그렇게 먼저 시범을 보여준 뒤 담임교사와 아이들에게 손을 내밀었더니 우르르 일어나 둥글게 손을 잡았다. 18명의 아이와 9명의 어른이 손을 잡으니 교실이 꽉 찼다. 얼굴을 마주 보며 서는 것만으로도 설레고 웃음이 났다. 내 손을 잡은 독일 아이도 나를 보며 환하게 웃었다.

강강술래를 부르자 모두가 오른쪽으로 돌며 놀이가 시작되었다. 같은 거리를 두고 둥글게 돌다가 대문 놀이가 시작되자 그야말로 난리가 났다. 대문 놀이를 해보면 두 사람이 손을 맞잡아 만든 문을 지날 때 다들 좋아하는데 독일에서도 마찬가지였다. 아이들이 만든 작은 문을 지나려 쪼그려 앉은 어른들도 신이 났고, 친구들이 만든 문을 통과하는 아이들도 신이 났다. 처음 해보는 대문 놀이라 요령이 없다 보니 대문이 교실 벽에 막혔는데, 그것도 깔깔깔 웃으며 좋아했다. 원을 말았다 푸는 덕석몰기가 끝난 후 다시 손을 잡고 강강술래를 부르며 둥근 원을 만들었다. 놀이가 끝날 즈음 마지막으로 어떤 노랫말을 할까 생각해 봤다. 내가 해외연수로 독일을 선택한 건 유럽을 보고 싶기도 했지만 통일된 독일이 부러웠기 때문이다. 그래서 우리나라도 얼른 통일되면 좋겠다는 바람과 독일 아이들과도 또 만나면 좋겠다는 뜻을 담아 '우리 다시 만나보세 강~강~술~래'를 길게 외치며 마쳤다. 왁자지껄 한바탕 대동 놀이가 끝나자 담임교사가 엄지를 척 들며 '환타스틱!'을 외쳤고, 아이들도 손뼉을 치며 무척 좋아했다. 함께 간 연수생들도 웃음꽃이 피었다.

"아휴, 갑자기 우리 노래를 해 달라고 하는데 뭘 해야 할지 앞이 캄캄했어요. 덕분에 너무 신나고 좋았어요."

"선생님, 오늘 정말 멋있었어요. 나도 강강술래 배워야겠네요."

순간 다섯 명이 힘을 합해 우리 문화를 제대로 보여줬다는 자부심이 들었다. 이날 누구보다 신이 난 건 함께 수업을 참관한 여행사 사장이었다.

"제가 교장연수만 십여 년을 추진했는데, 수업 참관을 하면서 이렇게 신이 난 건 처음이에요. 정말 수고하셨어요."

여행사 사장의 말을 듣고 그동안 교장들의 해외연수가 어떤 모습이었을지 생각해 보았다. 교육계에서 해외연수로 가장 인기 높은 핀란드에서는 최근 제발 한국인 좀 그만 오라고 한다는 말을 들었다. 무조건 외국에 가서 배우겠다는 생각으로 몰려가기 때문일 것이다. 앞으로 해외로 갈 때는 그 나라의 문화에 대해 알려고만 하지 말고 우리 문화도 소개하면서 함께 즐길 수 있는 준비를 하면 좋겠다. 그러면 서로 배우고 함께 즐기는 흥겨운 세계문화 교류의 장이 열리지 않을까.

마을 놀이 할머니로 사는 꿈

요즘 〈오징어 게임〉이 전 세계적으로 열풍을 일으키고 있다. 그 영향으로 우리 학교도 아이들의 놀이 요구가 더 왕성해져 마치 놀이문화의 르네상스를 맞이한 것 같다.

'무궁화 꽃이 피었습니다'는 누구나 아는 놀이다. 하지만 고학년들은 시시하다며 거의 안 하던 놀이였는데 요즘은 진심으로 놀며 즐기는 놀이 1순위가 되었다. 구슬은 교실의 놀이 바구니에 담겨있기만 하고 존재감이 없었지만, 요즘은 꼭 갖고 싶은 놀잇감이 되었다. 특히 관심이 높은 건 줄다리기다. 운동회를 안 하다 보니 줄다리기를 해본 적이 없는 아이들은 줄을 당겨보고 싶은 마음에 개인용 줄넘기 줄을 서로 당기기도 했다. 달고나는 말할 것도 없다. 고학년 요리 동아리는 모든 주제가 달고나로 바뀌었다. 한솔초 아이들은 아침부터 돌 나르기를 하며 놀고, 중간놀이 시간에는 운동장에 나와 고무줄도 하고 구슬치기도 한다. 초등학교 선배들이 노는 모습을 본 유치원 아이들은 자연스럽게 고무줄도 따라 하고 구슬도 던진다. 그러면 선배들은 동생들에게 어려운 단계를 넘는 방법을 알려주며 격려한다.

한솔초는 아이들 사이의 이런 연계 교육을 교사, 학부모, 지역 인사가 협력하여 돕는데, 그 가운데 독특한 프로그램이 지역 시니어클럽의 학교 참여다. 총 26명의 어르신이 매일 학교에 출근하여 아이들과 놀고, 나들이도 함께하며 방역까지 해결해 주신다. 따뜻한 조부모의 품을 느낄 수 있는 보살핌 덕분에 아이들은 안정된 마음으로 지낸다. 벌써 2년째 이루어진 이 사업 덕분에 한솔초는 다양한 연령대가 모여 놀면서 만들어지는 자연스러운 문화 전승이 일어나고, 누가 와도 함께 놀 준비가 되어있다. 그래서 나는 아이들이 놀이하는 모습을 보면 관심 있게 지켜보다가 놀자고 하면 같이 놀고, 교사들 가운데 놀이를 못 하는 사람이 있으면 교실로 가서 함께 놀이하거나 교사들끼리의 놀이 연수를 조직하는 등, 우리 한솔초가 놀 수 있는 환경을 제공하기 위해 모든 힘을 기울인다. 교사들과 협력해서 우리 학교에 있는 외국인 아이와 다문화 가정의 아이들이 교실 안에서 존중받는 놀이문화를 만들기 위해서도 노력하고 있다.

내가 이렇게 놀이를 할 수 있는 바탕은 어릴 때 놀았기 때문이다. 교장들은 대부분 50대 중반인데 이 나이대는 '○○야, 밥 먹어라!'라고 소리쳐야 집에 가던 세대다. 땅따먹기부터 고무줄, 핀치기, 딱지치기, 구슬치기, 술래잡기…. 대충 생각나는 놀이만 꼽아도 열 손가락이 모자란다. 그래서 학교에서 놀이판을 가장 잘 이해할 수 있는 사람이 교장이다. 단위학교에서 놀이 연수를 해보면 교장 선생님들은 처음엔 어색해하지만 조금만 지나면 어릴 때 놀던 놀이가 생각나고 다른 사람들과 노는 재미에 흠뻑 빠진다. 이렇게 노는 교장이라면 아이들과 신나게 놀고 직원들과 흔쾌히 소통하는 민주적인 학교문화는 저절로 만들어질 것이다.

앞으로는 교장연수에서도 우리 놀이판을 만들어 보면 어떨까? 교장들이 어릴 때 추억을 되살려서 놀아보는 것이다. 그리고 내 독일 경험 같은 것을 소개하면서 교장들이 다른 나라에서도 우리 문화를 소개하고 놀이판을 벌일 수 있는 힘을 길러주는 것이다. 지금은 코로나19로 잠시 멈추었지만 앞으로 다시 해외로 나가 다른 나라 사람들과 만날 것이다. 특히 우리나라는 BTS, 〈기생충〉, 〈미나리〉에 이어 〈오징어 게임〉까지 문화 한류가 전 세계를 흥분시키면서 더 큰 주목을 받고 있다. 앞으로 이런 상황에 맞는 내용이 준비되어야 할 것이다. 우리 아이들이 다른 나라 아이들을 만났을 때 즐겁게 놀이하며 함께 성장하는 지도력을 배우면 좋겠다.

나는 얼마 후면 퇴직할 나이다. 교직 생활의 마지막을 놀이 학교의 교장으로 지내면서 아이들이 놀이에 빠져들어 신나게 노는 것을 매일 보다 보니 퇴직 후 어떻게 살지 꿈이 생겼다. 내가 사는 마을에서 아이들과 함께 노는 할머니가 되는 것이다. 아기 어르는 소리로 갓난아기와 놀고, 유·초등 아이들과 다양한 놀이를 하고, 중·고등학교 아이들이 동생들과 함께 노는 것을 지원하고, 노인들과는 치매 예방 놀이를 함께하며 마을 사람들을 놀이로 묶는 그런 꿈을.

고무줄놀이와 새로운 문화창조
― 그 아름답고 위대한 놀이의 잠재력

....

그 남자애는 왜 고무줄을 끊었을까?

얼마 전에 고향마을을 찾은 적이 있다. 그런데 마을 안으로 깊숙이 들어가도 사람을 볼 수 없었다. 마을 중간쯤 들어가니 잘 아는 80대 할머니 두 분이 유모차를 수레 삼아 걸어 나오고 계셨다. 토요일 오후인데도 아이들은 눈을 씻고 봐도 찾을 수 없었다.

마을에서 볼일을 마치고 돌아 나올 때쯤에야 아이들 세 명이 놀고 있는 것을 발견했다. 둘은 초등학교 저학년, 하나는 고학년 같아 보였다. 셋이서 사방치기도 하고 이것저것 놀이하는 것을 지켜보았는데, 놀이 특유의 활기와 역동성을 찾을 수 없었다.

요즘 농촌 붕괴를 말할 때 "마을에 아이들 울음소리가 들리지 않는다."라고 하는데, 그런 표현으로는 부족하다는 생각이 들었다. "아이들 울음소리가 들리지 않고, 노는 아이들을 보기 어렵다."라고 해야 좀 더 상황을 절실하게 드러낼 수 있지 않을까?

　1962년생인 내가 어렸을 때는 마을이 아이들로 넘쳐났다. 조금 넓은 공터나 골목 어귀에는 10여 명 이상 아이들이 늘 나와서 놀았고 3, 40명이 넘을 때도 있었다. 나랑 같은 해에 태어난 친구들만 해도 15명이 넘었으니 가능한 일이었을 것이다. 요즘에는 영유아기 아이와 초등학교 아이들을 포함해도 마을 아이들 전체가 10명이 되지 않는다. 이래서는 놀이 자체가 전승되기 어렵다. 보통 아이들의 놀이가 활기를 띠고 신이 나려면 또래 놀이집단이 10명은 넘어야 한다. 그런데 요즘 시골 마을에서는 또래랑 놀 수 있는 인적 기반이 부족한 데다가 놀이 장면을 발견하고 참여할 수 없으니, 놀이 감각과 공동체 감각을 발전시키기 어렵다. 내 어렸을 때 놀이가 다양하고 축제 같은 분위기였던 것도 아이들이 많았기 때문이다. 그렇다. 그것은 축제였다. 그때의 마을 놀이는 진정한 축제가 지닌 요소들이 다 있었으니까. 진정한 축제는 세 가지 특성이 있다.

　하나는 공동체성이다. 자기가 알고 있는 사람들이 다 같이 참여해서 즐길 때 축제 분위기가 형성된다. 함께 사는 사람들이 서로를 마음에 담고 있으면서 같은 행동을 하고 같은 감정을 갖고 함께 울고 웃는 것이 우리 겨레가 발전시켜온 공동체에 대한 정서다. 우리가 어렸을 때는 골목에서 언제든지 친구를 만날 수 있었다. 그래서 집에서 혼나거나 문제가 있어도 친구를 만날 수 있다는 기쁨과 설렘으로 내 몸과 마음의 장단을 바꿀 수 있었다. 항상 모여 놀던 친구들 가운데 하나만 없어도 뭔가 빠진 것 같고, 그 친구 집에 가서 "○○아(야), 놀자~"라고 외쳤다. 놀이하다가도 빠진 아이가 집으로 가버리면 분위기가 식어버렸다. 그래서 서로 챙기면서 놀이를 해야만 놀이의 신명이 유지됐던 것, 그것이 바로 놀이의 공동체성이다.

둘째, 신끼와 신명을 마음껏 풀어내는 것이다. 놀이에는 기쁨과 설렘, 환호, 지지와 응원, 성취의 기쁨들이 있었다. 놀이 가운데 심각한 분위기를 풍기는 게 없는 건 아니었지만, 그 분위기조차도 기쁨과 즐거움을 위한 전제조건이었다. 놀이 친구 모두가 모이는 것만으로 우리가 같이 살아가는 느낌, 곧 정체성이 확인되었고 충만함과 일체감이 있었다. 게다가 같은 노래를 하고 같은 동작을 함께하면서 내가 아니라 우리로 존재함을 느끼는 것은 특별한 경험이었다. 나이를 먹어가면서 놀이가 숙달되면 규칙이 좀더 세세해지고 그 적용도 엄격해진다. 그러면 긴장감과 집중도, 몰입감은 평소에는 절대 느낄 수 없는 수준까지 극대화되기 마련이다.

셋째, 자유와 인간해방의 가능성이 극대화된다. 놀이는 자기가 좋아서 할 때만 놀이이다. 누가 시키거나 통제하면 그것은 놀이가 아니다. 그래서 스포츠와 놀이는 다르다. 스포츠는 관련 종목의 협회가 정한 규칙이 있다. 따라서 규칙을 만드는 과정에서 갈등이 일어나기보다는 승패가 결정된 다음 감정싸움으로 이어지는 경우가 많다. 이와 달리 놀이는 규칙을 함께 정하고 합의하는 것이 먼저다. 갈등도 규칙을 만드는 과정과 놀이 중간에 규칙의 적용에 대한 해석 차이에서 생겨난다. 이렇게 자율성과 독립성, 관계에 대한 존중과 합의가 놀이의 바탕이 되기 때문에 우리는 놀이할 때 인간 주권의 최고봉을 경험하는 것이다. 놀이는 그런 주권자의 권능을 바탕으로 한 새로운 관계 만들기이며 새로운 세상 만들기이다. 놀이를 통해 아이들은 현실적인 인간관계(권력관계)에서는 경험할 수 없는 새로운 세상을 경험한다. 형, 부모, 선생님에게 규칙에 대해 따질 수도 있고 그들을 이길 수도 있다. 놀이 안에서 우리는 놀라움, 평화, 사랑, 고뇌, 해방 등을 경험한다. 놀이라는 구체적 상황에서 삶의 본질을 체험하고 이해하고 표현할 수 있게 되는 것이다. 이렇게 놀이를 통해 이루어지는 삶에 대한 기쁨과 찬양을 나는 '삶의 축제성'이라고 표현한다.

삶을 축제화하고 마을 공간을 별처럼 수놓았던 많은 놀이 가운데 고무줄놀이가 있다. 고무줄놀이에 대한 나의 인상은, 늘 여자아이들이 고무줄놀이를 하고 있었다는 것이다. 장소는 마을 공터 가운데보다는 공터 주변이나 공터에서 가까운 집 마당이고 학교에서는 운동장 주변이나 나무 밑 그늘이었다.

또 하나의 인상은, 여자아이들이 하는 놀이 가운데 특별히 시끄럽고 왁자지껄한 분위기를 자아내는 놀이였다는 것이다. 여자아이들도 남자아이들과 '오징어 진놀이'나 '강 건너기' 같은 놀이를 하지 않은 것은 아니지만 그런 놀이는 남자아이들이 주도하는 경향이 강했다. 여자아이들이 많이 했던 '소꿉놀이'나 '삔 치기', '공기놀이'가 있었지만, 고무줄놀이처럼 그렇게 소란스럽고 신명 나는 분위기는 아니었다.

마지막으로 고무줄놀이를 방해하는 남자아이들이 반드시 있었다. 놀이 중간에 끼어들어 고무줄을 밀고 나가거나 면도칼로 끊었고, 심할 때는 고무줄을 뺏어서 도망가기도 했다. 그런데 여자아이들의 반응이 다른 놀이와 달랐다. 삔 치기나 소꿉놀이 같은 놀이는 방해하는 남자애가 거의 없고 방해받아도 신경질을 부릴 뿐, 공격적인 대응은 별로 없었다. 그런데 고무줄놀이를 방해받으면 여자아이들이 떼 지어 쫓아왔다. 그 가운데 끝까지 쫓아와서 등을 때리고야 마는 아이들도 있었다. 여자아이들의 연대감과 자매 의식을 이렇게 강력하게 표현하는 경우가 별로 없었으니, 고무줄놀이는 자유와 해방을 가장 높게 체험하는 기회였을 것이다.

다른 놀이와 달리 고무줄놀이를 방해하는 남자아이들의 심리는 어떤 것이었을까? 당시 고무줄놀이를 기억하는 남성들에게 물어보았다.

"직접 끊지는 못했어요. 제가 모범생이었거든요. 친구 중에 병선이라고 짓궂은 놈이 있었는데, 걔는 여자아이들이 고무줄을 하고 있으면 꼭 그렇게 훼방을 놓더라고요. 도망가면 여자아이들이 쫓아오는데, 그게 또 긴장감 있는 놀이 비슷한 분위기였나 봐요. 병선이를 쫓아와서 등을 때린 여자아이는 병선이가 좋아하는 아이였어요. 고무줄 하는 걸 볼 때는 분위기가 참 재밌어 보이긴 했어요."

"고무줄놀이를 한 기억은 없어요. 누님들이 마당에서 연습할 때 줄을 잡아준 적은 있지만. 우리가 고무줄놀이하려고 해도 할 수 있는 분위기는 아니었어요. '여자아이들이랑 놀면 고추 떨어질라'라고 하거나 '남녀칠세부동석'이라고 하는 어른들이 있었거든요. 남자아이들 사이에서도 고무줄 놀이 같은 것에 관심을 가지고 다가가는 남자아이가 있으면 '얼레리 꼴레리~' 하면서 놀렸거든요."

나도 고무줄놀이를 직접 한 게 아니라 누님들이 마당에서 고무줄놀이를 연습할 때 잡아준 것뿐이다. 나는 누님 두 분이 있어서 그들을 따라다니며 고무줄놀이를 많이 볼 수 있었다. 그때마다 묘기 같은 동작에 감탄하긴 했지만 흉내 낼 엄두도 내지 못했다. 그래도 고무줄놀이에 대한 인상이 이렇게 선명하게 남아 있는 것은, 고무줄놀이가 만들어내는 역동적인 분위기와 삶의 축제성에 대한 동경과 욕구가 마음속 깊이 있었기 때문일 것이다.

아름다운 놀이, 위대한 놀이

놀이를 중심으로 내 인생을 돌아보면, 어린 시절은 마을에서 실컷 놀았고 20대 이후 30여 년간은 전승이 끊겨가는 마을 놀이를 다시 찾고 연구하고 복원하는 데 몰두했다. 20대에는 놀이노래를 주로 찾았고 30대에는 두 아이를 기르면서 자장가, 둥기둥기, 도리도리 등 아기 어르는 소리를 찾았다. 아기 어르는 소리는 두 아이와 소통할 때 가장 중요한 매체였다. 그 뒤에는 줄다리기와 강강술래 같은 대동 놀이를 복원하고 확산하기 위해 참여했다. 그런 과정에서 놀이의 가치와 의미에 대해 여러 가지 생각을 발전시킬 수 있었다.

줄다리기는 참으로 위대한 놀이다. 공동의 연행 속에서 마을 사람들을 하나로 모으고 공동체적 삶의 극치를 체험할 수 있게 하는 놀이이기 때문이다. 그런데 자세히 살펴보면 줄다리기는 가장 단순한 놀이다. 짚을 모아서 꼬고 줄을 옮기고 함께 당기는 것이 전부이기 때문이다. 실제 놀이에서도 절정은 단 한 가지 동작만으로 이루어진다. 무조건 잡아당기기. 생각해 보면 이 단순함이 마을 전체를 통합하는 힘이었던 것 같다. 줄을 늘이기만 하면 수천수만이라도 참여할 수 있고, 동작이 단순하다 보니 특별히 배울 필요도 없이 누구나 참여할 수 있었기 때문이다.

문제는 줄다리기가 생활 속에서 살리기 어렵다는 것이었다. 한번은 청주 모충동에서 마을 대동 놀이로 줄다리기를 한 적이 있다. 전체 과정을 내가 기획했는데, 줄 꼬는 과정과 줄을 들고 마을을 돌면서 사람을 모으는 과정은 진짜 좋았다. 아파트 단지 앞에서 "○○아파트 사람들아, 이 줄다리기 참여하소. 이 줄다리기 참여하지 않으면 집안에는 재수가 없고 동네에는 동티가 나고…"라고 노래 부르면 사람들이 막 쏟아져 나왔다. 얼마 지나지 않아 수천 명의 사람이 행렬을 이루었다. 이러한 장관(壯觀)은 시민들의 자발적인 참여와 동장과 통장들의 적극적인 지원이 있었기에 가능한 일이었을 것이다. 줄다리기를 위해 초등학교 운동장에 들어섰을 때는 그야말로 축제 분위기가 절정에 달했다. 하지만 그 축제 분위기는 간단하게 깨졌다. 사람들의 신명이 최고조에 올랐을 때 "자, 지금부터 시장님 격려사가 있겠습니다."라는 안내방송이 나왔고, 모두가 함께 어울리던 난장 분위기가 갑자기 권력 관계를 확인하는 행사로 변했으니까. 그 뒤로는 분위기가 차갑게 식어버렸고, 줄을 당기는데도 뭔가 빠진 듯한 느낌에 사람들의 몸짓에서 신명이 사라졌다. 억지로 하는 느낌이었다. 그 뒤로 다시 그런 행사를 시도할 수 없었다.

　강강술래 역시 아름답고 위대한 놀이다. 흔히 강강술래를 여성들의 놀이라 하지만 나는 그렇게 생각하지 않는다. 신안 비금도 강강술래의 사례에서 보이는 것처럼 여자들이 먼저 시작은 하지만 남자들이 함께 참여하는 놀이였다고 생각한다. 적어도 남녀가 함께 노는 것이 허용되었던 고려시대까지는. 하지만 조선시대에 유교적인 가부장적 사고가 확립되면서 여성들의 놀이로, 그것도 섬지방에서 전승하는 놀이로 퇴화된 것이다. 그래서 나는 가무를 함께하는 강강술래 같은 놀이를 남녀가 함께할 수 있었던 고려시대에는 남성들이 훨씬 감각적이고 예술적이었을 것이라고 믿는다. 김택규는 강강술래를 '세계에서 가장 아름다운 놀이'라고 한 바 있는데, 나는 가장 아름다운 놀이일 뿐만 아니라 위대한 놀이라고 생각한다. 강강술래에는 인류 초기 원무(圓舞)의 흔적과 여성들이 농경을 시작할 때 농경신에 대한 제의의 모습, 그리고 농경 초기 여성이 남성에게 예속되기 이전의 해방적 경험을 붙들고 살아온 역사가 내재해 있기 때문이다.

하지만 강강술래 역시 마을에서 마을공동체 놀이로 복원하기는 어려웠다. 조선시대 500년을 거치는 동안 그 전승이 바닷가와 섬 주변에서 이루어져, 양반문화가 강했던 충북에서는 전승되지 않았으며, 공통의 경험을 토대로 끄집어낼 수 있는 바탕이 없었기 때문이다. 내가 어렸을 때 마을에서 강강술래를 경험한 적이 딱 한 번 있다. 달이 유난히 밝은 추석날 저녁에 한 마을 누나의 주도로 강강술래를 했다. 달빛 아래 손잡고 강강술래 노래를 하면서 10여 분간 공터를 돌았을 뿐인데 함께 노는 아이들이 모두 하나가 되는 느낌이 들었다.

그 뒤 삶의 축제성을 실현하면서 오늘날에도 되살릴 수 있는 놀이를 찾다 보니 고무줄놀이에 관심이 갔다. 고무줄놀이는 강강술래와 같이 노래와 춤이 통합된 놀이이며 아름다운 놀이, 위대한 놀이의 전통을 잇고 있는 데다가, 대다수 성인 여성들을 통해 복원하기에도 훨씬 쉬운 놀이라고 생각했기 때문이다. 지금 3, 40대 이상의 여성은 누구나 고무줄놀이를 했고, 그 과정에서 새로운 문화창조에 필요한 공통감각과 감정을 지니고 있다. 하지만 남자인 나는 고무줄놀이를 살릴 수 있는 경험과 기능이 없어서 여성들의 느낌과 경험을 되살리는 것이 필요했다.

먼저 가까운 데부터 시작하기로 했다. 내가 운영하는 마을공동체 활동가들과 교사들의 커뮤니티에서 고무줄놀이에 대한 경험과 느낌을 물었는데, 다른 놀이에 비해 그 열기와 반응하는 속도가 놀라웠다. 내용 하나하나가 모두 기록으로 남길 가치가 있지만, 이 글에는 다 담을 수 없어 일부만 소개하고, 다른 기록은 '부록'에 싣기로 했다.

> 폴짝폴짝 뛸 때의 쾌감
> 목이 터져라 함께 노래할 때의 즐거움
> 다리에 줄 감고 푸는 기술을 해낼 때의 성취감
> 내가 성공해서 우리 팀 친구 목숨 하나 구해줄 때의 기쁨
> 우리 팀 친구가 그 단계를 성공해서 내 목숨 한 번 더 살려줄 때의 고마움
> 언니들이 놀이에 끼워줄 때 세상을 얻은 듯 행복하던 기억
> 치마가 찢어져서 실내화 가방으로 엉덩이 가리고 집에 가던 일까지
> 초등 시절은 고무줄놀이로 꽉 찼어요.
>
> - 최우정 교사(세종)

매일 그렇듯 편짜기를 아주 순식간에 해냈습니다. 저랑 ○○가 가위바위보를 해서 예닐곱 명 중에 한 명씩 교대로 뽑아 두 팀을 나눴거든요. 그럴 수밖에 없는 게, 저랑 친구 ○○가 투톱이었기에 같은 팀이 될 수 없는 운명이었지요. 아주 가끔 어쩌다 같은 팀이 될 때는 상대 팀에게 너무 잔인한 결과를 가져다주기에 양심상 다른 팀이 되기도 했습니다. 얼마 안 되는 점

심시간을 이용해 놀이해야 하는 특성상, 모든 시간 활용이 몹시 효율적이었습니다. 심지어 치마 입었다고 놀리거나 뭐 뜻 없이 놀리는 남자애들이 있다 치더라도 놀이 진행이 더 중요했기에. (중략) 그리고 참여한 친구들의 수준과 남은 시간을 고려해서 곡을 선정하고 자잘한 규칙들을 통일시키면 비로소 고무줄 시작! 이 모든 게 거의 5분 안에 끝났던 것 같아요. 이게 고무줄 프로라서 가능했지요. 어느 단계에서 뭔가 버벅거리면 "야, 종 치겠다!!" 하면서 다들 마음 모아 넘길 거 넘기고 따질 건 따지면서 진행했습니다. 그래도 대충 목 즈음이면 종 쳐서 끝내고 교실 들어갔던 것 같아요.. (중략) "금 나와라와라 뚝딱, 은 나와라와라 뚝딱!" 하고 빙글빙글 돌 때는 온 친구들이 나만 보고 있는데 실수할까 봐 조마조마해요. 무사히 실수 없이 노래가 끝나면 숨 돌리면서 또 다른 친구가 하는 거 보는데 그제야 찾아오는 평안. 놀이가 무르익고 같은 편 친구들을 살려야 될 타임이 오면 숨이 넘어갈 지경인데도 한 명 살리고, 두 명 살리고 친구들 환호가 들리다 보면 포기할 수가 없지요.

— 송혜원 교사(서울)

이렇게 삶의 축제성이 생생하게 드러나자 커뮤니티에서의 경험과 느낌을 나누는 분위기 역시 축제 같았다. 고무줄놀이의 위대함은 어린 여자아이들이 가부장적인 억압구조 속에서 자신의 몸의 느낌을 마음껏 표현하고 기량을 뽐내며 도전 의식과 성취감을 극대화하고 자신들이 주인이 되는 새로운 세상을 창조하는 데 있었다는 것을 확인할 수 있었다.

고무줄놀이의 위대함은 과거나 현재뿐만 아니라 미래에도 그 가능성이 극대화될 수 있는 데서 찾을 수 있다. 우선 옛날에도 여성들의 예술성을 개발하고 심화시키는 놀이였지만 현재와 미래에도 그 가능성과 잠재력은 여전하다는 것이 내 생각이다.

초등학교 시절, 음악 시간이 아주 폭력적이었다. 선생님이 먼저 악보에 딱 맞추어 노래 부른 다음 우리에게 따라 부르게 했는데, 정확하게 따라 부르지 않으면 손바닥을 때렸다. 주로 남자애들이 맞았고 여자애들은 맞는 경우가 별로 없었다. 그래서 그때는 여자아이들이 천성적으로 훨씬 노래를 잘하나 생각했다. 하지만 놀이를 연구하면서 그렇지 않다는 걸 알게 되었다. 여자아이들의 놀이에는 항상 노래가 있었다. 특히 고무줄놀이할 때는 숨이 턱에 닿으면서도 목이 터져라 노래를 했다. 그렇게 한계 상황에서 몸의 박자와 음악의 박자를 일치시키는 것보다 더 좋은 노래 공부가 있을까.

고무줄놀이는 노래뿐 아니라 여성들의 체력과 춤 실력을 길러주는 놀이이기도 했다. 그때 여자아이들이 사뿐사뿐 함께 고무줄놀이를 뛰는 장면은 지금 K-pop 아이돌들의 칼군무보다 멋있었다.

학교에서도 통합교육의 위대한 주제가 될 수 있다. 음악과 체육을 통합하여 고무줄놀이할 때 부르는 노래를 배우고 직접 뛰어보면서 노래가 어떻게 달라지는지 비교도 해보고, 우리나라 고무줄놀이와 다른 나라 고무줄놀이 방법을 비교하는 다문화 교육도 함께 하는 것이다. 국어 시간에는 고무줄과 관련된 여러 가지 어휘를 공부할 수 있다. 과학 시간에는 고무줄놀이의 탄성에 대해 배우고 역사 시간에는 고무줄놀이에 반영된 그 시대의 분위기와 감정을 함께 이야기할 수 있다. 일제강점기에는 천황 찬가와 일본 군가, 6·25 전후에는 "그리운 강남"이나 "전우의 시체를 넘고 넘어" 같은 노래들. 1970년대에는 "빨간 마후라", 1980년에는 〈메칸 더 V〉나 〈들장미 소녀 캔디〉 같은 일본 만화영화의 주제가들이 고무줄 놀이 노래로 사용되었는데, 그러한 시대적 변화를 고무줄을 통해 탐구할 수 있는 것이다.

여성해방을 위한 주제가 될 수도 있다. 고무줄놀이가 지니는 여성들의 연대감과 표현력, 그리고 세대를 넘어 여성들의 경험을 나눌 수 있는 이야기판을 만들고 남성들도 함께할 수 있기 때문이다.

우리 민요 음계를 바탕으로 한 세 박자 고무줄놀이를 찾아서

이 아름답고 위대한 고무줄놀이의 전승력은 왜 약해지고 있을까. 놀이를 찾고 연구하면서 이 점이 늘 고민이었다. 물론 이 질문은 전래놀이 전체로 확산해도 유효한 질문일 것이다. 먼저 생각해 볼 수 있는 것은 인구학적 요인이다. 특히 농촌이 그럴 텐데, 고무줄놀이의 전성기라 할 수 있는 60~70년대에는 농촌에 아이들이 많았지만 80~90년대가 되면 대다수 사람이 도시에 거주하면서 농촌에서는 고무줄놀이를 전승할 만한 인적 기반도, 경험도 사라졌다. 그런데 더 많은 아이가 모여 사는 도시 마을에서도 고무줄놀이의 전승력이 끊어지다시피 하는 것은 무엇 때문일까? 직관적으로 생각해 볼 수 있는 것은 자동차다. 자동차가 생겨나면서 땅바닥은 아스팔트로 변하고 마이카 시대가 되면서 골목길까지 자동차가 차지하게 되었다. 자동차 때문에 교통사고 위험이 커지면서 밖에서 노는 것은 너무 위험해졌다.

텔레비전이나 게임기, 실내에서 갖고 노는 장난감 등이 나오고 대다수 아이가 학원에 다니게 되면서 아이들의 생활공간은 집 밖이 아니라 실내가 되었다. 밖에 나와 노는 아이들이 없었던 건 아니지만 몇 명 되지 않다 보니 놀이의 흥과 신명이 생길 리 없다.

그런데 2000년대 들어서면서 이상한 현상이 나타났다. 아이들과 놀이문화를 살리기 위한 활동을 하는 교사나 놀이활동가들도 고무줄놀이를 잘 하지 않는다는 것이다. 그래서 그즈음 놀이에 특별한 관심을 가지고 확산을 위해 노력하는 한 교사와 이야기를 나누었다.

"요즘 아이들이 고무줄놀이를 잘 하나요?"

"저는 분교에서 근무하거든요. 아이들이 별로 없어서 그런지 고무줄놀이 하는 모습을 보지 못했어요."

"그럼 선생님은 아이들과 고무줄놀이를 해본 적이 있나요?"

"해본 경험이 없어요."

"아이들의 놀이문화를 풍부하게 할 수 있는 경험과 역량이 있는데도 시도하지 않은 까닭은 무엇일까요?"

"좀 찝찝해서요. 요즘 재일동포 홍양자 선생이나 노동은 교수가 '우리가 고무줄놀이하면서 부르는 노래들 가운데 대다수가 일본풍'이라고 하잖아요. 요나누키 음계라고 했던가? 사실 저는 우리가 하는 고무줄 노래들이 우리 노래라고 생각했거든요. 그런데 일본 노래라고 생각하니 뭔가 배신당한 것 같고 내 경험이 다 무너지는 듯했거든요. 그래서 아이들에게 권장하거나 지지하고 싶은 생각이 들지 않았어요."

몇몇 놀이활동가들에게 똑같은 질문을 했는데 거의 다 비슷한 반응이었다. 고무줄놀이를 다시 살리는 데 중요한 역할을 해야 할 사람들이 교사와 놀이활동가들인데 이러한 의식과 태도를 보인다면 고무줄놀이가 살아나는 것을 기대할 수 없었다.

그래서 먼저 홍양자 선생이 무슨 주장을 했는지부터 알아보았다. 교사와 활동가들이 받아들인 것과는 달랐다. 크게 세 가지로 요약할 수 있었다. 첫째, 고무줄놀이에 쓰이는 많은 노래가 일본 요나누키 음계의 영향을 받고 있다. 요나누키에서 '요'는 넷, '나'는 일곱, '누키'는 뺀다는 뜻이다. '도-레-미-파-솔-라-시' 7음계 가운데 네 번째인 '파'와 일곱 번째인 '시'를 뺀 '도-레-미-솔-라' 5음계를 사용하는 것이 요나누키 장음계다. 우리 창작동요를 보면 '도-미-솔'로 전개되는 노래가 많은데, 바로 이 요나누키 장음계의 영향이다. 요나누키 단음계도 있는데, '라-시-도-미-파'라는 다섯 음을 사용한다. 우리 트로트 음악 대다수가 요나누키 단음계의 영향을 받은 음악이다. '라-시-도-미-파' 건반으로 네 박자에 맞추어 피아노를 연주해보면 '뽕짝 뽕짝' 하는 음악이 나온다.

생각해 보면 고무줄놀이가 일본 노래에서 시작된 것은 당연할 수밖에 없다. 딱지치기나 구슬치기, 고무줄놀이 같은 놀이는 그 재료를 생산할 수 있는 근대산업이 전제되기 때문에 일본으로부터 시작될 수밖에 없는 데다가 일본의 노래와 놀이를 총칼로 강요당하는 상황에서 우리말도 노래도 할 수 없는 아이들이 선택할 수 있는 길은 없었기 때문이다.

둘째, 한국의 고무줄놀이는 놀라울 정도로 다양하고 수준이 높다는 것이다. 일본에서는 대다수 여자아이가 하는 놀이는 줄넘기 놀이이고 고무줄놀이는 일부 아이들만 하는 놀이라고 한다. 초등학교 고학년이 되어서야 고무줄놀이를 하는데, 그것도 우리나라에서는 초등학교 저학년 아이들이 하는 단순한 고무줄놀이이다. 일본에서 시작되었지만 한국에서 더욱 풍부해지고 완성된 놀이가 되었다는 것이 홍 선생의 생각이다. 거기에 우리 아이들의 놀라운 창의성이 있다는 말도 덧붙였다.

셋째, 서양음악이나 일본음악에서 만들어진 멜로디가 아니라 우리 음악, 곧 민요로 만들어진 고무줄놀이가 있으면 얼마나 좋을까 하는 안타까움도 있었다.

홍 선생이 제기한 문제의 내용을 확인한 후, 놀이를 배움의 중심이라고 생각하는 교사들과 다시 이야기를 나누었다. 먼저 내용을 공유한 후 "금강산 찾아가자"를 가지고 두 번 고무줄놀이를 해보았다. 처음에는 학교에서 배운 악보대로 노래를 부르면서 해보았는데 재미와 긴장감이 뚝 떨어졌다. 다음으로 어렸을 때 불렀던 그대로 불렀더니 그때야 신나는 고무줄놀이가 되었다.

왜 이런 현상이 생겨나는지 토론했는데, 노래를 배우고 부르는 방식이 다르기 때문이라는 결론을 내릴 수 있었다. 음악 시간에 배우는 노래는 앉아서 배우는 데다가 악보에 따라 음계와 박자 그대로 따라 부른다. 이와 달리 고무줄놀이는 뛰면서 부른다. 뛰면서 노래를 부르다 보니 음악의 박자와 몸의 박자를 맞춰야 한다. 그래서 어떨 때는 음을 늘리고 쪼개는데 '금강산 찾아가자' 뒤에 붙이는 '딩동'이나 '쫘뿅', '금강' 같은 가사가 그것이다.

요나누키 음계에서 시작됐다 하더라도 고무줄놀이가 계속 발전하면 우리말의 운율과 장단이 반영된 새로운 노래가 된다는 것을 확인할 수 있었다. 이러한 발견을 통해 아이들의 놀이에 민족주의를 지나치게 투영하면 오히려 위험할 수 있다는 인식을 공유할 수 있었다. 아이들에게 중요한 건 놀이이고, 새로운 놀이가 발견되면 아이들은 관심을 가지고 모방하기 마련이다. 일본 아이들이 노는 놀이를 보면서 모방하지 않는다면 인간의 본성적 놀이 욕구에 반(反)하는 것이고 그 사회는 새로운 놀이문화를 수용·창조할 가능성이 없어지는 것이다. 처음에는 모방하면서 일본 노래를 부르겠지만 창작동요처럼 우리말로 된 노래를 부르게 된다. 그리고 고무줄놀이를 자유롭게 창작할 수 있게 되면 자기 집단의 민요적 전통을 가로지르는 음계를 가져오게 마련이기 때문이다. 그리고 일본 음계의 영향을 받았다고 해서 일본 노래라고 생각하는 것도 문제다. 락이나 트로트, 재즈 음악을 배운 한국 작곡가가 만든 노래를 일본 노래 또는 미국 노래라고 하지는 않기 때문이다.

그런데 요즘도 고무줄놀이를 비롯한 여러 놀이가 일본에서 비롯됐다는 주장이 언론을 장식하기도 한다. 그러한 문제 제기는 매년 주기적으로 반복되고 그때마다 파문을 일으키면서 놀이에 대한 인식에 많은 영향을 끼친다. 향토민속학자 임영수 씨(연기향토박물관장)와 한국 민속박물관에서 연수받은 놀이활동가들이 이런 문제 제기의 주체인데, 놀이에 대한 그들의 인식은 일반인들과 아주 다르다. 임영수 씨의 생각을 들어보자.

> 즉 양반은 양반끼리, 중인은 중인끼리, 평민은 평민끼리 놀았기에 노는 방법도 달랐다. 양반은 양반 놀이만 하였고, 평민은 평민 놀이만 하였으니

양반의 대표 놀이는 승경도, 쌍륙, 화가투, 시패, 투호, 저포 놀이다. 이들 놀이는 단순한 놀이가 아니라 놀이 속에 학습이 들어있고 품위가 있으며, 놀이기구를 한번 만들면 대대로 후손에게 물려주는 특징을 가지고 있다. 반면 평민 놀이는 윷놀이, 썰매 타기, 팽이치기, 널뛰기, 그네타기 등이 있다. 이들 놀이는 만들기 쉽고 놀이가 끝나면 쉽게 버릴 수 있으며, 놀 때 재미를 느끼나 놀이가 끝나면 여운이 없다.

우리전통놀이연구회, 『전통 놀이의 뿌리를 찾아서 – 세종시 편』

그런데 문제는 양반 놀이라는 것들은 대개 중국에서 들어온 것이라는 점이다. 일본에서 들어온 놀이는 우리 놀이가 아니고 중국에서 들어온 놀이는 우리 놀이라고 할 수 있는 것인지 생각해 볼 일이다.

민주주의 사회는 평민들, 곧 그들이 말하는 상놈들의 문화가 주류가 되는 사회다. 그런데 자신이 옛날 그 지역을 호령했던 양반의 자손이라 해서 이러한 신분제적 사고를 유지하며 놀이를 이해하고 해석하는 것이 놀랍지 않은가. 그들은 일제가 우리의 아름다운 전통인 양반문화를 파괴하고 상놈들의 놀이는 그대로 두었기 때문에 우리 전통이 상놈들의 놀이로 이해되고 있다고 주장한다. 사실 양반 놀이가 사라진 것은 양반들의 사회·경제적 기반이 해체된 데다가 그 놀이가 너무 정적(靜的)이어서 아이들이 재미를 느끼지 못했기 때문이라고 보는 게 옳을 것이다.

그다음 내 과제는 우리 민요 전통을 바탕으로 만들어진 고무줄놀이를 찾는 것이었다. 그래서 많은 여성에게 물어보았다. 아리랑이나 군밤타령 같은 노래로 고무줄놀이를 하지 않았는지. 별로 성과는 없었다. 그러다 우연히 "그리운 강남"이라는 노래로 고무줄놀이를 했고 그 노래가 우리 전통민요의 가락을 서양 악보로 옮긴 노래라는 것을 알게 되었다.

우리 전통음악에도 서양의 장조와 단조에 해당하는 음계가 있다. 서양의 장조에 해당하는 음계는 평조, 단조에 해당하는 음계는 계면조라고 한다. 평조를 서양 악보로 옮기면 장조인 '솔-라-도-레-미'가 되고, 단조는 '라-도-레-미-솔'이 된다. "그리운 강남"은 '솔-라-도-레-미'로 이어지는 평조 선율이다.

이것을 확인한 뒤 "그리운 강남"의 선율 전개를 발로 밟아보니 하나-둘-셋, 둘-둘-셋, 셋-둘-셋으로 이어지는 우리 음악의 세 박자(삼분 박) 전개가 되는 것을 알 수 있었다.

그 뒤로는 "그리운 강남"으로 어떻게 고무줄놀이했는지 구체적인 방법을 찾으려고 노력했다. 몇 년 동안 성과가 없었는데, 그것은 내가 고무줄놀이를 잘 모르기 때문에 생긴 일이었다. 고무줄 노래를 할 때는 정식 제목을 부르지 않고 시조나 가사의 첫 대목을 말할 때처럼 노래 첫 대목을 따라 부른다. 그러면 사람들에게 "'그리운 강남'으로 고무줄을 해 보셨어요?"가 아니라 "'정이월 다 가고 삼월이라네'라는 노래로 고무줄을 해 보셨어요?"라고 물었어야 했다. 그런데 답은 우연한 기회에 찾아왔다. 서울에서 내가 함께하는 교사모임과 홍난파 유적 답사를 했는데, 점심을 먹으면서 드디어 실마리를 찾았다.

한 선생님으로부터 어렸을 때 그 놀이를 했다는 반응이 나온 것이다. 그래서 해보라고 했더니 기억이 안 나고 언니에게 물어봐야겠다고 했다. 그렇게 복원된 것이 '정이월 다 가고 삼월이라네' 한 줄 고무줄이다. 확실히 특징이 있었다. 기존 고무줄놀이는 하나-둘-셋-넷, 둘-둘-셋-넷으로 진행되어 행진곡과 비슷하다. 일제강점기와 6·25를 거치면서 직선적으로 전진하는 사회적 분위기가 그러한 놀이 특성을 만들어냈을 것이다. 이와 달리 세 박자 고무줄놀이는 하나-둘-셋, 둘-둘-셋, 셋-둘-셋으로 진행되어, 춤곡이 되고 어깨춤이 절로 나오는 것이었다. 네 박자 고무줄에 익숙한 사람들에게는 약간 어색하지만 익숙해진 다음에는 훨씬 여유 있으면서 세련된 놀이가 되었다.

삼각형으로 하는 세줄 고무줄도 있었는데, 그것 역시 우연히 찾게 되었다. 충주 출신 선생님이 연구소에 찾아와서 한 줄 고무줄을 보여주었더니 그건 고학년생들이 하는 것이었고 자기는 초등학교 저학년 때 세줄 고무줄을 했다고 했다.

사실 노동요로 전 민족이 공유하는 고무줄놀이를 하긴 어렵다. 대다수 노동요는 사투리를 바탕으로 한 지역적인 전통의 산물이기 때문이다. 그래서 우리나라에서 처음 고무줄놀이가 시작될 무렵에는 학교에서 배우는 일본 노래로 했다. 해방 후 "그리운 강남"이 고무줄 노래가 될 수 있었던 것은 당시 이 노래를 모르는 사람이 없을 정도로 유행한 노래였기 때문이다. "그리운 강남"을 작곡한 안기영은 일제강점기에는 홍난파보다도 유명한 사람이었고 "그리운 강남"은 "목포의 눈물"보다 더 유행한 노래였다고 한다. '우리 음악은 미개한 음악이며 오로지 서양음악을 배울 때만 민족이 개명된다'고 생각한 홍난파와 달리 안기영은 우리 민요를 존중하고 서양음악을 받아들이더라도 민요 전통을 바탕으로 수용하고 창조해야 한다고 생각한 사람이다. "그리운 강남"이 바로 그 결과물이다.

학교 음악교육에서 "그리운 강남"이나 우리 민요를 가르쳤다면 고무줄 노래 가운데 상당수가 홍양자 선생의 바람대로 우리 민요가 되었을 것이다. 하지만 일제강점기 때는 우리 민요를 가르치지 않았으며 학교에서 민요를 부르는 건 금기시되었다. 해방 뒤에도 1950년대까지 학교에서 우리 민요를 가르치지 않았다. 따라서 우리 민요 음계를 바탕으로 한 고무줄놀이가 그렇게 적은 것은 아이들 탓이 아니라 교육자들과 음악가들의 문제였다. 그런 상황에서도 우리 아이들은 "그리운 강남"을 가지고 우리 장단에 맞는 고무줄놀이를 만들었으니 그 창조성을 어찌 칭찬하지 않을 수 있을까. 한국의 모든 현대 음악가들이 반성해야 할 점이다. 국악인들도 마찬가지다. 고답적인 무대 중심의 활동으로 국악을 박제화하면서 아기 어르는 소리나 고무줄 노래같이 생활 속에서 국악을 살릴 수 있는 길을 외면하고 있으니 답답할 따름이다.

내가 진행하는 교사 놀이 연수에서 열심히 고무줄놀이를 배우더니 아이들과 지속적으로 고무줄놀이를 진행하는 한 남자 교사의 말이다.

제 생각에 고무줄의 가장 특별한 요소는 무반주 라이브 가창이라는 점이에요. 여기에 국악의 핵심이 담겨있는 듯해요. 국악이 문화재처럼 박제되거나 무대예술로만 치우치고 있는데 고무줄은 계속 변화 발전하면서 대중이 직접 누리고 있어요. 국악은 강강술래와 고무줄을 만나야 예전처럼 살아 움직이지 않을까 싶습니다.

- 조휘연 교사 (세종)

우리 민요의 특징은 라디오나 텔레비전에서 볼 때보다 현장에서 듣거나 참여할 때 그 맛이 살아난다는 점이다. 그러니 위 교사의 말대로 함께 노래하고 춤추면서 서로의 몸과 마음을 살리는 고무줄놀이야말로 국악뿐만 아니라 놀이를 살리는 길일 것이다.

고무줄놀이 살리기 프로젝트

놀이문화를 되살리는 것이 오늘날 시대적 과제이지만 어떻게 살려야 하는지에 대해서는 입장이 갈린다. 대다수 교사나 놀이활동가들이 의식적·무의식적으로 추구하는 방향은 전문가주의이다. 놀이 전문가를 많이 키우고 그들의 활동을 통해 놀이를 살려야 한다는 것이다. 그런데 아무리 생각해도 이런 방법으로는 놀이를 살릴 수 없다. 특히 고무줄놀이처럼 관련된 사람 모두가 집단으로 전승하는 것에는 전문가가 있기 어렵다. 놀이활동가 가운데 많은 사람이 남성인데 그들은 고무줄놀이를 할 줄 모르거나 잘하지 못한다. 여성 놀이활동가들도 고무줄놀이를 꼭 잘한다는 법이 없다. 내가 만난 고무줄 여왕, 또는 고무줄의 신들 가운데 대다수가 놀이활동가가 아니었다. 전문가가 아이들과 만날 수 있는 접촉면도 너무 좁고 얕다. 고무줄놀이는 지속적인 관계 속에서 자라날 수 있는데, 놀이 전문가 한 사람이 1시간 정도 놀이를 해서는 잘할 수 있는 여건이 만들어질 수 없기 때문이다.

놀이를 살릴 수 있는 올바르고 유일한 길은 문화로서의 놀이 또는 민속적 방법일 것이다. 우리가 골목에서 배우고 놀이하는 대로 하면 되는 것이다. 문제는 옛날과 달리 아이들 세상에서는 전승력이 약해지고 그 놀이를 할 수 있는 사람들은 어른들뿐이라는 점이다. 이런 상황에서 문제를 해결할 길은 그 놀이를 할 수 있는 사람들부터 시작할 수밖에 없다. 집에서 부모가, 학교에서 선생님이, 마을에서 놀이활동가들이 고무줄놀이를 하면 된다. 따라서 고무줄놀이의 부흥을 위해서는 고무줄놀이를 가지고 집과 마을, 교실에서 거대한 이야기꽃을 피워야 한다. 최근 들어 고무줄놀이의 경험과 느낌을 살리면서 자기 이야기를 되살리는 프로그램을 하고 있는데, 제주에 사는 선생님의 이야기에서 그 실마리를 찾아보자.

제가 오늘 고무줄에 관해 이야기한다고 해서 학교 선생님들한테 고무줄을 했었냐고 나이대별로 물어봤어요. 퇴임 후 기간제로 오신 선생님은 제가 전혀 들어본 적 없는 "버들피리피리"라는 노래로 고무줄을 했다고 하고, 만 60세가 되는 교감 선생님은 저랑 같은 노래를 했는데, 저보다 더 젊은 연구부장 선생님께 물어보니 "그럼요!" 하면서 메칸더 브이 노래를 부르며 몸으로 보여주더라고요. 그래서 "우리 날 잡아서 교사들끼리 한번 고무줄놀이해보자!"라고 제안했더니 되게 재미있겠다며 반응이 좋았어요. 그래서 고무줄의 날을 한번 해보자고 의기투합했죠.
집에서도 41년생 우리 어머니한테 여쭤봤더니 침대에 앉아 계시다가 일어서서는 직접 동작을 하시더라고요. 그때부터 이야기가 쏟아졌어요. "애국가"도 했고, "고향의 봄" 노래도 했고 '따르릉따르릉 전화 왔어요', 이런 노래도 했었고. 하면서 여러 동작과 노래를 하시는데 그렇게 즐거워 보일 수 없었어요. (중략) 오늘 이야기하면서도 느끼는 게 있었어요. 고무줄이 사람을 다 불러일으키고. 뭔가 과거를 소환하면서 몸을 움직이게 하는, 대부분 다들 반응이 그랬어요. 몸이 같이 움직였어요.

- 고기연 교사(제주)

친정어머니뿐만 아니라 시어머니와도 고무줄놀이하고 대화한 선생님이 있다.

엄마(79세, 경북 선산)는 고무줄을 해본 경험이 없다고 하세요. 학교 다니지 않고 일찍 남의집살이하셨기 때문인 것 같아요. 아버지(81세, 전남 담양)는 누님들이 하는 것을 보았다고 합니다. 고모님들 연세는 85세, 90세(작고)이시고. 일본 노래로 하는 것을 들으셨다고 해요.

"유니오상 아이란세 모모 까리까리 주니치와 오조사마와리 아리가도. 장게이포 시대. 진 사람은 빨리빨리 나가 주세요."

고무줄 할 때도 하고, 새끼줄 넘을 때도 하셨다고 해요. 시어머님(83세, 제천 봉양)의 경험도 여쭈어봤어요.

"옛날에 내 친정어머니가 꺼먹고무신을 신고 그러는 걸 흰 고무신을 사다가 벽장에다 넣어놓았거든. 어디 갈 때만 신고 그렇게 아껴둔 건데 내가 그걸 몰래 훔쳐다가 가위로 오려서 고무줄을 길게 만들고 짚 북두가리에다 파묻어 났어. 그 고무줄은 대인기였어. 검은 고무줄은 쉽게 끊어지지만 하얀 고무줄은 안 끊어지니까. 친정어머니가 '고무신을 개가 물어갔나?' 하고 계속 찾아도 난 모른 척했지. 그리고 학교 가서 놀면 남자애들이 와서 그걸 다 채 가지고 가. 그러면 우리가 막 쫓아가잖아. 거기에는 우리 친척도 있었는데 그 친척도 꼭 합세를 해. 그 친척이 좀 짓궂었는데 쫓겨가면서 '나 잡아봐라' 하면서 놀려. 다른 여자애들이 쫓아가다 다 포기했는데 난 끝까지 쫓아가서 그놈 붙잡고 두들겨 팼지."

– 이명순 교사(청주)

　고무줄놀이를 포함한 전래놀이는 민속 현상이다. 모든 사람이 공유하고 전승하는 것이 민속이기 때문에 그것을 되살리는 것 역시 민속적 접근방법으로만 가능하다. 그리고 그 가능성은 그것을 할 수 있는 사람들이 대화 구조를 형성하고 그 놀이를 삶 속에서 배울 수 있는 계기를 만들어야 한다는 것을 위의 대화를 통해 확인할 수 있다. 모든 가족, 선생님, 이웃 사이에서 이런 이야기꽃을 피우면 되는 것이다.

　특히 선생님들의 역할이 중요하다. 학교에서 선생님들끼리 재미있게 고무줄놀이를 하고 그 선생님들이 자기 반에서 고무줄놀이를 하는 것이다. 그리고 아이들에게 엄마한테 고무줄놀이를 배워오는 숙제를 내준다. 그리고 그것을 아이들에게 서로 가르치고 배우게 하면 고무줄놀이의 다양성과 깊이가 보장될 수 있다. 부모 연수에서도 고무줄놀이가 주제가 될 수 있다. 실제 이러한 활동을 하는 학교가 여럿 있다. 그 가운데 앞서 있는 것이 청주 한솔초등학교다. 이 학교에서는 교사들이 놀이 연수뿐만 아니라 방과 후 돌봄 선생님들과 함께하는 놀이 연수도 한다. 그 가운데 가장 중요한 놀이가 고무줄놀이임은 물론이다. 또한 한솔초에서는 마을 할머니, 할아버지들이 학교에 적극 참여한다. 반마다 두 분씩 할머니 할아버지가 들어가서 아이들 생활도 돌보고 방역 활동도 하고 놀이와 세시풍속 교육도 함께한다. 학교에서 함께 놀이할 기회를 만들어서 자기 경험도 살리고 아이들도 도울 힘을 갖도록 돕는다. 그뿐만 아니라 마을 청년들을 놀이 강사로 초대해서 프로그램도 한다. 그 반응은 열광적이다. 아이들이 진짜 놀이하고 싶은 사람들은 형과 누나들이기 때문이다. 교사들이 시도하기 어려운 놀이인 제기차기나 구슬치기, 고무줄놀이를 형들과 하면 적극적으로 참여한다. 게다가, 동시에 모든 학년을 대상으로 놀이시간을 운영하기 때문에 학교 전체가 놀이 분위기로 달아오른다. 처음 놀이할 때 제기차기나 딱지치기 고무줄놀이를 가르쳐주면 별로 반응이 없던 저학년 아이들이 5~6학년 아이들이 노는 걸 보면 너도나도 딱지와 구슬, 제기를 찾는다.

우리 민요를 바탕으로 한 고무줄놀이도 더 늘려야 한다. '정이월 다 가고 삼월이라네'를 '아리랑'으로 바꿔 불러도 된다. 다른 세 박자 고무줄놀이도 있다. '풀냄새 피어나는'으로 시작하는 놀이인데 노래 제목은 '푸른 잔디'이다.

풀냄새 피어나는 잔디에 누워
새파란 하늘가 흰 구름 보면
가슴이 저절로 부풀어 올라
즐거워 즐거워 노래 불러요

'풀냄새 피어나는' 고무줄놀이를 진도아리랑 가락으로 시도해보았다. 반응이 아주 좋았다. "이거 훨씬 더 신난다!", "어깨춤을 추면서 해야 할 것 같아."라고 한마디씩 했다. "군밤타령"과 "장타령", "가자가자 감나무" 역시 신명 나는 놀이가 되었다. 지금은 "옹헤야", "쾌지나 칭칭 나네", "개고리 타령" 등 신나고 재밌는 우리 민요에 맞는 고무줄놀이를 만들고 있다.

90년대 이후 전승이 약해지면서 새로운 고무줄 노래가 추가되지 않고 있는데, "금강산 찾아가자"를 "임을 위한 행진곡"으로 바꿔보니 딱딱 맞았다. 옛날 집회 때 놀이패들이 "임을 위한 행진곡"이나 "농민가", "파업가"를 고무줄놀이로 했으면 참 좋았겠다는 생각이 절로 들었다.

이런 모든 과정을 남녀가 함께하면 자연스럽게 고무줄놀이가 여성들의 놀이가 아니라 성 구별 없이 함께하는 놀이가 된다. 이런 과정을 통해 놀이 페미니즘의 가능성도 확인했다. 그동안 페미니즘에서 놀이에 대한 접근이 없진 않았다. 놀이야말로 가사노동과 함께 성 역할 고정관념을 만들어내는 대표적인 영역이었기 때문이다. 하지만 그동안의 접근은 담론이었다. 일상 속에서 서로의 놀이 경험을 이야기하면서 여성들의 연대를 강화하고 그 안에서 자신의 성격과 태도가 어떻게 형성됐는지, 그리고 여성의 삶을 해방할 수 있는 이야기는 어떻게 가능한지에 대한 구체적인 탐구는 없었다. 나는 고무줄놀이를 통해 그것이 가능하다고 믿는다. 세대를 연결하는 여성들의 이야기판과 놀이판을 살리는 데 고무줄놀이보다 더 적절한 매체는 없을 것이다. 남성들도 고무줄놀이를 통해 예술성과 공감적 자질, 여성들과의 소통능력을 기를 수 있을 것이다. 남과 여가 대립이 아닌 공동행동과 감정적 교류를 통해 여성주의의 새로운 지평을 열 수 있을 것이다.

본래 놀이는 이야기와 함께할 때 전승력이 강화된다. 여성들이 자기들만의 체험으로 고무줄놀이를 기억한다면 고무줄놀이는 살아나지 않는

다. 개인의 체험은 공동체의 틀 안에서 다른 체험과 만남으로써 일정한 위 칫값을 갖는 경험이 된다. 그럴 때만이 우리의 체험은 공동체의 기억과 문화가 되고 의미와 방향성을 갖게 된다. 고무줄놀이를 통해 자신의 경험, 역사, 문화가 자원이 되고 자신을 발견할 수 있는 지식이 되는 새로운 길이 우리 앞에 열려있는 것이다.

세계적인 문화유산,
아기 어르는 소리

....

아기 어르는 소리를 찾아서

아내가 임신한 것을 처음 알았을 때는 흥분과 기대, 설렘이 가득했다. 하지만 출산이 다가오면서 아기를 어떻게 길러야 하나 생각하니 두려움과 불안이 커져만 갔다. 우리가 태교와 출산에 대해 아는 것이 거의 없다는 것을 알았기 때문이다. 더구나 아내와 내 경험이 너무 달랐다. 아내는 도시에서만 살아서 마을이 함께 아기를 기르는 문화를 경험하지 못했다.

내 어릴 때는 마을이 아기를 길렀다. 아기 주변에는 늘 친척이나 이웃들이 있었다. 어른들뿐만 아니라 많은 언니 오빠와 형 누나들의 관심을 받았고, 그런 관심과 기대 속에서 아기의 몸과 마음은 건강하게 자랄 수 있었다. 아기는 단지 가족의 한 사람으로 태어나는 게 아니라 마을의 구성원으로 태어났기에 아기를 기르는 것은 엄마만의 일이 아니었다. 할머니를 포함한 가족과 마을 전체가 참여하는 공공의 관심사였다. 할머니, 할아버지, 어머니, 아버지, 언니, 형들이 맺는 다양한 인간관계는 아기가 세상에 참여하고 환대받을 수 있는 밑바탕이었다.

육아에 대한 지식도 밖에서 얻을 필요가 없었다. 마을의 할머니들은 적어도 대여섯 명의 아기들을 기르고 수십 명의 아기가 자라는 것을 지켜본 육아의 달인이기 때문이다. 할머니들은 경험이 부족한 엄마들의 든든한 상담자이기도 했다. 손주들의 똥오줌 가리기와 옷 입기, 밥 먹기 등 생활 습관을 잡아주는 역할도 기꺼이 맡았고, 틈틈이 노래, 놀이, 이야기도 들려주었다. 둘러앉은 할머니들의 무릎 사이에서 만들어지는 육아동아리는 갓난아기들이 행복하게 자랄 수 있는 튼튼한 울타리가 되었다.

아기가 마을공동체에서 받는 것은 입고 먹는 것만이 아니라 정서적인 공감과 사회적 정체성을 포함한 모든 것이었다. 우리 부부가 그러한 마을의 지원을 받을 수 있을까? 아무리 생각해 보아도 현재 여건에서는 가능한 일이 아니었다. 마을에 할머니들이 있기는 했지만 70~80대가 대부분이고, 어머니가 혈관성 치매를 앓고 있어 마을 어른들과 어울리기도 어려웠다. 할머니가 아기를 데리고 나가서 또래 할머니들하고 만들어가는 따뜻하고 공감적인 육아동아리가 없다는 것은 생각할수록 안타까운 일이었다. 아내가 또래 엄마들과 마을에서 만들 수 있는 육아 지원망도 기대하기 어려웠다. 옛날에는 젊은 엄마들이 함께 밭일하거나 우물에서 빨래하면서 정보도 나누고 서로 심리적인 지원도 할 수 있었다. 그런데 우리 마을은 20~30대 젊은 엄마가 세 명밖에 없었고 각자 다른 직장에 다니고 있어서 유대관계를 맺기도 어려웠다. 마을이 지닌 거대한 문화 바탕이 무너진 상태에서 우리 둘의 노력만으로 따뜻한 육아동아리를 만들어야 한다고 생각하니 마음이 무거웠다.

　따뜻한 육아동아리를 만드는 데 놀이가 중심이 된다는 걸 알고 있었다. 하지만 어떻게 준비해가야 할지는 막막했다. 그러다가 임신 5개월쯤된 아내에게 아기가 뱃속에서 논다는 말을 듣고 구체적인 방법을 찾기 시작했다. 우리가 생각한 것은 우리 전통에서 자원을 찾자는 것이었다. 예부터 많은 부모가 우리와 같은 고민을 했을 것이고 전통 육아법에는 그런 문제를 함께 해결해 온 슬기가 담겨있을 거라고 믿었기 때문이다. 생각이 여기에 이르자 나보다 여덟 살 아래인 막냇동생이 어렸을 때 '도리도리', '짝짜꿍'을 하면 온 가족이 모여 손뼉 치던 장면이 떠올랐다. 그런데 내가 그놀이판을 주도한 것이 아니다 보니 아기와 그러한 놀이를 어떻게 시작하고 공감적인 활동을 지속할 수 있을지는 감이 잡히지 않았다.

　그 뒤로 아이들 놀이와 관련된 모든 것을 배우기 위해 할머니, 할아버지들을 찾아다녔다. 우리 마을 할머니, 할아버지뿐만 아니라 미원, 음성, 충주까지도 찾아갔고, MBC 민요대전 '우리의 소리를 찾아서'에서 전국 할머니, 할아버지들이 부르는 소리도 들어보았다. 배울 때는 노랫말과 장단뿐만 아니라 표정, 호흡, 분위기 연출 능력을 그대로 흉내 냈다. 그렇게 해서 복원된 놀이가 30여 가지가 된다. 거기에는 지금도 전승되는 자장가와도리도리, 곤지곤지도 있지만 물리물리나 질라래비 훨훨, 징가징가 등 처음 접하는 놀이도 있었다. 이렇게 배우고 복원한 아기 어르는 소리를 두아들과 함께했다. 우리 집뿐만 아니라 내가 소장으로 있는 연구소 연구원의 아이들하고도 함께했다. 그런 놀이를 집약해서 『젊은 부모를 위한 백만년의 육아 슬기』(2016)라는 책도 냈다. 아이들은 건강하고 창조적인 모습으로 자라났다. 노래와 놀이, 수수께끼를 자연스럽게 할 수 있을 뿐만 아니라 상황에 따라 창조적으로 표현하는 즉흥성을 보여주었다. 큰아들은 어렸을 때 토, 일요일에는 집 가까이에 있는 풀밭에서 살다시피 했다. 그때 발견하는 식물과 나비, 벌, 지렁이들은 모두 이야기와 노래로 표현되었다. 나비를 보면 나비 노래가 나왔다.

> 나비나비 날아든다
> 팔랑팔랑 춤을 춘다
> 배추밭에 흰나비
> 장다리 밭에 노랑나비
> 쥐방울덩굴에 꼬리명주나비
> 탱자나무에 호랑나비
> 나비나비 날아든다
> 팔랑팔랑 춤을 춘다

아이들 못지않게 변한 것이 나였다. 어렸을 때 음치라고 불렸던 나는 아기 어르는 소리를 통해 많은 사람이 인정하는 이야기꾼·소리꾼이 되었고, 눈을 맞추고 민감하게 공감할 수 있는 사람이 되었다.

우리 놀이문화의 특징도 다시 발견할 수 있었다. 서양에서 양육자가 영유아기 아동과 하는 놀이는 주로 사물(事物)놀이이다. 어떤 사물을 가지고 설명하고 다루면서 소통하는 것이 중심이라는 것이다. 이와 달리 우리 아기 어르는 소리는 사회적인 놀이이다. 특별한 사물 없이 서로 표정과 몸짓, 말, 노래를 주고받는 것이다. 사회적인 놀이가 먼저이고 사물놀이가 따라온다. 피아제는 사물놀이가 1차적 놀이이고 사회적인 놀이가 2차적이라고 보았는데, 내 경험으로는 그것은 틀린 이론이다. 요즘에는 비고츠키가 교육이론의 주류가 되면서 사회적 놀이가 1차적이라는 것을 유럽 학계에서도 인정하고 있다. 하지만 그들에게는 우리 아기 어르는 소리 같은 사회적 놀이의 전통이 부족하다. 그래서 나는 아기 어르는 소리야말로 진정한 세계문화유산이라고 생각한다.

그 과정에서 많은 사람을 만났다. 공동 육아 어린이집, 한국 보육교사회, 초등학교와 유치원 선생님들, '아리수' 같은 전문 문화패, 놀이연구자 편해문, 많은 대학교수가 나를 찾아왔다. 국립국악원에서도 교사들을 위한 놀이와 노래 연수를 요청했다. 특히 공동 육아 어린이집 교육과정은 노래와 놀이, 세시풍속, 나들이를 바탕으로 하는데, 아이들을 기르면서 되살린 전통 육아의 내용을 반영한 것이다. 방송국 PD들과 함께 아기 어르는 소리와 전래놀이에 관한 다큐멘터리 프로그램 〈질라래비 훨훨〉(KBS)과 〈어깨동무 씨동무〉(KBS)도 만들었다. 2003년 5월 5일에는 우리 전래놀이를 중심으로 한 KBS 어린이날 특집 프로그램의 공동 진행을 맡기도 했다. 많은 사람이 우리 부부가 놀이로 아이를 기르는 것을 보면서 정서·사회성 발달에는 좋겠지만 인지 발달에는 문제가 있지 않겠느냐는 걱정을 했다. 그런 걱정은 놀이가 정서와 사회성과 인지 발달의 기초가 된다는 것을 모르기 때문일 것이다. 옛날부터 소리꾼, 이야기꾼은 총기가 좋다는 소리를 들었다. 운율 구조와 이야기 구조는 집단의 기억을 전승하는 방법으로 태어났으니 당연하다. 놀이는 자신이 속해 있는 사람들과의 관계에 뿌리내리고 즐겁게 참여함으로써 한 인간이 성장하는 가장 좋은 길이다. 또한, 자신을 절대적으로 환대하는 동아리 속에서 아이들이 다양한 능력을 꽃 피우며 삶을 축제화할 수 있는 가장 강력한 힘이었다. 아기 어르는 소리는 곧 사랑이었다.

삶을 축제화하는 힘은 어떻게 만들어질까-도리도리 이야기

여러 가지 아기 어르는 소리 가운데 가장 특별한 기억으로 남아 있는 것은 '도리도리'이다. 이 놀이는 인간에 대한 관점, 아이의 성격과 발달 및 한 인간과 공동체에 관한 생각을 근본적으로 바꿔놓았다. 생후 7개월쯤 아이가 고개를 좌우로 돌리는 것을 보았다. 이제 도리도리를 시도해도 되 겠다고 생각했다. 내가 알고 있던 단순한 도리도리가 아니라 또 다른 것이 있을까 싶어 할머니들에게 여쭈어보았다.

"할머니, 옛날에 아기한테 도리도리 해주셨지요?"
"그럼, 했지. 안 해주는 사람이 있었나?"
"어떻게 해주셨어요?"
"그냥 했어."
"그러지 말고 어떻게 했는지 보여주세요."
"별걸 다 해달라고 해."

도리도리도리도리 우리 아기 잘한다

뭐가 좋아 흔드나 신이 나서 흔들지
도리도리도리도리 우리 아기 돌도리

놀랍세도 할머니 입에서는 노랫말을 제대로 갖춘 도리도리 소리가 흘러나왔다. 깜짝 놀라 그 자리에서 놀이를 배웠다. 노랫말뿐 아니라 할머니의 표정, 호흡, 숨소리까지도 따라 하려고 노력했다.

그리고 큰아들 앞에서 도리도리를 시도해봤다. 하지만 내 생각과 달리 몇 번을 해도 따라 하지 않았고, 멍하니 쳐다보거나 억지로 고개를 흔들 뿐이었다. 그래서 다시 할머니들한테 가서 여쭈었다. 왜 가르쳐준 대로 했는데 안 되냐고 했더니 할머니가 어떻게 했느냐고 되물으셨다. "할머니 말씀대로 그냥 아기 앞에서 도리도리를 했지요."라고 했더니 직접 해 보라고 한다. 내가 하는 모습을 지켜보시던 할머니가 혀를 끌끌 찼다. "그렇게 하니까 안 되지. 아기 눈도 못 맞추면서 무슨 도리도리를 해?" 하시더니 눈 맞추는 방법을 가르쳐주셨다. 할머니는 혀를 입천장에 부딪치면서 "똑, 똑, 똑" 소리를 냈다. 옆에 있는 할머니도 눈 맞추는 방법을 알려 주셨다.

"자, 우리 아기, 할머니 얼굴 봐야지, 그렇지, 그렇지. 어이구!"

집에 돌아와서 도리도리를 했더니 몇 번 만에 큰아들 눈이 초롱초롱해지면서 도리도리를 따라 했다.

이 과정에서 많은 것을 배울 수 있었다. 어떤 놀이를 할 때 시작하는 말이나 몸짓이 놀이하는 데 아주 중요하다는 것, 놀이를 통해 감정과 마음을 나눌 때 눈을 맞춰야 한다는 것 등. 처음에 할머니들이 '그냥' 했다고 했는데, 내가 아기랑 제대로 눈을 맞추기 전까지는 그 '그냥'이라는 말의 뜻과 속살을 몰랐다. 엄마들은 아기가 태어나면서부터 아기랑 계속 눈을 맞춘다. 젖 먹이면서, 기저귀 갈면서, 옹알이를 받아주면서도. 친한 사람들끼리 이야기할 때도 여자들은 눈을 마주 보고 이야기하는 경우가 많다.

남자들은 다르다. 무슨 이야기를 할 때 서로 얼굴을 보며 이야기하기보다는 같은 방향을 보면서 이야기하는 경우가 많다. 가까운 사이가 아니고서는 말할 때 눈을 피하거나 잠깐씩 마주칠 뿐이다. 나도 아기랑 놀 때 처음에는 눈을 맞추기보다는 힘으로 놀아주었다. 아기와 눈을 살갑게 맞출 수 있게 되면서 몸과 마음이 이어진다는 느낌이 살아났다.

요즘 감정이입 훈련 또는 공감 훈련 프로그램에서 강조하는 것이 눈 맞추기(eye contact)이다. 하지만 공감 훈련에서 하는 눈 맞추기는 갓난아기 때 놀이하면서 하는 눈 맞춤의 효과를 절대 따라올 수 없다. 아기가 엄마한테 눈을 맞추는 것은 모든 감각을 총동원하는 몸짓이고 눈빛이며 삶의 요구가 집약된 것이다. 인생의 어느 시기에 이처럼 생명을 건 눈 맞춤을 시도할까? 연애 초기의 남녀들조차 그렇게 오랫동안 서로를 바라보지는 않는다.

첫아이를 기를 때 이런 깨달음이 있었기에 둘째를 기를 때는 도리도리에 대한 아이의 호응을 쉽게 끌어낼 수 있었다. 물론 약간의 문제는 있었다. 큰아들과는 자진모리장단으로 도리도리를 했다. 그런데 둘째 아들은 자진모리장단에 아에 관심이 없었다. 휘모리장단으로 해보아도 반응이 없고, 빠른 중중모리장단으로 소리를 했더니 그제야 따라 했다. 큰아들과 둘째 아들의 기질이 달랐던 것이다. 큰아들이 활달하고 외향적이고 급한 성격인 데 비해 둘째 아들은 내향적이고 뭐든지 느긋한 편이었다. 아이들과 도리도리를 각기 다른 장단으로 놀아본 경험을 통해 나는 아기 어르는 소리가 아이의 특성에 맞는 개별화 교육의 원리를 가장 잘 구현한 성장 프로그램이라는 것을 알 수 있었다.

큰아들과 달리 둘째 아들은 내가 직접 길렀기 때문에 사회적 관계가 놀이에 미치는 영향도 확인할 수 있었다. 아내가 출근하고 큰아들이 유치원에 가면 나와 둘째 아들만 남았다. 둘째 아들이 심심해해서 이런저런 놀이를 시도했는데, 둘이 있을 때는 신나게 놀지 않았다. 그런데 형이 유치원에 갔다 오면 둘째 아들의 태도가 달라졌다. 자기가 먼저 형한테 가서 도리도리를 하고 나한테 와서도 가끔 도리도리를 하자고 했다. 엄마가 돌아와서 온 가족이 둘러앉으면 나와 형, 엄마 앞을 돌아가면서 몇 번이고 도리도리를 했다. 박수, 환호, 동작의 동시성, 기쁨, 즐거움, 놀라움이 넘쳐났고, 저녁때마다 축제 같은 분위기가 되었다.

왜 아기는 가족이 다 모였을 때 놀고 싶은 마음이 드는 것일까? 이것이 아이들을 기르면서 생겨난 가장 중요한 물음이었다. 그 물음을 통해 나는 한 사람의 정체성이 만들어지는 비밀스러운 과정을 알 수 있었다. 나랑 둘이 있을 때는 축 처져있다가 가족이 다 모일 때 그렇게 활성화되는 것을 보면서 이런 의문이 들었다. 우리 가족이 다 모여야만 둘째 아들이 신이 나는 것은 무엇을 의미할까? 나와 둘이 있을 때는 가족이 다 모인 상태에서 느낄 수 있는 설렘과 기대, 충만함이 없었기 때문이다. 가족이라는 동아리 안에서 서로 이어져 있다는 느낌, 함께 사는 우리라는 감각을 아기는 온 가족이 모여있을 때 놀이를 통해서 생생하게 경험하고 있었다.

심리학에서는 18개월쯤 되어야 자기에 대한 인식을 분명히 지닌다고 한다. 이런 생각의 배경에 거울 실험이 있다. 거울 앞에서 아기 얼굴에 점을 찍은 다음, 아기가 거울을 만지는 것이 아니라 자신의 얼굴에 있는 점을 만질 때 비로소 자기 인식을 하게 된다는 것이다. 나는 아기 어르는 소리를 통해 사람은 개체를 중심으로 한 자기 인식보다 공동체적인 자기 인식, 곧 우리에 대한 인식이 먼저 발생한다고 확신하게 되었다. 관계가 먼저였다.

음악적 모국어와 우리 자장가

> 잘 자라 우리 아가 앞뜰과 뒷동산에
> 새들도 아가 양도 다들 자는데
> 달님은 영창으로 은구슬 금구슬을
> 보내는 이 한 밤 잘 자라 우리 아가 잘 자거라
> 온 누리는 고요히 잠들 때
> 선반에 새앙쥐도 다들 자는데
> 뒷방서 들려오는 재미난 이야기만
> 적막을 깨치네 잘 자라 우리 아가 잘 자거라

모차르트가 작곡했다고 알려진 자장가 노랫말이다. 지금 40~50대가 된 세대들은 어렸을 때 집에서 "자장자장"으로 시작하는 우리 전통 자장가를 들으며 자랐다. 이와 달리 학교에서는 베토벤과 슈베르트, 브람스 등 유명한 서양 작곡가들이 만든 자장가를 배웠다. 학교에서 서양 자장가를 가르치기 시작한 것은 일제강점기였다. 식민 권력이 우리 정체성을 부정하고 문화를 파괴하기 위해 서양 작곡가가 만든 자장가를 가르쳤다. '원시적인' 한국의 자장가가 아니라 '아름답고 우아하고 과학적인' 서구 음악으로 아기를 길러야 한다는 정책적 의도를 담아서.

해방 후에도 이러한 교육은 바뀌지 않아, 우리 세대는 여전히 학교에서 서양 자장가를 배웠다. 지난 몇십 년간 우리 사회는 우리 안에 있는 자원보다는 서구의 경험과 문화가 우리가 부딪치고 있는 문제를 해결하는 데 더 적합하고 유일한 기준이 된다고 믿어왔다. 경제 발전뿐만 아니라 문화의 모든 측면에서 그랬다. 그러한 교육이 우리에게 과연 어떤 영향을 미쳤을까? 그것을 알아보려고 엄마들을 대상으로 학교 다닐 때 서양 자장가를 배웠을 때의 경험과 느낌이 어땠는지 인터뷰해 보았다.

"중고등학교 음악 시간에 자장가를 배웠어요. 우리 자장가를 배운 건 아니고요. 우리 자장가는 할머니가 불러준 '자장자장 우리 아기' 정도만 기억하고 있었지요. 그런 상태에서 모차르트, 슈베르트 자장가를 배웠는데, 음이 참 곱고 다양하며 가사도 풍부하다는 생각이 들었어요. 그래서 내가 나중에 아이를 낳으면 이런 자장가를 불러줘야겠다고 생각했어요."

"저는 '자장자장' 하면서 우리 자장가를 불러주기도 하고 슈베르트나 모차르트 자장가도 불러줬어요. 우리 자장가를 불러주는 것이 훨씬 편하기는 했는데, 다른 사람들이 없는 데서만 불렀어요. 내가 맞는 음으로 부르는지 자신도 없었고, 남이 들을까 부끄러웠거든요."

이처럼 우리 세대는 우리 문화에 대한 애착과 자부심이 아니라 부끄럽고 촌스러운 것이라는 모멸감과 열패감을 길러왔다. 학교에 다니지 않은 사람들이 대부분이던 부모 세대는 우리 자장가를 불러주었기 때문에 문화 전승이 끊기지는 않았다. 하지만 여러 세대가 함께 살던 대가족에서 핵가족으로 바뀌고 마을공동체가 약화되면서 새로운 세대는 우리 자장가를 들어볼 기회를 얻지 못할 수도 있게 된 것이다. 이런 경험을 지닌 사람들이 과연 자기 아이들에게 어떤 자장가를 들려줄지 궁금해서 몇 명의 교사들과 자장가를 중심으로 한 수업을 계획했다. 먼저 부모들이 어떤 자장가를 불러주었는지 아이들에게 조사하고 배워오든가, 녹음하게 한 후 발표하는 수업이었다. 초등학교 1~2학년 교실에서는 학급 밴드에 엄마가 자장가를 불러주는 영상을 올리게 하고, 아이들과 함께 보았다.

엄마가 부르는 자장가가 흘러나오자 아이들은 귀를 쫑긋 세우고 집중해서 들었다. 교실에는 숨소리도 제대로 들리지 않았다. 어떤 아이는 쑥스러운 듯 교실 바닥에 누워 아기인 양 두 팔과 다리를 바동거렸다. "현식이가 아기가 됐다." 하고 옆에 친구들이 소리쳤고, 모두가 한바탕 크게 웃었다. 질문지나 영상을 통해 어떤 자장가를 불러주었는지 확인해보니 반 정도의 부모들은 우리 자장가를 불러주었고, 일부는 "섬집아기"나 "모차르트의 자장가"나 "작은 별"을 불러주었다. 어떤 부모들은 자기가 알고 있는 노래는 다 불러주었다고 했고, 심지어 구구단을 읊었다는 사람도 있었다. 수업 후 교사들이 한 말이다.

"다른 수업보다 집중을 잘하고 조용했어요. 아이들도 자장가를 들으면서 아주 좋아했고, 집에서 잘 때 자장가를 불러 달라고 한다는 얘기도 들었어요. 걱정되는 것도 있었어요. 너무 다양한 노래가 나왔고, 영어로 불러주는 자장가를 들으면서는 이러다 우리 겨레의 정체성까지 무너지지 않을까 걱정되었어요."

"수업하는 동안 분위기가 아주 따뜻했어요. 아이들의 마음이 하나로 이어진다는 느낌이 들었어요. 다른 엄마가 부른 자장가를 듣고 서로 토닥여주기도 하고. 그런데 우리 자장가가 아닌 다른 노래를 들을 때는 '이러다가는 다음 세대에는 우리 자장가가 사라질 수도 있겠다'는 생각도 들었어요."

부모의 자장가를 들으면서 아이들이 보인 반응들은 실로 감동적이었다. 교사들이 억지로 동기를 부여하거나 끌어내려 하지 않아도 아이들은 자연스럽게 몰입하고 집중했다. 교사들은 아이들에게 부모들이 자장가를 어떤 마음으로 불러주었는지도 물어보게 했다. 그 과정은 아이들과 부모들의 마음을 촉촉하게 했고, 부모들이 자신의 어머니와 아버지에 대한 고마움을 다시 생각하게 하는 계기가 되었다. 자장가가 원래 지닌 힘, 사람들의 마음을 이어주는 힘이 그렇게 살아났다. 우리 세대는 같은 마음자리를 만들어낼 수 있는 실마리를 가지고 있고 그것을 이으면 우리 아이들 세대와도 같은 마음자리를 만들 수 있다는 것을 확인한 것이다. 어머니들이 아기들에게 자장가를 불러줄 때 학교에서 배운 자장가가 아니라 할머니와 엄마에게 들었던 자장가를 더 많이 불러주었다는 것을 알았을 때는 우리 겨레의 마음자리를 이어갈 수 있는 굵고 질긴 끈을 발견한 기분이었다. 그때 떠오른 것이 헝가리 음악학자 코다이의 말이다.

"민요는 어린이의 음악적 모국어다. 따라서 어린이가 아주 어렸을 때부터 말을 배우는 것과 마찬가지로 자연스럽게 익힐 수 있어야 한다."

코다이의 말처럼 아기 어르는 소리와 자장가는 어린이가 배우는 가장 중요한 모국어다. 모국어란 말 그대로 엄마의 입술에서 나오는 첫 번째 소리이며, 그래서 우리 마음을 밑바닥부터 움직일 수 있는 말이다. 말을 배울 때 '엄마, 아빠'라는 말의 뜻을 알면서 배우는 것이 아니라 그냥 따라 하다 보니 어느새 자기 것이 되듯이. 음악 언어 역시 생활 속에서 자연스럽게 배울 때 가장 효과적이다. 엄마의 자장가를 들으면서, 할머니와 함께 '들강 달강'을 하면서, 언니들과 '실구대 소리'를 하며, 친구들과 뛰어놀면서 그렇게 배워야 한다. 생활 속에서 배워야 할 것을 음악 시간에 혼나면서 배우니 재미도 없고, 나중에 써먹을 수도 없는 것이다.

부모들이 우리 자장가를 부르는 까닭은 그것이 아기를 재우는 데 효과적이기 때문이다. "모차르트 자장가" 등은 음악적으로 체계가 잡혀 있는지는 모르지만, 아기를 재우는 데는 효과적이지 않다. 아기를 재우는 힘은 노랫말의 아름다움이나 음악적 완성도가 아니라 그 나라 말의 운율과 자연스러운 호흡에 달려있다. 특히 우리 음악은 서양처럼 심장 박동을 중심으로 하는 것이 아니라 노동과정에서 나타나는 호흡을 중심으로 한다. 정확한 음이나 화성이 아니라 자연스러운 느낌과 신명이 중요하다. 그래서 우리 자장가를 배울 때는 할머니들의 호흡, 표정을 그대로 따라 배워야 한다. 그 표정과 호흡에 수천 년에 걸쳐 쌓여온 문화의 힘, 아기들을 달래는 힘이 담겨있기 때문이다.

서로문화주의와 자장가

문화교류의 양상에는 여러 가지가 있다. 첫째는 a에서 b로 일방적 전달, 곧 동화주의이다. 하나의 문화가 타문화를 일방적으로 규정하고 변화시키는 것이다. 둘째로, 문화상대주의가 있다. 일방적으로 전달하는 지배적 문화가 여전히 중심이지만 전달받는 쪽이 그 지배문화를 존중하면 전달받는 쪽인 약자 또는 소수자의 문화도 나름 인정한다는 것이다. 셋째는 서로(상호)문화주의가 있다. 서로 대등한 입장에서 문화를 주고받는 것이다. 학자들은 '상호'란 말을 쓰는데 나는 '서로'란 말을 쓴다. '서로'가 '상호'보다 느낌과 의미를 훨씬 올바르게 잡아내고 있다고 생각하기 때문이다. '상호'란 말은 뭔가 객관적이고 공식적인 느낌이 들지만, '서로'에는 너와 내가 서로 침투하고 서로를 포함하고 있다는 느낌이 든다.

우리 사회는 많은 외국인이 들어와서 함께 살아가고 있는 다문화 사회로 변하고 있다. 이런 상황에서 그들이 우리 문화에 적응하는 것이 아니라 문화적 경험을 나누면서 함께 성장하는 계기로 만드는 과정은 매우 중요하다. 그래서 학교 교실에서 외국인이나 다문화 가정의 아이가 있을 때 서로문화주의적 학습프로그램을 구상하고 실행하는 교사가 있다면 얼마나 좋을까 하는 생각에 여러 교사와 함께 자장가를 가지고 학습을 시도해보았다. 여러 사례 중 인도 아이 '이샨'의 이야기를 살펴보자.

"부끄러워서 못 말하겠어요."

"이샨, 부끄럼 잘 안 타잖아."

"인도 말이라 알아듣기 어려울 거예요."

인도에서 온 '이샨'은 매사에 적극적으로 말하고 행동하는 아이였다. 그런데 이 아이가 인도 말이나 문화에 관한 이야기가 나오면 멈칫거릴 때가 많았다. 문화 경험이 다른 아이들에게 자기 경험을 설명하기도 어렵고, 설명할 때의 어색한 분위기가 자신이 소수자임을 깨닫는 당혹스러운 순간이기 때문이었을 것이다. 하지만 이제 많이 친해진 아이들이 궁금한 얼굴로 여기저기서 재촉하자 용기를 내어 인도말로 자장가를 부르기 시작했다.

"마야 모래도 마야 모래도…"

잔잔하게 반복되는 편안한 노래를 처음 듣는 아이들도 어렵지 않게 따라 불렀다. 이샨도 아이들도 즐거워했다. 그때 한 아이가 이샨에게 말했다.

"우리말로 불러줄래?"

"그건 좀…"

이샨은 당황한 듯 머리를 긁적였다.

"그래, 인도 말을 바로 우리말로 바꿔서 부르기는 어려울 것 같고, 어떤 뜻인지만 얘기해주는 게 어때?"

"'무서운 것도 없고 잘 자라, 그리고 사랑해. 나쁜 녀석들이 너를 안 데려갈 거야.' 이런 뜻이에요."

"인도 자장가 들으니까 어땠어요?"

"졸려요."

아이들이 합창하듯 말했다.

"효과 확실한데!"

김 선생의 말에 이샨도 웃었다.

"엄마는 어떤 마음으로 불러주셨다고 하셨지?"

"엄마는 제가 사랑스러웠대요. 아빠도 자장가는 불러주지 않았지만, 저를 업어주셨다고 하고요. 아빠도 그때 제가 너무 귀엽고 사랑스럽다고 하셨어요."

"그 말을 들으면서 기분이 어땠어?"

"좋았고, 엄마 아빠가 저를 사랑하는 걸 느꼈어요. 눈물 날 뻔했어요."

"우리나라 1학년 중에서 인도 친구가 불러주는 인도 자장가를 들어본 사람은 없을 거야."

"있어요!"

"누구?"

"우리요."

"하하하!"

그 뒤로도 아이들은 계속 인도 자장가를 흥얼거렸다. 기억이 안 나면 후렴구를 다시 물었다. 그럴 때마다 이샨은 뿌듯해했고, 그렇게 마음을 나눌 수 있게 되자 다른 아이들과 훨씬 가까워졌다. 김 선생이 이샨에게 기분이 어떠냐고 물었다. 이샨은 밝은 얼굴로 어깨를 으쓱하며 대답했다.

"어렸을 때 생각이 나서 기분이 좋았고요. 아이들이 우리 인도 말을 따라 부르면서 저한테 자꾸 물으니까 제가 선생님이 된 것 같았어요. 우리나라 인도에 대해 뿌듯한 마음이 생겼어요."

그렇게 아이들과 친해진 이샨은 2학년이 되어서 부회장 선거에 나갔고 당당하게 당선되었다. 그때 이샨의 공약은 네 가지였다고 한다.

"친구를 잘 돕겠습니다."

"우정 대화법을 저부터 잘하고 친구들에게 알려주겠습니다."

"괴롭힘이 있을 때는 '멈춰'를 하고 사람들에게 알리겠습니다."

"선생님도 힘들지 않도록 돕겠습니다."

자기 문화, 특히 민속을 강조하면 민족주의적인 편향이 생길 거라고 믿는 사람들이 있다. 자기 문화만이 옳고 다른 문화가 미개하거나 수준이 낮다고 생각하면 그럴 수도 있을 것이다. 나는 서로의 깊은 뿌리를 이야기 하면서도 존중할 수 있다면 민속 문화의 교류는 서로를 성장시키는 계기가 될 수 있다고 믿는다. 김 선생의 자장가 수업이 이를 잘 보여준다. 아이들은 서로의 자장가를 듣고 부르면서 자기 가족의 이야기뿐만 아니라 다른 가정, 다른 나라 문화의 훌륭함과 아름다움에 대한 존경을 감동적으로 드러냈다.

어떤 사람들은 한국의 자장가가 세계에서 아기들을 가장 잘 재울 수 있는 노래라고 말한다. 하지만 외국 아이들에게 한국의 자장가가 그렇게 좋은 효과가 있다고 누가 자신 있게 말할 수 있을까? 다른 나라 아이들에게는 그 나라의 모국어, 부모의 입에서 나오는 자장가가 가장 좋다고 보는게 옳을 것이다.

글자는 더 훌륭한 글자가 있을 수 있지만, 말의 문화는 더 낮고 모자란 것이 없다. 한국의 자장가만 훌륭한 것이 아니라 부모의 입술에서 나오는 모든 자장가는 똑같이 훌륭하다. 우리 엄마가 세상에서 가장 좋은 엄마라는 각자의 생각이 다른 사람들이 자기 엄마를 그렇게 생각하는 것과 충돌하지 않는 것처럼.

자람과 보살핌의 힘으로 피어난 삶꽃

아기 어르는 소리와 자장가는 아기를 기르는 것이 고통보다는 즐거움이라는 것을 가르쳐준 마르지 않는 샘이자 나침반이며 지도였다. 수천, 수만 년간 아이들을 보살펴온 여성들의 슬기와 사랑으로 크고 두터워진 이 위대한 육아 문화는 나와 아이들을 우리 겨레의 문화 심리와 이어준 아름다운 무지개다리였다. 온 가족이 함께 놀이하면서 '한'이 아니라 '신명'이야말로 우리 겨레가 지닌 문화 심리의 원형이라는 것도 알 수 있었다.

노래 만든 사람 시름도 많기도 많구나
일러 다 못 일러 불러나 풀었단 말인가
진실로 풀릴 것이면 나도 불러보리라

그동안 나는 상촌 신흠이 지은 이 시조가 우리 겨레의 문화 심리를 가장 잘 드러내는 노래라고 믿어왔다. '일러 다 못 일러'라고 했는데 '일러'는 '말한다'라는 뜻이다. 말하고 또 말해도 풀리지 않는 한은 노래를 불러서 풀어야 한다는 것이니, 함께 모여 노래하기를 좋아하는 우리 겨레의 마음을 이보다 더 잘 표현하는 시조는 없다고 생각했다. 요즘도 회식 자리로는 부족해서 노래방까지 가야만 직성이 풀리는 사람들이 많지 않은가.

그런데 아이를 기르는 과정에서 이 시조가 우리 겨레의 문화 심리를 제대로 잡아내지 못한다고 생각하게 되었다. 갓난아기들은 이르는 것으로 소통할 수 없었다. 노래로도 부족했고, 반드시 같은 몸짓으로 반응해야만 마음자리가 같아졌다. 아이를 둘러싸고 모두가 몸과 마음을 열고 하나가 되는 아기 어르는 소리는 한 아이가 신명의 문화로 들어서는 문이었고 문화의 속살을 자기 것으로 만드는 과정이었다. 아기랑 눈을 맞추며 놀 수 있게 되면서 눈에 들어온 것이 아기의 몸짓과 표정이 지닌 뜻과 속살이었다. '손발의 생김새가 어떻게 바뀌어왔는지', '왜 모든 아이는 몸이 자랄 때 비슷한 과정을 거치며 발달하는지', '한 사회가 공유하는 육아 방법은 어떤 뜻과 속살을 지닌 것인지' 같은 물음들이 끊임없이 솟아났다. 그래서 생각한 것이 아이를 기르면서 그 과정을 공부의 기회로 삼아 궁금증을 풀어보자는 것이었다. 사람이 어떻게 진화했는지에 관한 공부도 했다. 그 과정에서 아기 어르는 소리에 담긴 과학적인 근거도 발견할 수 있었다. 더 나아가 현대 과학으로는 아기 어르는 소리에 담긴 뜻과 속살을 제대로 밝혀내거나 풀이할 수 없다는 것도 알았다.

　　심리학자 대니얼 스턴은 '활력 정서'라는 말을 사용한 적이 있다. 기쁨과 슬픔처럼 우리가 표현하는 일반적인 감정을 '범주적 정서'라고 한다면 활력 정서는 정서의 내용이 아니라 몸짓, 표정, 목소리의 높낮이나 장단 같은, 정서를 드러내는 방식을 말한다. 범주적 정서가 내면의 상태를 표현하는 것인데 비해 활력 정서는 서로의 마음을 넘나드는 거울 반응과 바로 연결되기 때문에 우리의 행동과 정서를 직접 불러내는 특징이 있다. 똑같은 노래를 불러주더라도 부모가 어떤 표정과 몸짓으로 부르느냐에 따라 아기에게 미치는 영향이 다른 것이다. 엄마가 활발하게 자신의 느낌과 정서를 표현하면 아기 역시 같은 시간, 같은 형태, 같은 몸짓으로 반응한다. 엄마가 좀 더 과장된 몸짓으로 되먹임을 하면 아기도 그렇게 반응하면서 같은 마음자리를 만들어간다. 이렇게 활력 정서를 주고받는 상호작용을 대니얼 스턴은 '정서 조율'이라고 했고, 인간의 모든 상호작용의 바탕이 된다고 보았다.

'도리도리'와 함께 '둥기둥기야'는 내가 가장 즐겁게 공감적으로 활력 정서를 표현할 수 있는 놀이였다. 이 놀이를 통해 나는 우리 아이를 나의 세계로 초대할 수 있었고 아이의 내면으로 들어갈 수 있었다. 내가 경험한 바로는 6개월까지 아기와 양육자는 같은 존재다. 아기는 엄마를 포함한 양육자를 다른 존재로 여기지 않으며, 그 사람의 표현과 반응 속에서만 자신을 알게 된다. 관계와 상호작용이 먼저이고 개체적인 자기, 주체성은 그다음에 만들어진다. 아기가 성장하는 과정은 개체로 태어나서 자기를 확립하는 과정이 아니라 공동체의 절대적인 환대 속에서 편안하게 자기의 자리를 찾아가는 과정이라는 것을 아기 어르는 소리를 하면서 깨달을 수 있었다.

아기 어르는 소리와 자장가를 살리려 할 때 아버지의 역할이 중요하다. 내가 아기 어르는 소리를 되살릴 수 있었던 것은 아내와 함께 아이를 길렀기에 가능했다. 육아에 관심이 없었거나 혼자 육아를 전담했더라면 놀이를 되살릴 수 있는 여유를 갖지 못했을 것이다. 아이랑 놀이하는 것은 즐거운 일이지만 육아에 지쳤을 때는 힘든 노동이기도 했기 때문이다. 그렇게 힘들 때마다 옛날 마을에서처럼 모든 사람이 아이들을 데리고 놀 수 있는 환경이었더라면 얼마나 좋았을까 하는 생각이 굴뚝같았다. 그렇게 공동체가 엄마와 아기를 지원하는 환경을 만들려면 마을 문화 만들기, 가족 문화 바꾸기가 필요하다. 가족 문화를 바꾸는 데 가장 중요한 것이 육아와 집안일을 평등하게 나누는 것이다. 아버지가 일을 함께하지 않는다면 남자아이들이 집안일을 배우고 갓난아기와 관계 맺는 법을 배울 수 없을 것이다. 나와 우리 가족이 합의한 원칙은 집안일과 아기 기르는 일은 엄마의 일이 아니라 가족 모두의 일이라는 것이다.

아기 어르는 소리 되살리기를 가족에게만 맡겨서도 안 될 일이다. 예비 부모나 아기가 있는 부모들을 지원하는 것이 마을과 지역사회의 중심 사업이 되어야 한다. 놀이 공간도 마련하고 아기 어르는 소리를 예비 부모들과 아기를 기르는 부모, 조부모들이 배울 수 있도록 프로그램도 지원해야 한다.

조부모의 역할은 정말 중요하다. 전통 사회에서 아기 어르는 소리가 전승될 수 있었던 것은 3대 이상이 모여 사는 대가족 제도의 영향이 컸다. 이와 달리 오늘날과 같은 핵가족 사회에서는 본보기를 보일 어른들이 없는 데다가 부모들이 전통적 육아 문화를 부정적으로 보는 경우가 많아 전승이 끊길 가능성이 크다. 아기 어르는 소리와 그것이 가능한 공동체 문화 기반을 살리려면 조부모들의 역할을 다시 높여야 한다. 옛날에는 육아와 놀이 경험이 풍부한 할머니의 역할을 높이는 여러 가지 문화 장치가 있었다. 양반 집에서는 어른들 앞에서 엄마가 아기를 예뻐하면 상놈들이 하는 일이라며 비난받았다고 한다. 아기를 마음껏 예뻐할 수 있는 것은 집안에서 할머니만의 특권이었다. 평민들 집안에서는 그 정도까지는 아니었지만 어른들 앞에서 엄마 아빠가 아기를 안고 어르는 것은 삼가는 것이 도리였다. 어른들 앞에서 아이들을 야단치는 것도 금기였다. 이런 방법을 통해 부모와 아이가 감정적으로 충돌하지 않게 하는 일종의 제어장치를 마련한 것이다.

이처럼 할머니, 할아버지들의 역할이 다시 살아나야만 학교 교육이나 마을 프로그램으로 아기 어르는 소리를 되살려내는 활동이 힘을 받을 수 있다. 골목이나 아파트 단지, 시골에서는 면 단위로 조부모와 부모, 아이들의 놀이 모임을 만들고 놀이 공간과 놀이목록을 지원할 수 있는 사회단체도 생겨나야 한다. 이러한 프로그램을 정부와 지방자치단체가 지원한다면 더할 나위 없이 좋다. 우리 사회는 전통 육아 문화를 살릴 기회가 지금도 남아 있다. 옛날 육아법을 기억하는 어른들이 있고, 우리 세대 역시 어릴 때 그런 문화에서 살았기 때문이다. 따라서 사회적 인식의 전환만 있다면 아기 어르는 소리를 살리는 것이 불가능한 일이 아니다. 독일에서처럼 우리도 아기 어르는 소리 살리기 운동을 범국민운동으로 하면 좋겠다.

독일은 2009년에 전 사회가 참여하는 '자장가 프로젝트'를 진행했다. 출판사에서는 자장가가 담긴 노래책, CD, 피아노 악보를 아주 싼 가격에 팔았고, 방송국에서는 1년 동안 매일 저녁 여섯 시에 자장가를 틀어주었다. 많은 가수가 부른 자장가를 인터넷에서 무료로 내려받을 수 있었다. 우리 사회에서도 이런 시도를 할 수 있지 않을까? 첫해는 자장가, 둘째 해는 아기 어르는 소리를 그렇게 전 사회에 보급하고 함께 부르는 시간을 만들어 보면 어떨까? 독일처럼 가수들이 부르는 것이 아니라 할머니와 할아버지, 엄마, 아빠들이 불러주는 자장가와 그 이야기를 책으로, CD로, 방송으로 내보내는 것도 좋을 것이다. 학교에서는 초등학교에서부터 대학교까지 동생들과 함께할 수 있는 놀이를 정규 과목에서 가르치고, 이를 수업이 아니라 실제 체험을 통해 배울 수 있게 지원해야 한다.

아직도 많은 사람이 자장가를 불러주고, 아기 어르는 소리 역시 많은 사람의 기억에 남아 있다. 따라서 우리가 마음만 먹는다면 이러한 문화를 되살려내는 것은 어려운 일이 아니다. 아기 어르는 소리와 자장가에 대해 강의할 때 부모들은 진지하고 뜨거운 반응을 보여준다. 그것을 보면서 나는 아기 어르는 소리와 자장가 되살리기 운동이 범국민운동으로 들불처럼 퍼져나갈 수 있음을 확신한다.

강강술래를 닮은 여성 중심 대동 놀이
- 너리기펀지기

....

강강술래의 벅찬 기억

우리 마을 한가운데의 작은 언덕에는 큰 배나무가 있었다. 그 앞으로
는 너른 마당이 있었다. 담 없는 주변의 몇 집 마당까지 더하면 자치기를
할 수 있을 만큼 넓었다. 마을 안에 초등학교가 있었지만, 운동장에 가서
노는 아이들은 거의 없었다. 물가에서 노는 여름을 빼고는 그 마당이 아이
들이 가장 많이 노는 곳이었다. 그곳에서 했던 많은 놀이 가운데 내 기억
에 또렷하게 살아있는 것이 강강술래다.

초등학교 2학년 때였다. 추석날, 저녁때 마을 아이들이 거의 모여들었
다. 이 놀이 저 놀이를 하다가 한가위 달이 뜨자 한 누나가 강강술래를 하
자고 했다. 노래와 놀이 방법을 간단하게 배운 다음 손을 맞잡고 빙빙 돌
았다. 강강술래를 구성하는 여러 놀이 가운데 강강술래 원무만 했는데도
모두가 신이 났다. 나도 신나고 친구들도 신나고 주변의 배나무, 하늘에

뜬 달까지 모두 놀이에 참여해서 하나가 된 느낌이었다. 내가 놀이를 연구하고 되살리려고 오랫동안 실천하는 가운데 특히 대동 놀이에 관심을 가진 것은 어렸을 때 그 기억 때문일 것이다.

전라도의 강강술래와 경상도의 "놋다리밟기", "월월이청청"을 연구할 때 정말 즐거웠다. 하지만 혼란도 있었다. 우리 마을에서 놀 때는 남녀 구분 없이 함께 놀았는데 학자들은 여성들의 대동 놀이라고 규정했기 때문이다. 그들의 설명을 요약하면 강강술래는 여성 원리를 대표하는 보름달이 떴을 때 생명을 탄생시키는 여성들이, 여성을 상징하는 땅 위에서, 보름달을 상징하는 원을 그리면서 뛰어오르는 의례이며 놀이이고 그 기원은 원시시대의 원무라는 것이었다. 풍년을 빌고 풍년에 감사하는 축제를 하면서 공동체가 모두 어울려 놀지 않고 여성들만 놀이했다는 것이 언뜻 이해되지 않았다. 배나무 밑에서 강강술래를 할 때 남자애들을 빼놓고 여자아이들만 놀이했다면 과연 그러한 즐거움과 기쁨, 몰입이 있었을까? 공동체에 대한 내 감각과 정서에 맞지 않았지만 달리 반박할 근거가 없었다. 강강술래를 몸으로 배우고 그 기원과 원리를 공부하면서 우리 충북지방에도 여성 중심의 대동 놀이가 있었는지 조사해봐야겠다는 생각을 하게 되었다. 그것이 원시시대로부터 비롯된 춤이라면 모든 공동체가 공유한 춤이었을 것이고, 충북지역에서도 당연히 연행되었을 것이라는 확신 같은 것이 있었기 때문이다. 그래서 마을 할머니나 아주머니들에게 물어보았다. 하지만 양반문화의 중심지였고 은진 송씨의 영향력이 강했던 마을다운 반응이 나왔다.

"놀아? 양반집 처녀나 새댁이 어디를 나가. 아버지한테 맞아 죽지. 우리 어렸을 때는 처녀가 노래만 불러도 혼났어."

충청도처럼 양반문화가 강한 곳일수록 남녀가 함께 노는 대동 놀이는 물론 여성들만의 놀이도 쉽게 사라졌을 것이다. 그래도 마을 어른들이 이해심이 있던 곳에서는 새댁과 처녀들이 추석날 큰방에 모여서 놀이를 했다고 한다. 음성의 고을출 할머니한테 들은 이야기다.

"할머니, 이 동네에서는 추석에 여자들끼리 모여 놀지 않았나요?"
"놀긴 놀았지."
"어디서 모여 놀았어요?"
"남녀가 유별해서 바깥에서는 못 놀고 큰 집에 모여서 방에서 함께 놀았지."
"강강술래를 했나요?"
"그건 아니고, 어렸을 때부터 알았던 여러 놀이를 했어. 함께 노래도 부르고."
"어떤 노래를 부르셨어요?"
"달도 달도 밝다 명달도 밝다 남회장 저고리 어화둥 백항라 저고리 어화둥."

이 정도가 충청도에서 마을 여성들의 신명이 분출되는 한계였던 것 같다. 여성들끼리만 따로 산속에 들어가서 노는 화전놀이는 이것보다 훨씬 역동적이었던 것 같지만.

호남에서는 분위기가 달랐다. 양반마을인 장흥 방촌에서는 이웃 마을 처녀와 새댁들이 서로 초대하면서 서로의 마을 중간쯤에서 만나는 '중로보기'를 했다고 한다. 바로 그 '중로보기'에서 강강술래를 했다. 충청도보다는 많이 열린 분위기였다. 전남 신안군 비금도 같은 경우는 남녀가 함께하는 강강술래가 펼쳐졌다고 한다. 진강강술래에는 여성들만 참여하지만 자진강강술래를 하면 남자들도 끼어들었다. 마음에 드는 총각이 끼어들면 열어주고 손수건을 선물하고, 마음에 들지 않는 총각이 끼어들려고 하면 열어주지 않았다고 한다. 강강술래가 일종의 짝짓기 놀이였던 셈이다. 그러한 작은 섬에는 유교 문화가 거의 영향을 끼치지 못했으며, 마을 안에서 적령기의 짝을 구하기도 어렵고 중매도 쉽지 않아 남녀가 어울려 노는 대동 놀이의 전통이 이어졌을 것이다.

내 생각에 고려시대까지는 강강술래가 여성 대동 놀이가 아니라 남녀가 함께 어울리는 놀이였을 것이다. 조선시대에 들어 남녀가 함께 어울려 놀이를 하는 것이 금기시되면서 여성들만의 놀이가 되었다. 유교 이데올로기는 여성의 바깥나들이를 제한한 것이다. 여자들이 절에 가거나 들판에 나가서 남자들과 어울리는 것이 범죄가 되었다. 국가와 양반 남성들은 여성이 가정 밖에서 능동적이고 주체적으로 해방 경험을 표출할 수 있는 시간과 기회를 절대 허용하지 않았기 때문에 비금도 같은 섬에서나 원형적인 풍속이 남아 있던 것으로 보인다.

드디어 발견된 충북의 여성 중심 대동 놀이

충북 여러 시·군을 답사하면서 할머니들한테 노래와 놀이를 조사했고 그때마다 대동 놀이 경험이 있는지 물었다. 하지만 노력에 비해 별다른 성과를 거둘 수 없었다. 새로운 접근 방법이 필요했다. 그래서 만든 연구 방법이 공동체 중심의 현장연구였다. 노래와 놀이에 관한 학계의 연구에는 두 가지 방법이 있었다.

분과학문 중심의 연구 방법을 전통연구 방법이라고도 하는데, 가사에 관한 연구는 국문과에서 하고, 장단과 가락에 관한 연구는 음악과에서 한다. 각자 자기 학문의 대상이 되는 내용을 분과학문의 요구에 맞게 수집 정리하고 그것을 텍스트로 삼는다. 실제 삶의 맥락이나 그것이 마을 사람들한테 주는 의미 같은 것은 관심이 없는 것이 특징이다.

현장 중심의 연구 방법은 분과 중심 연구 방법에 대한 비판적 접근이다. 이 방법은 텍스트를 중심으로 한 분과 학문적 접근이 민중의 삶을 통합적으로 조망할 수 없어서 컨텍스트, 곧 마을 사람들의 삶의 맥락을 중심으로 한 연구를 주창한다. 민요를 연구할 때 가사나 가락뿐만 아니라 실제 노동이 어떻게 이루어지고, 사람들 관계가 그 노래를 통해 어떻게 고양되는지, 그 연행이 어떻게 공동체적인 삶의 계기로 작동하는지 연구해야 한다는 것이다. 이 연구에서는 사람들의 관계뿐만 아니라 동작, 표정, 반응 등 전체가 연구 대상이다. 아주 중요한 전환이지만 이 방법에도 한계가 있다. 어차피 도시에 있는 학자가 현장에 가서 자료를 조사해서 분석하고 그것을 바탕으로 자기 영역을 형성하는 과정은 현장 중심의 연구 방법이나 분과 중심의 학문 방법이나 다를 게 없다. 연구 결과가 실제 현장에 있는 사람들의 지식이나 인간관계의 변화에 별다른 도움이 되지 않았고, 민요와 놀이의 전승이 끊어지는 문제를 해결하는 데에도 차이가 없었다.

우리가 시도한 공동체 중심의 현장연구 방법은 그 문화가 전승되는 마을 사람들과 그 마을에 있는 학교 교사들이 중심이 되어 연구하는 것이다. 한 교사가 자기가 근무하는 고장에서 마을 사람들과 함께 지속적으로 조사하고 아이들하고 수업과 놀이를 계속해 가면 뭔가 발견되리라는 기대를 한 것이다. 그렇게 몇 년 연구를 진행하자 드디어 성과가 나왔다. 영동과 옥천에 근무하는 교사들이 거의 비슷한 시기에 각자 연구지역에서 '너리기편지기'를 발견한 것이다. 그때 처음 발견한 교사의 말을 들어보자.

99년 2월 중순쯤, 우리 학교가 있는 영동군 학산면 황산리 죽촌 마을에 전래동요 조사를 나갔어요. 아이들이 초롱이 할머니라고 부르는 황순이 할머니가 노래를 잘하신다는 이야기를 듣고 간 거죠. 마침 할머니 댁에 이웃에 계신 길옥남, 장인분 할머니도 계셔서 같이 이야기를 나누게 되었어요. 당시 연구소에서 조사할 때 참고하던 전래동요 놀이목록을 가지고 아기 어르는 소리부터 비둘기, 방아깨비 같은 동물 노래, 별 보고 하는 노래 등을 여쭈어보았어요. 목록이 있지만, 할머니들은 말씀해주시다가 문득 생각나는 대로 이야기하고 불러주셨기 때문에 목록 순서대로 조사가 진행되지는 않았어요.

황순이 할머니가 별 헤는 소리를 불러주셨는데, 몇 개까지 세며 불렀는지 궁금해서 여쭈었죠.

"그때는 모르지, 막 뛰어다니며 불렀으니까. 이렇게 뛰기도 하고 막 저렇게 뛰기도 하고."

그 말씀을 듣고 길옥남 할머니가 생각난 게 있는지 말씀하셨어요.

"마당에서 놀 적에는 이렇게 손잡고 '너리기 펀데기' 하면서 막 뛰었지. 이리

들어가라, 저리 들어가라 하면서 막 뛰었지."

'너리기 펀데기'라는 말을 처음 들은 거라 그게 뭔지는 몰랐지만, 손을 잡고 뛴다는 소리에 강강술래 같은 놀이라는 느낌이 들어서 다시 여쭈었더니 황순이 할머니가 말씀해주셨어요.

"왜 학교에서 하잖아. 학교에서는 손을 잡고 이리 들어가고 자꾸 돌아서 들어가잖아. 그런데 여기서는 손을 잡고 맨캉 '너리기 펀디기, 너리기 펀디기' 이렇게 하지."

옆에서 길옥남 할머니도 거들어주셨어요.

"여기서 뛰었다가 이 구멍으로 들어갔다가 저 구멍으로 들어갔다가 그러지."

저는 '덕석몰기나 대문 놀이 같은 건가'라는 생각이 들어서 놀이 방법을 여쭈었어요.

"그러면 한 사람이 손을 끊고 들어가는 거예요?"

그랬더니 길옥남 할머니가 조금 답답하신지 몸을 들썩이며 놀이하는 방법을 보여주시며 말씀해주셨어요.

"한 사람이 손을 끊고 들어가지. 끊고 들어가면 또 그 사람이 다 끌고 들어가는 거야. 그러고 나오면 그 손을 돌리면 돼. 끌고 나가면 손이 비틀어져 있는데, 돌리면 된다고."

못 알아듣는 저에 대해 답답함이 느껴져 죄송했는데, 정작 이야기하시는 두 분 표정이 너무 신이 나셨고, 여태껏 다른 노래들을 불러주실 때랑 다르게 어조가 높아져서 신기했어요. 그렇게 두 분이 '너리기펀지기'와 '닭잽이' 놀이를 구분해서 말씀해주셨어요. 제가 대문 놀이나 다른 놀이를 설명하면서 그런 놀이를 같이했는지 여쭙기도 했는데, 그런 건 안 했다고 하셨어요. 그래서 제가 다시 너리기펀지기가 강강술래하고 비슷한 거냐고 했더니 길옥남 할머니가 아쉬운 듯 말씀하셨어요.

"지금은 학교 운동회를 갔더니 모두 강강술래로만 돌더라고. 영동 그 큰 학교에 갔더니 강강술래를 하더라고."

그래서 요즘은 학교에서 강강술래를 많이 한다고 했더니 황순이 할머니가 다시 확인하듯이 말씀해주셨어요.

"옛날에는 너리기펀지기였어. 우리 옛날에 한 거는 너리기펀지기여."

할머니들은 너리기펀지기가 강강술래와 비슷한 놀이이며 우리 지역에서는 너리기펀지기라고 했는데, 학교에서 강강술래만 가르치는 것에 대한 문제의식이 있었다. 그 뒤 좀 더 체계적인 연구를 위해 연구팀을 꾸리고 옥천, 영동뿐만 아니라 보은, 무주, 금산 등 주변으로 조사를 확대해 갔다. 예상대로 그 지역들에서 너리기펀지기를 발견할 수 있었다.

'너리기펀지기'는 강강술래처럼 우아하지는 않지만, 더 활달한 놀이였다. 노래하는 방식도 달랐다. 강강술래는 선소리꾼이 먼저 소리를 하면 나머지 사람들이 후렴을 따라 부르는, 메기고 받는 선후창(先後唱)이다. 경상도 '월월이청청'은 이와 달리 노랫말을 주고받는 교환창(交換唱)이 특징인 데 비해 '너리기펀지기'는 모두가 동시에 부르는 제창(齊唱) 방식이다.

왜 이런 차이가 날까? 강강술래는 평야나 해변, 섬 지역에서 하던 대동 놀이다. 평야 지대에서는 마을 규모가 크다. 마을이 커서 많은 사람이 모여 살면 권력 관계가 생긴다. 선소리를 하려면 사회적 지위도 있고 이끄는 사람의 음악적 기량도 높아야 했을 것이다. 논이 적고 밭이 많아 자작농이

너리기펀지기 연행 지도

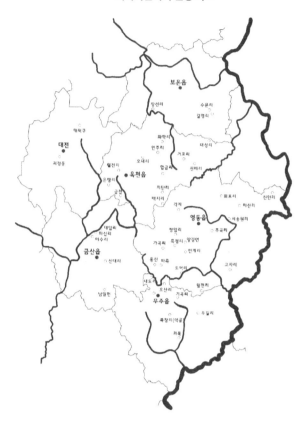

많은 곳에서는 서로 자기주장이 강하기 때문에 '월월이청청' 같은 교환창 방식을 선택할 가능성이 크다. 충북 영동은 화전이 중심이고 함께 놀 사람도 적은 데다가 사회적 기능이 분화되지 않았기 때문에 모두가 함께 부르는 사회관계의 평등함을 제창으로 드러냈다.

강강술래든 너리기펀지기든 달이 뜰 때 놀아야 제맛이 난다. 달춤이기 때문이다. 옛날 사람들은 달이 없어졌다 나타나고 커졌다 사라지는 과정을 물리적인 현상만으로 보지 않았다. 그믐에 사라진 달이 초사흘에 나타나는 것을 달신이 죽었다가 부활하는 것으로 믿었기 때문이다. 그래서 달이 죽었다가 다시 태어난 날짜인 숫자 3은 죽음과 탄생, 부활의 상징이 되었다. 한 사람의 삶과 관련된 통과의례에는 3의 상징성이 반영되어 있다. 삼신할미, 삼칠일, 삼일장, 삼우제 등등.

옛날 사람들은 달 모양이 바뀌는 것과 동식물, 인간 생활의 변화가 유기적인 연관이 있다고 믿었다. 인류공동체가 오랜 관찰을 통해 여성의 생리 주기와 달의 삭망 주기, 조수간만의 주기가 비슷한 것을 발견한 것은 그러한 믿음을 강화하는 계기가 되었을 것이다.

강강술래에는 여러 가지 놀이가 있는데, 이를 네 가지 유형으로 나눌 수 있다. 둥글게 손잡고 추는 춤인 강강술래가 있고, 기와 밟기 같은 직선 춤도 있다. 고사리꺾기, 덕석몰기, 청어 엮기 등은 소용돌이 춤이고 쥔쥐새끼는 대결 놀이이다. 직선 춤은 신을 맞이하는 굿에서 추는 춤이었고, 소용돌이 춤은 초승달에서 반달, 보름달, 반달, 그믐달로 가는 위상 변화와 순환과정을 상징하는 놀이였을 것이다. 쥔쥐새끼는 달의 순환과정에 개입하는 악령과 대결에서 승리하는 과정을, 그리고 강강술래는 드디어 재생과 승리가 이루어지고 풍요를 가져올 만큼 그 힘이 극대화된 달에 대한 찬미를 나타내는 놀이였다.

농경이 시작된 신석기시대에는 거의 모든 마을에 이러한 달춤이 있었을 것이다. 그렇게 왕성했던 달춤이 지금은 왜 마을에서 사라지고 없는 것일까? 농경은 여성이 시작했지만, 국가가 생기고 농사에 쟁기를 사용하면서 남성들의 영역이 되었다. 하나의 국가가 생겨나고 유지되기 위해서는 무력 이상으로 오랫동안 저장할 수 있는 식량이 필수적이다. 동북아의 권력자들은 왕실과 관료들을 먹이고 군량미로 사용할 수 있는 양식으로 쌀을 선호했다. 그래서 남성들에게 농사를 짓도록 강제했다. 그렇게 남성이 농업노동의 중심이 되면 여성 중심의 농사와 의례는 점점 쇠퇴했을 것이다. 가부장적인 사고가 우리보다 강했던 중국에서는 여성이 중심이 된 놀이나 남녀가 함께 놀이하는 전통이 일찍 사라졌다. 한나라 초기에 이미 유교가 국가이념이 되었기 때문이다.

달, 우리말과 문화의 깊고 높은 뿌리

어렸을 때는 아침에 해가 뜨면 일어나고 해가 지면 잠을 잤다. 어두운 그믐날 밤에는 이웃집으로 놀러 갈 수 없었다. 하지만 보름이 되면 달빛을 밟으며 마실을 가고 늦게까지 놀 수 있었다. 집에 돌아갈 때는 모두 높이 뜬 달빛을 받으며 돌아갔다. 조지훈의 〈달밤〉이라는 시의 느낌 그대로였다.

순이가 달아나면
기인 담장 위로
달님이 따라오고

분이가 달아나면
기인 담장 밑으로

달님이 따라가고

하늘에 달이야 하나인데.

순이는 달님을 다리고
집으로 가고
분이도 달님을 다리고
집으로 가고.

달밤에 여자애들은 그렇게 조용하게 집으로 돌아갔는지 모르겠지만 남자애들은 훨씬 소란스러웠다. 어느 날 집으로 가는데 달이 나를 따라왔다. 다른 친구들도 그렇게 느끼나 궁금해서 물어보았더니 모두 그렇다고 한다. 그리고 재미있는 놀이가 시작되었다. 모두가 함께 모여있다가 동시에 집으로 흩어지면서 모두 다 한마디씩 소리치는 놀이였다.

"야, 달이 나를 따라온다."
"아니야, 나를 따라와."

마치 달이 요술을 부리는 것처럼 모두를 따라가는 현상을 알게 된 뒤에는 보름달 아래 놀다가 헤어질 때마다 이 놀이를 즐겼다. 이름도 붙였다. '달 따가는 놀이.' 그렇게 달에 젖어 생활하면서 '햇볕'과 '달빛'의 차이도 온몸으로 느낄 수 있었다. 우리말 가운데 달볕이라는 말이 없는 것은 '땡볕,

뙤약볕'이라는 말이 지닌 뜨거운 느낌의 속살이 어슴푸레하면서 서늘한 달빛의 느낌과는 맞지 않기 때문일 것이다. 그리고 보면 우리 세대는 달빛 아래에서 신나게 놀았을 때만 얻을 수 있는 풍경 한 자락을 간직하고 있다. 우리네 마을 생활의 모든 장단이 달과 연결되어 있기 때문일 것이다. 주요한 명절이나 세시풍속은 달의 장단에 따라 이루어졌다. 사당에 제사 지내는 날도 삭망례라고 해서 초하루와 보름에 있었고, 중요한 명절들도 보름에 많다. 어른들의 약속도 그믐이나 보름 등 달의 주기에 따라 이루어졌다. 하지만 우리가 학교 다닐 때는 이러한 우리의 삶과 문화의 가치를 긍정적으로 이야기해주는 사람이 없었다. 선생님들은 마을 어른들을 '농투산이 무지렁이'라고 얕보았고, 마을 문화를 야만적이고 미개하다며 비웃었다. 당연히 학교 교육이나 학문을 통해서는 어렸을 때 경험을 깊이 있게 성찰하고 구조화할 기회를 얻지 못했다.

강강술래는 통합교육의 위대한 주제가 될 가능성이 있다. 놀이와 노래, 춤을 통해 종합예술의 기원과 그 전개 과정을 파악할 수 있다. 벼의 생태를 관찰하면서 벼가 우리 문화에 끼친 영향을 이해할 수도 있다. 벼는 우리 문화를 만든 문명의 작물이기 때문이다. 국어 시간에는 달과 관련된 우리말의 기원을 찾아볼 수 있다.

달이란 낱말은 참으로 많은 가지를 뻗었다. '양달, 응달, 다락논, 다락말, 다락밭' 등등. '양달'과 '응달'은 한자말과 결합하긴 했지만, 햇빛 비치는 땅과 그늘지는 땅을 뜻한다. '다락'이라는 말은 높은 곳에 있는 땅을 말한다. '달'과 이름씨끝인 '악'이 결합한 것이다. '다락논'은 산골짜기에 계단처럼 만든 작은 논배미를 말하고, '다락말'은 높은 곳에 있는 마을이다. 부얼과 천장 사이에 2층처럼 만들어 물건을 넣어두는 곳도 '다락'이라고 한다. 비스듬하게 기울어진 땅을 말하는 '비탈' 역시 '빗+달(땅)'로 이루어진 말이다. 땅을 뜻하는 달은 여러 가지 모습으로 바뀌는데, 평평하고 넓은 땅을 말하는 '들', 집 안에 있는 땅을 말하는 '뜰'도 달에서 온 것이다. '뜨락'은 '뜰'과 이름씨끝인 '악'이 붙어 생긴 말이다. 마을 이름인 '길소뜸, 양지뜸'에 나오는 뜸 역시 모음교체와 거센소리를 통해 바뀐 말이라고 볼 수 있다. 사람이 쓰는 땅의 뜻과 속살이 조금씩 달라질 때마다 이런 방법으로 쓰임새를 구분해왔다. 어떤 곳이나 자리를 나타내는 '터' 역시 뿌리가 같은 말로, '텃밭, 텃새, 터전, 터주, 샘터, 싸움터, 일터, 장터, 절터, 실터' 등으로 뻗어나갔다. '실터'라는 말은 실처럼 가는 땅이라는 뜻으로, 집과 집 사이에 있는 좁은 빈터를 부르는 말이다.

이렇게 달과 땅에 관한 생각을 이어가다 보니 어느 순간엔가 '달'과 '땅', '딸'이 뿌리가 같은 말일 거라는 생각이 들었다. 옛날 사람들은 비슷한 것은 같은 것으로 생각하는 유감 주술적 사고를 했다고 한다. 농경신은 유화부인이나 데메테르에서 볼 수 있는 것처럼 땅과 곡물을 관장하는 여성 신이었고, 하늘에 있는 달의 신이기도 했다. 생명을 잉태하고 출산하는 여성은 씨앗을 심으면 싹을 틔우고 열매를 맺게 하는 땅과 같은 것으로 보았다.

달에 관련된 말을 찾으면서 해와 비교해보니 빛깔과 관련된 말이 없었다. 달이 햇빛을 반사하는 것이므로 그 반사되는 하얀 빛에는 온갖 빛깔이 들어있다. 그런데도 빛깔과 관련된 말이 없는 것은 무엇 때문일까? '달 밝은 밤이 흐린 낮만 못하다'는 속담에서 알 수 있는 것처럼 보름달의 밝기에 그 까닭이 있을 것이다. 달빛은 햇빛과 비교하면 45만분의 몇 정도의 밝기이다. 이 정도로 희미한 빛은 망막이 색을 구분할 수 없게 만든다. 그래서 밝아 보이는 보름달이라도 그 빛을 비추면 빛깔은 다 날아가 버리고 하얗고 파리한 그림자만 남는 것이다. 그래도 보름이라는 말은 '붉음'에서 온 것이니 명암과 관련된 뜻과 속살은 어느 정도 갈무리하고 있는 셈이다.

시간과 관련해서도 달과 관련된 말이 있다. 그믐, 초하루, 보름처럼 달의 위상 변화는 한 달을 정하는 기준으로 쓰였다. 달에 관해 공부하면서 '그믐달과 보름달은 우리 토박이말인데 초승달은 왜 한자말로 남아 있는 것일까?' 궁금해졌다. 그리고 보면 초하루도 한자말과 토박이말이 함께 쓰이고 있었다. 초승달의 토박이말이 어떤 모습이었을까? 우리말로 처음 시작을 '아시'라고 하니 '아시달'이 아니었을까 생각되지만 뚜렷한 근거를 찾을 수는 없었다.

이렇게 깊게 탐색할 수 있었던 것은 우리 문화에서 달이 지닌 뜻과 속살을 마을 사람들과 함께하는 세시풍속, 그리고 그 안에서 살아가는 이야기와 놀이에서 경험했기 때문이다. 모든 문화는 자신의 독자적인 우주관과 인생관이 있다. 따라서 자신과 구체적이고 감각적인 관계를 이루는 장소와 인간관계로부터 삶의 지평을 열어가는 것이 인간다운 삶의 조건이고 권리이기도 하다는 것을 깨닫는 것이 참다운 실천인문학의 길이 아닐까 한다.

윷놀이의
뿌리와 속살을 찾아서

....

윷놀이의 추억

설날은 여러 가지로 좋은 날이었다. 먹을 것이 많았고 새 옷도 입는 날
이었다. 하지만 좋지 않은 것도 있었다. 우리 집은 아버지가 8·15 광복 이
후 북쪽에서 홀로 내려오셨기 때문에 친척이 없었다. 다른 집은 친척들로
북적거렸지만, 우리 집은 한산했다. 다른 아이들은 사촌 형제뿐만 아니라
육촌, 팔촌까지 있어서 설날에도 또래끼리 놀 수 있었다. 우리 집은 동생들
이 너무 어리고 누님들은 나랑 노는 데 관심이 없어 저녁때가 되면 심심하
기 짝이 없었다.

야광귀가 온다고 밖에도 나갈 수 없었다. 내가 심심해하면 어머니와
큰누님이 나서서 윷놀이판을 마련했다. 남자 편, 여자 편 나누어 겨뤘는데
세 판까지 하자고 해도 다섯 판, 일곱 판까지 이어지는 게 보통이었다. 아
버지는 다른 어떤 놀이보다도 윷놀이가 이기려는 마음이 큰 놀이라서 잘

못하면 싸움이 난다고 했는데 우리 집에서도 그랬다. 진 쪽에서 더 하자고 끝까지 우긴다. 아이들이 계속 우기면 안 들어줄 수가 없다. 명절날 아이를 울려서 좋은 기분을 깰 수는 없기 때문이다. 우리 집에서는 내가 가장 많이 우겼다. 내가 계속하자고 하면 상대편인 어머니와 큰 누님도 내 편을 들어주었기 때문에 작은누님이 특히 약이 올랐던 모습이 눈에 선하다. 그런데 어느 해인가 윷놀이를 하다가 아버지에게 질문한 적이 있다. 내가 말을 놓다가 궁금한 것이 생겼기 때문이다.

"아버지, 왜 말을 놓을 때 시계 방향으로 돌아도 되는데 왜 꼭 시계 반대 방향으로 돌아요?"

"옛날부터 그랬어."

"어느 쪽으로 돌아도 상관이 없는데 꼭 그렇게 도는 데는 까닭이 있을 거 아니에요?"

"글쎄, 잘 모르겠다."

"그런데 또 궁금한 게 있어요. 여기 말 놓는 점을 보면 숫자가 스물아홉 개 잖아요. 빙 둘러서 스무 개가 있고 가운데 아홉 개. 그래서 다 합치면 스물아홉 개인데 왜 그래요?"

"넌 참, 별쭝맞아. 별 걸 다 물어본다. 놀이는 그냥 재미로 하는 거야."

우리 마을에서 가장 유식한 아버지도 내 질문에 답하지 못할 때가 있었다. 그래서 '별쭝맞다'는 소리를 들었다. '별쭝맞다'는 '말이나 하는 짓이 아주 별스럽다'는 뜻이다. 이랬을 때 가졌던 그런 질문은 내 삶에서 아주 중요했다. 궁금함이 풀리지는 않았지만 어렸을 때 형성된 그 질문이 자라면서 우리 문화와 우주에 관심을 두게 되는 계기가 되었기 때문이다.

조선 중기 문인 김문표의 「사도설(柶圖說)」이라는 글에서는 윷놀이를 이렇게 설명한다.

> 윷판의 바깥 원은 하늘을 본뜨고 속의 사각형은 땅을 본떴으니, 말하자면 하늘이 땅 바깥을 둘러싼 것이다. 별 무리 가운데 있는 것은 북극성이며, 바깥으로 늘어선 것들은 28수이니 소위 북극성이 제자리에 머물고 뭇 별들이 그것을 향해 있는 모습이다. 해가 수(水)로부터 목(木)으로 들어가 다음으로 토(土)를 거쳐 되돌아와 수(水)로 나오는 것은 동지의 해가 짧은 것이다. 수(水)로부터 목(木)으로 들어가 옆으로 금(金)에 이르렀다 다시 수(水)로 나오는 것은 춘분의 일중이다. 수(水)로부터 목(木)을 거쳐 화(火)로 들어가 곧바로 수(水)로 나오는 것은 추분의 소중이다. 수(水)로부터 목(木)을 거치고 화(火)를 거치고 금(金)을 거쳐 다시 수(水)로 나오는 것은 하지의 해가 긴 것이다.

윷놀이판이 천문도라는 주장이다. 매년 설날 때마다 재미로 했던 윷놀이에 그런 깊은 뜻이 있다고 생각하니 마냥 신기하고 놀라웠다. 그때부터 하늘의 별자리 운행을 관찰하기 시작했다. 먼저 시간마다 나가서 북두칠성이 어떻게 움직이나 관찰했더니 확실히 시계 반대 방향으로 돌고 있었다. 한 달 동안 달의 운행도 관찰했는데, 달도 시계 반대 방향인 서쪽에서 13도씩 동쪽으로 움직이고 있었다.

오행성의 운행 역시 마찬가지였다. 목성, 화성, 토성, 금성, 수성 다섯 행성이 속도는 다르지만, 서쪽에서 동쪽으로 돌고 있는 방향은 같았다. 수성과 금성은 하늘 한가운데로 떠오르지 않기 때문에 처음에는 그 운행 원리를 이해하기 어려웠다. 하지만 금성이 해의 동쪽과 서쪽에서 나타나는 모습을 잘 관찰해보니 확실히 시계 반대 방향으로 돌았다. 이렇게 천체의 운행 방향을 오랫동안 관찰해보니 모든 별이 일정한 원리 속에서 규칙적으로 운행하고 있음을 감각적으로 느낄 수 있게 되었다. 어렸을 때 시계 방향으로 가도 되는 윷놀이의 말을 굳이 시계 반대 방향으로 놓는 것에는 까닭이 있을 것으로 생각했던 것이 우주의 운행 원리를 이해하게 만든 큰 질문, 우주적 질문이 된 것이다.

김문표의 글에는 내가 어렸을 때 윷놀이판에 있는 점이 왜 스물아홉 개인가에 대한 답도 있었다. 김문표는 윷놀이판 한가운데 있는 점은 북극성이고 그 둘레에 있는 다른 점들은 하늘에 있는 28수 별자리로 보았다. 실제 동양에서 28과 관련된 숫자 상징은 딱 하나, 별자리 28수밖에 없기 때문에 충분히 이해가 되는 논리였다. 드디어 내 어렸을 때의 궁금증과 호기심이 보상을 받는 듯했다.

윷놀이는 북두칠성의 움직임을 따른다

책을 읽다가 내가 답을 찾은 것이 아니라는 것을 알았다. 윷놀이판이 그려진 고대의 바위 그림이 발견된 것이다. 김일권 서울대 교수는 윷놀이판이 북두칠성의 운행을 형상화한 것이라고 설명하고 있었다. 김 교수가 근거로 제시한 것이 경북 포항 신흥리 뒷산에 있는 오줌바위에 새겨진 별자리 그림이다.

신흥리 바위그림 모사도 (이하우, 1994)

그의 논문에 있는 그림을 보니 바위 그림 한쪽에는 W자 모양의 카시오페이아 별자리, 다른 쪽에는 윷놀이판이 새겨져 있었다. 북극성을 사이에 두고 북두칠성과 카시오페이아 두 별자리가 마주 보고 있다는 것은 나도 잘 알고 있는 사실이었기 때문에 김일권 교수의 말대로 윷놀이판이 북두칠성과 관련된 유적이라는 주장이 이해가 갔다.

그런데 김일권 교수의 글에는 한 가지 해명되지 않은 것이 있었다. 북두칠성이라 하면 일곱 개의 별인데 왜 스물아홉 개의 점으로 북두칠성의 운행을 상징하는가 하는 것이었다. 답은 옛 제주도 신화에서 찾을 수 있었다.

옛사람들은 북두칠성을 하나로 보지 않고 동쪽에 나타나면 동두칠성, 북쪽에 나타나면 북두칠성, 남쪽에 나타나면 남두칠성, 서쪽에 나타나면

서두칠성이라고 이해했던 것이다. 네 개의 북두칠성이 있었으니 점이 스물 여덟 개고 가운데 있는 하나의 점은 북극성 곧 천원(天元)을 상징했다. 그렇 게 북극성과 네 방위의 칠성이 윷놀이판으로 정리되는 모습을 김일권 교 수는 다음과 같이 그렸다.

북두칠성이 윷놀이판으로 변해가는 과정 (김일권, 2002)

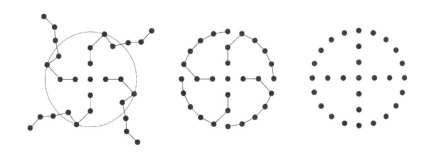

그 현장을 확인하기 위해 신흥리 오줌바위를 찾았다. 신흥리 마을은 북쪽을 바라보며 자리 잡고 있었다. 마을 뒤쪽으로 난 길을 따라가니 산 중턱에 넓은 바위가 나타났고 바로 거기에 카시오페이아와 윷놀이판이 새 겨져 있었다. 조개 화석이 곳곳에 박혀 있는 바위는 신생대 퇴적암으로 보 였다. 오줌바위 위에 서서 주변 지형을 살펴보았다. 남쪽으로 봉우리가 있 고 동서로 산줄기가 흘러가서 북쪽으로만 하늘이 열려있는 곳이었다. 북 극성과 주변의 별자리인 주극성을 바라보기에는 더없이 좋은 장소였다. 이런 곳에서 의례를 행한다면 북두칠성이 하늘 한가운데 있는 여름이거나, 동쪽에 북두칠성이 떠 있고 서쪽에는 카시오페이아가 있는 봄, 또는 북두 칠성이 땅에 부딪히는 가을이었을 것이다. 언제쯤 북두칠성을 위한 의례가 거행되었을까? 신흥리는 고구려, 백제, 신라가 아직 작은 나라였던 삼국시대 초기에는 동예에 속하는 땅이었다.

『삼국지』「위서」"동이전"에 나오는 것처럼 동예의 국중대회, 곧 나라 굿은 무천이고 거행되는 시기는 음력 10월이었다. 요즘 말로 하면 '시월상달'인데 가족이나 지역공동체, 국가 차원에서 신에게 제사하는 전통이 이미 이때부터 있었다. 그 제사의 목적은 예나 지금이나 공동체의 안녕과 농경의 풍요였다. 풍년이 되려면 비가 제때 내리고 바람이 순조로워야 했다. 이러한 자연현상을 관장하는 존재가 북두칠성이니, 북두칠성이 땅에 내려올 때 동예 사람들은 신을 맞아들여 함께 놀이하고 보냄으로써 칠성님의 마음을 흡족하게 하고 풍년을 약속받은 것으로 믿었을 것이다. 그렇게 생각하니 지금으로부터 2000년 전 동예라는 연맹 국가에 속한 한 소국의 왕이 바로 이 자리에서 하느님인 북두칠성을 맞이하고 마을 앞에 있는 들판으로 신을 모시고 가는 장면이 떠올랐다. 내가 옛날 전북의 한 무당에게 칠성풀이를 조사한 적이 있는데 그 장면이 연상되었다.

> 떴다 보아라
> 저기 저 별이 웬 별이냐
> 좌별도 아니고 우별도 아닌디
> 완전한 일곱 칠성이 되둥그러졌구나

그렇게 칠성님을 모셔놓고 저 앞 들판에 모인 많은 사람이 몇 날 며칠에 걸쳐 놀고 나라의 중대사를 결정하고 군사훈련까지 했겠지….

윷놀이판이 새겨진 바위가 왜 산꼭대기나 북두칠성을 보기 좋은 장소에 있는지 늘 궁금했는데, 현장에 오니 그 뜻과 속살이 뚜렷해진다. 청동기시대에서 삼국시대 초기에 걸쳐 공동체의 안녕과 풍요를 원하는 사람들은 바로 이 장소를 신을 만나고 보낼 수 있는 장소로 보았기 때문이리라.

왜 제사의 주요 내용이 윷놀이였을까? 우리가 어렸을 때 경험한 윷놀이는 풍요를 기원하기 위한 것이 아니라 놀이일 뿐이다. 그런데 조선시대까지만 해도 윷놀이로 공동체의 풍흉을 점치는 고장이 있었다. '시절 윷놀이'라는, 황해도 장연 지방의 공동체 윷놀이가 그것이다. 이 마을에서는 마을 사람들을 두 패로 갈라서 한 패는 '산', 다른 한 패는 '들'이라고 불렀다. '산'이 이기면 밭농사가 잘되고, '들'이 이기면 논농사가 잘되는데, 양편이 비기면 밭농사와 논농사가 다 잘된다고 믿었다. 놀이가 끝나면 행렬을 지어 읍내로 가고 고을 곳곳에서 모인 사람들이 동헌에 모여 신나게 춤추면서 1년 농사를 모의적으로 반복했다. 씨 뿌리고 거름을 놓고, 모내고 김매기를 하며 거두는 장면까지 연극을 진행하면서 풍년을 미리 축하하는 것이다. 지주를 등장시켜서 욕하고 쫓아내면서 일시적인 해방의 즐거움도 느꼈고, 그러한 해방감은 더 높은 신명의 바탕이 되었다.

옛날 작은 나라들이 한 개 고을 규모였기 때문에 모든 나라에서 이런 방식의 나라 굿을 열 수 있었을 것이다. 장연에서는 윷놀이판이 마을 사람들이 경쟁하는 놀이와 연극으로 나타났지만, 옛날 나라 굿에서는 무당이나 왕이 신에게 올 농사가 풍년인지 아닌지를 묻는 점치기의 모습으로 진행되었을 것이다. 장연의 시절 윷놀이는 봄에 제사를 지냈기 때문에 풍년을 기원하는 의례였겠지만 시월 상달에 나라 굿이 있었다면 신에게 풍년을 감사하는 의례였을 것이다.

청주 당산에서 윷놀이판을 발견하다

마을 뒷산 다음으로 많이 올라간 산은 청주의 당산(堂山)이다. 청주 당산에 그렇게 자주 올라간 데는 까닭이 있다. 청주 도심에서 가장 가까워서 쉽게 갈 수 있기 때문이다. 도심에 있는 도청 광장에서 동쪽을 바라보면 바로 눈앞에서 보이는 산인데, 높이가 104.3m밖에 되지 않기에 산에 오르는 데 30분 정도면 충분하다.

내가 이 산을 가깝게 여기는 것은 우리 마을 뒷산과 높이와 생김새가 아주 비슷하기 때문이다. 당산 모습은 둥글다. 풍수지리로 말하면 오행성 가운데 금성의 정기를 받은 모습이다. 큰아들은 마을 뒷산 가운데 송산을 둥그레봉이라고 불렀다. 우리 마을 뒷산도 그렇게 둥글어서 당산은 처음 보는 순간부터 친밀한 느낌이 들었다. 생태 환경도 비슷하다. 소나무와 참나무 군락이 빚어내는 그늘과 바람 소리가 아주 시원하다.

당산에 자주 가는 까닭이 또 있다. 당산의 역사성 때문이다. 당산은 작은 산이지만 청주 사람들이 오랫동안 삶과 마음을 담으며 의지해온 산이다. 우리 겨레는 전통적으로 산을 중심으로 사람들의 마음을 모았다. 마을에서는 뒷산 산신령을 모시고, 제사와 굿을 통해 마음을 모았다. 고을에서는 그 고장 수호신으로 모시는 진산(鎭山)을 중심으로 성황제나 굿을 통해 마음을 모았다. 진산은 외래문화인 불교와 유교의 중심지이기도 했다. 외래종교와 학문이 그 지방 토박이들의 마음을 변화시킬 때 사용하는 전

략이 장소성을 활용하는 것이기 때문이다.

그동안 당산에서 가장 오래된 문화유산은 토성(土城)이라고 알려져 있었다. 당산 토성은 규모나 형태로 볼 때 백제시대 토성일 가능성이 크다. 백제시대 읍성은 둘레가 500~600m 정도 되고 형태가 삼태기를 닮았다고 하는데, 당산 토성이 그런 특징이 있다. 그래서 나는 당산이 백제 상당현의 치소(治所)였을 가능성이 크다고 생각한다.

청주 사람 대부분은 당산에 토성이 있다는 것을 잘 모르지만, 주의 깊게 살펴보면 산 정상부에서 골짜기를 따라 내려가는 성벽을 찾을 수 있다. 산꼭대기와 골짜기에는 제법 넓은 평지가 있다. 산꼭대기 평지는 체육공원으로 사용되고, 골짜기에는 무덤이 있다. 청주에서 손꼽히는 친일파 민영은의 무덤이다. 그는 3·1운동 당시 청주 시민들을 상대로 만세운동에 참여하지 말 것을 강요하는 자제회(自制會)를 만든 사람이다. 뜻있는 사람들이 청주의 가장 상징적인 장소에 친일파의 무덤이 남아 있는 것을 오랫동안 개탄하지만, 아직 시 차원의 의제가 되고 있지 않은 것은 안타까운 일이다.

백제시대에는 이 평평한 공간에 상당현 태수(太守)가 머무는 관아와 군인들의 막사가 있었을 것이다. 이때는 청주에 제방이 없었기 때문에 무심천이 현재 성안길 주변으로 흘렀다. 상당로와 도청 일대에는 자연제방과 배후습지, 도랑이 있었을 것이다. 이런 환경에서 무심천 물길과 배후습지는 해자 역할을 했을 것으로 보인다.

당산 토성은 규모에 비해 공격은 어렵고 수비하기에는 좋은 성이다. 3면이 절벽이고 우암산으로 이어진 동쪽 산줄기로만 적이 공격할 수 있다. 공격할 수 있는 경로가 제한되어 있으니 몇 배가 많은 적이 공격하더라도 함락시키기 어려웠을 것이다. 바로 그런 여건 때문에 이곳 당산에 토성이 생겼을 것이다. 백제가 청주를 지배하고 있는 동안 당산 토성은 우리 고장의 정치, 종교, 사상, 문화 중심지였을 가능성이 크다.

백제가 청주를 신라에 뺏긴 것은 진흥왕 때다. 진흥왕은 이곳을 지키기 위해 우암산을 중심으로 한 방어체계를 만든 것으로 보인다. 우암산을 둘러싼 내성의 둘레가 3㎞에 가깝고, 외성도 둘레가 2㎞ 정도 되는데 이는 당산 토성에 견주면 무려 열 배에 가까운 크기다. 신라가 이곳을 지배하던 시기에 당산 토성은 독립적인 읍성이 아니라 읍성 성벽의 일부였을 것이다.

신문왕 때 서원소경이 설치되면서 현재 옛 은행나무길(현 상당로5번길)을 중심으로 제방을 쌓고 그 안에 관아시설을 만든 것으로 보인다. 벌판에 성이 만들어졌고 신라의 서쪽에 있는 작은 서울이라 해서 '서원소경성'이라 불렀다.

당산의 정치·군사적 중요성은 사라졌지만, 사상의 중심지라는 지위는 변함이 없었다. 통일신라와 고려 시기에 당산 주변에는 큰절들이 들어섰다. 탑동사지나 도지사 관사와 향교 일대에서 발견되는 탑 부재들은 당산이 신라시대 불교 신앙의 중심지였음을 보여주는 문화유산이다.

『신증동국여지승람』에는 이 산 이름이 당선산(唐羨山)이며, 청주의 진산(鎭山)이라고 적혀 있다. 나는 진산이란 이름의 뜻과 속살은 고려 때부터 비롯된 것이라고 믿는다. 당산에는 조선말기까지 성황사가 있었는데 그 성황사는 고려 때 생겼을 것이다. 강릉 단오제처럼 청주에서도 성황사를 중심으로 한 고장 축제가 있었고 그 축제를 향리들의 수장인 호장이 주관했을 것이다. 그런 전통이 있었기에 조선시대에도 성황사가 유지되었을 것이다. 구한말에서 일제강점기에 살았던 시인 박노중은 성황사에 모셔진 성황신을 보고 이런 시를 썼다.

성황사(城隍祠)

당산 너머 향교말 동쪽에 있고 唐山之越校村東
이름하여 성황사로다 名曰城隍祠乃叢
각시가 예쁘게 단장하고 무슨 뜻으로 서 있는지 閣氏艶粧何意立
족두리에 분 바른 얼굴 아래는 붉은 치마 簇頭粉面下裳紅

『창암지』

시에 나오는 것처럼 청주를 지키는 성황신은 여신이었다. 여신을 성황신으로 모신 것은 삼국 또는 그 이전으로 소급할 수 있는 문화 요소로 보인다.

조선시대에는 유학을 높이고 불교를 배척하는 정책 때문에 당산 주변 절들이 사라졌지만, 성황사는 살아남았다. 조선왕조는 절에 쓰인 석재와 목재로 향교를 만들었다. 조선시대 지방 읍치 계획을 보면 가운데에는 왕을 상징하는 건물인 객사를 배치하고 그 동쪽에 수령이 근무하는 동헌, 읍성 동쪽 밖에는 향교, 읍성 서쪽 바깥에는 토지신과 곡식의 신을 모시는 사직단, 북쪽에는 떠도는 귀신을 모시는 여단을 설치한다. 그 가운데서도 향교는 조선왕조가 유교를 바탕으로 통치한다는 것을 시각적으로 드러내는 상징이다. 조선왕조 500년 동안 양반들은 이 향교를 중심으로 공자에게 제사 지내고 평민들과 천민들을 이념적으로 지배했다. 불교에서 유교로 바뀌었을 뿐, 청주의 사상적 중심지는 여전히 당산 일대였다.

일제강점기에도 마찬가지였다. 일제는 1911년 당산 꼭대기에 신사를 만들고 봄·가을 두 계절에 제전(祭奠)을 지냈다. 몇 달 뒤 신사는 잠시 사직단으로 옮겨 갔다가 1913년, 현재 명장사가 있는 당산 기슭으로 확장 이전하였다. 당산 아래는 일본인 마을도 있었다. 당산 바로 아래 있던 중앙초등학교는 일본 아이들이 다니는 심상소학교였고, 청주 시내에서 당산 쪽으로 가는 길 입구에는 일본 절이 양쪽에 자리 잡고 있었다. 일본인들은 청주 일대의 절터에 있던 탑과 불상을 옮겨서 당산 곳곳을 장식하고 '동공원(東公園)'이라고 불렀다. 일제의 황국신민화 정책의 청주 거점이 당산이었다. 여기까지가 2000년대 초반까지 내가 알고 있던 당산의 역사성이다.

당산의 역사성을 다시 생각하게 된 것은 우연한 발견 때문이다. 2008년 1월 29일, 내가 소장으로 있는 마을공동체교육연구소에서 새해를 맞이해 당산의 지질과 생태, 역사, 당산 주변 사람들의 생활문화에 대해 종합 답사를 했다. 시내에서 당산 꼭대기로 올라가다 정상 바로 아래 바위 위에서 잠시 쉬었다. 당산 높이가 104.3m이므로 해발 100m쯤 되는 높이였을 것이다. 이런저런 이야기를 나누며 당산 꼭대기로 올라가기 위해 일어서다 바위 위에 새겨진 무늬를 발견했다.

"어, 이거 윷놀이판이잖아."
"맞아요. 영동 망탑봉 윷놀이판하고 비슷해요."
"하나는 여기서 떨어져 나간 것 같은데."

"그럼, 여기가 옛날에 하늘에 제사를 지내는 장소였을까요?"

그때 대화 장면이 지금도 생생하다. 구멍을 세어보니 스물여덟 개였다. 윷놀이 판이라면 스물아홉 개 구멍이 있어야 한다. 자세히 살펴보니 바위 일부가 떨어져 나가 구멍 하나가 없어진 것이었다.

연구소 사람들은 산 정상에 새겨진 윷놀이판이 제천의례의 장소이고 별자리 그림이라는 것을 이미 알고 있었다. 영동 망탑봉에 있는 윷놀이판도 답사했고, 그보다 몇 년 전에는 안동 수곡리에 가서 바위에 새겨져 있는 윷놀이판을 보았기 때문이다. 신선바위라고 부르는 바위 위에는 윷놀이판과 함께 새 그림이 새겨져 있고, 바위 주변에는 깃발을 꽂을 수 있는 구멍과 물을 저장할 수 있는 시설도 있었다. 학자들은 안동 수곡리 윷놀이판이 새겨져 있는 바위를 제천의례가 있었던 곳으로 파악하고 있었다. 그렇다면 청주 역사에서 당산의 역사성과 장소성은 내가 생각했던 것보다 훨씬 깊고 오래된 것이라고 볼 수 있다. 바위 위에 그려진 윷판은 포항 칠포리에서 볼 수 있는 것처럼 고인돌에서도 발견되기 때문이다. 산 정상에서 발견되는 윷판은 고인돌보다는 시기가 조금 늦은 것으로 보인다. 당산의 윷판은 청동기시대 또는 삼국시대 초기의 제천의례 유적인 것이다. 청동기시대와 마한 시기 청주의 유적, 유물이 발견되는 장소는 부모산 일대와 봉명동 일대의 고분군, 송절동 고분군, 정북동 토성 등이 있다. 삼국시대 초기 청주에 있던 작은 나라의 중심지가 정북동 토성이고 나머지 고분군이 있는 장소에는 그 작은 나라를 구성하는 읍락이 있었을 것이다. 당산의 윷놀이판은 천군이 제천의례를 행하던 소도였을 수도 있다.

답사를 통해 당산의 윷판 바위를 확인했지만, 더 연구를 진행하지는 못했다. 아이들의 왕따 문제를 연구하고 예방프로그램을 만드는 데 10년 세월이 걸렸기 때문이다. 별자리와 관련된 책을 쓰면서 더 미뤄서는 안 되겠다는 생각이 들었다. 그래서 다시 당산에 올랐다. 조금 희미해진 듯하지만, 윷놀이판은 여전히 그 자리에 있었다. 책에 실릴 글을 쓰고 유적을 실측해서 조사보고서도 썼다. 10여 년간 가슴에 담고 있던 것을 정리하니 후련했다.

보고서를 쓰고 나서 당산의 장소성에 대해 다시 생각해 보았다. 우리 마을 뒷산에서 마을 사람들과 어울리면서 겪은 장소 경험은 내 정체성의 뿌리가 되었다. 당산 장소 경험도 내 마음이 청주라는 장소에 뿌리내리게 해주었다. 물론 결은 조금 다르다. 우리 마을 뒷산의 경험은 내 무의식에 뿌리를 내리고 있어 굳이 어떤 뜻과 속살을 부여하지 않아도 의미로 가득 차 있다. 이와 달리 당산은 장소 이름과 의미를 알려는 의식적인 노력을 통해 내 마음에 뿌리를 내렸다. 따라서 당산에 대한 장소 경험은 무의식적인 장소성이라기보다는 감정이입적 장소 경험이라고 볼 수 있을 것이다. 옛날에는 청주 사람 모두가 당산에 대한 장소 경험을 공유했다. 그래서 당산은 지역 사람들의 공간적 정체성이었고, 그 공간적 정체성은 우리가 그 속에서 살고 있음을 깨닫는 귀속감의 뿌리가 될 수 있었다.

마을 뒷산과 당산의 장소 경험은 내가 다른 고장을 공부하고 그곳 사람들과 관계 맺을 때도 중요한 고리가 되어주었다. 요즘도 나는 다른 지역에 갈 때면 그 지역 사람들의 마음을 모으는 명산이나 수호신으로 오랫동안 사람들의 마음속에 밀착했던 진산에 대한 자료를 찾아본다. 그 지역에 가면 진산에 올라가서 산에 얽힌 이야기도 들어보고 둘레 산줄기도 확인한다. 그 지역 사람들이 공간 정체성을 공유하면서 우리라고 느끼는 상징과 기호에 접속할 때 참다운 대화가 가능하다고 믿기 때문이다.

모든 세시 놀이는 해, 달, 별의 운행을 모방한다

세시풍속 하면 떠오르는 것이 음식이다. 단옷날 하면 쑥떡이 생각난다. 매년 쑥떡을 먹었으니 그 분위기가 몸에 새겨지고 그 맛이 입에 박힐 수밖에 없었기 때문이다. 나와 같은 세대라면 대부분 이런 감각을 지니고 있을 것이다. 그 맛, 냄새와 함께 세시풍속 하면 떠오르는 것이 놀이이다. 세시풍속이 공동체를 만들어낸다면 절반 이상의 공이 놀이에 있을 것이다. 설날의 윷놀이, 대보름의 줄다리기, 석전, 쥐불놀이, 달집태우기, 삼월삼짇날의 화전놀이, 단오의 씨름과 그네뛰기, 유둣날의 물맞이(물놀이), 백중의 씨름, 추석의 강강술래, 거북놀이는 나날이 바뀌는 밤하늘의 별처럼 세시풍속을 수놓는다.

어렸을 때는 그저 놀았을 뿐이지만 문화를 연구하면서 왜 명절마다 다른 놀이를 했는지 궁금해졌다. 호이징하의 『호모 루덴스』를 읽다가 이 대목에서 무릎을 쳤다.

고대인들은 맨 처음에는 동물 세계와 식물 세계의 현상을 의식 속에 받아들였고, 그다음에는 시간과 공간의 질서에 대한 관념, 달과 해(年), 해와 달의 운행에 대한 관념을 갖게 되었다. 그들은 성스러운 놀이 속에서 존재의 이러한 위대한 진행 질서를 놀이하고, 이 놀이를 통하여 재현된 사건들을 새로이 현실화 또는 재창조함으로써 우주 질서의 유지를 돕는다는 것이다. 프로베니우스는 이 "자연을 놀이한다"라는 것으로부터 좀 더 광범위한 결론을 끌어내고 있다. 그는 그것을 모든 사회 질서와 사회제도의 출발점으로 보았다. 이러한 제의 놀이를 통하여 미개 사회는 미개 형태의 정부를 가지게 된다. 왕은 해이며, 왕권은 해의 운행을 상징한다. 평생토록 그(왕)는 "해"를 놀이하며 마지막에는 해의 운명을 겪는다. 곧 그는 자신의 백성들에게 제의의 형식으로 죽임을 당해야 하는 것이다.

별자리와 명절, 놀이의 관계를 이해하는 데는 숫자에 대한 배경 지식이 필요하다. 동양에서는 예로부터 홀수를 남성의 수, 짝수를 여성의 수라고 보았다. 음양오행설에서도 ─를 양효(陽爻), --를 음효(陰爻)라고 한다. 서양도 마찬가지다. 수를 만물의 근원으로 인식했던 피타고라스는 "홀수는 선하고 올바르며 하늘의 성질을 가진 남성의 수이고, 짝수는 악하고 구부러지고 땅의 성질을 가진 여성의 수"라고 했다. 천문학적으로 보면 홀수는 해와 관련된 숫자이고, 짝수는 달과 관련된 숫자다. 이러한 상징체계가 역법에 적용되면 홀수가 두 번 겹치는 날에 '성스러운 날', '생명력이 넘치는 날'이라는 뜻과 속살이 부여된다. 따라서 이런 날은 해 신앙의 흔적이다. 중양절이라고도 하며, 이러한 날은 수리 체계의 상징성에 관한 문화 전통이 강한 중국과 해 신앙이 강한 일본에서는 3월 3일, 5월 5일, 7월 7일, 9월 9일이 중요한 명절이고 보름 문화의 전통은 약하다.

우리 전통문화는 달의 장단을 따르고 있다. 해와 별 역시 우리의 시간의식과 생활양식에 영향을 주었지만, 우리 문화의 시간과 심리 구조에서 달의 역할은 결정적이다. 명절을 보더라도 달의 주기를 반영하는 보름이 압도적이다. 정월 대보름, 유월 유두, 칠월 백중, 팔월 추석 등등. 보름날에 명절이 많은 것은 그때가 달의 생생력이 정점에 달한 때라고 믿었기 때문이다. 달맞이와 소원 빌기, 달집 태우기, 달봉 던지기 등은 모두 달의 생생력을 공동체가 받아들이기 위한 의례이다.

대보름은 달 축제이면서 풍농 기원의례이다. 옛날 사람들은 정월 대보름을 달이 그냥 둥글게 된 날이 아니라 신성한 날로 보았다. 이날을 왜 풍농을 기원하는 날로 삼았는지 이해하려면 이 시기의 생태적 흐름을 이해할 필요가 있다. 이때가 되면 얼었던 땅이 녹으면서 풀들이 땅 위로 머리를 내민다. 버드나무에 물이 오르면 농부들은 논에 거름을 낸다. 이때보다 더 늦어지면 농사일에 바빠져서 마을 전체가 함께하기 어렵고 더 이르면 아직 겨울이라서 분위기가 무르익지 않는다. 이렇게 들에서 풀이 자라나고 버드나무에 물이 오르는 것을 옛날 사람들은 죽은 신이 부활하거나 멀리 떠났던 신이 다시 돌아오는 것으로 보았다. 정월 대보름엔 죽어가던 해가 살아난 뒤 첫 번째로 꽉 찬 보름달이 뜬다. 이날이 아니고서 어떤 날을 공동체 모두가 풍요를 기원하는 날로 생각할 수 있을까. 그래서 이날 집안과 마을의 풍요를 비는 행사를 하는 것이다. 나도 어렸을 때 보름날이면 세워진 낟가릿대를 돌면서 "천 섬이요!", "만 섬이요!" 하고 노래했다.

추석 역시 달 축제다. 많은 곡식이 여물어가고 이른 곡식들은 수확할 때다. 넉넉한 마음으로 새로 나온 햇곡식을 조상에게 올리고 가족 및 이웃들과 나누어 먹기 좋은 때다. 풍년을 가져온 달님에게 어찌 감사하는 마음이 없을까. 이날 밤 마을 사람들은 밤에 함께 모여 달을 그린다. 하늘엔 여성을 상징하는 달이 떠 있고 땅 위에는 여성들이 먼저 달을 상징하는 둥근 원을 그린다. 그 뒤에는 마을 사람들도 참여한다. 신을 맞이하는 기와밟기 놀이가 있고, 달의 운행을 모방하면서 달신의 내력을 푸는 노래와 놀이가 있다. 진강강술래와 자진강강술래는 보름이 된 달을, 고사리 꺾기와 청어 엮기 놀이는 달이 사라졌다가 초승달로 나타나고 반달과 보름달을 거쳐 다시 반달이 되고 사라지는 운행과정을 모방하는 것이다. 이처럼 풍년을 가져온 달에 대한 고마움과 동질감, 공동체의 유대감으로 강강술래는 그렇게 다채롭고 아름답다.

　단오는 해와 관련된 세시풍속 가운데 가장 큰 명절이며 성장의례에 속한다. 왜 그 무렵 성장의례를 할까? 단오 무렵은 여러 가지 농작물을 심었거나 심는 과정에 있다. 농사짓는 사람들이 이때 바라는 바는 심어놓은 곡식이 병에 걸리지 않고 잘 자라는 것이다. 그래서 사람들은 곡물이 잘 자라도록 신에게 제사 지내고 함께 놀이한다. 단옷날 대표적인 놀이는 씨름이고 씨름은 남성들의 놀이이다. 하늘에 해가 가장 높이 떠 있는 정오 무렵, 땅 위에서 해를 상징하는 남성들이 최소한의 옷만 걸치고 남성적 에너지를 드러낸다. 해의 생산력과 에너지를 공동체 또는 만물의 성장에 활용하고 싶은 욕구를 이보다 더 상징적으로 표현한 놀이가 있을까. 그네뛰기도 있는데, 여성들만 아니라 남성들도 뛰었다. 가족이라면 남녀가 함께 마주 보면서 그네뛰기도 했다. 그네뛰기는 여성 원리를 실행하는 놀이만이 아니라 음양의 화합을 상징했다. 그런데도 여성들이 강조되는 것은 여성들의 놀이 가운데 가장 많이 몸을 비트는 놀이이고, 하늘을 향해 치솟는 특징이 있기 때문일 것이다. 1년 가운데 해의 힘이 가장 강한 날 여성들이 해를 향해 솟구치는 것은 음양화합을 통해 곡식의 성장과 풍요를 이루려는 강렬한 욕구가 담긴 몸짓인 것이다.

이렇게 별자리의 운행을 모방하고 그 날짜를 고정하여 매년 행하는 세시풍속은 오랜 전승과정에서 마을 사람들의 공동감각과 감정을 만들었다. 혼자 노는 것이 아니라 신과 함께, 자연과 함께, 이웃과 함께 놀았기 때문이다. 같은 마당에 모여 같은 음식을 먹으면서 함께 노는 것은 무엇을 위한 것일까? 마을 사람들이 함께 음식을 만들어 먹으면서 서로를 가족으로 느낀다. 함께 노래 부르고 줄다리기를 하고 같은 장단에 맞추어 춤을 추면서 함께 살아가는 감각을 생생하게 경험하는 것이다. 내가 알고 있는 모든 사람이 하나의 몸이, 하나의 마음자리가 되어서 느끼는 충만함과 설렘, 두근거림, 하나가 되는 일체감이 곧 신명이다. 공동체는 그렇게 감각을 공유할 때 만들어진다. 늘 같이 살아가는 마을 사람들뿐만 아니라 민족 집단이 같은 감각을 공유하는 것은 무엇 때문일까. 천체의 운행과 관련된 공유된 신화가 있고, 그 신화를 축제를 통해 반복함으로써 인식과 감각을 공유하기 때문이다. 해와 달, 별은 누구나 보고 느낄 수 있는 것이다.

온마을을 하나로 만드는 대동 놀이
- 줄다리기

....

운동회와 줄다리기

　"자, 마지막으로 줄다리기를 합니다. 모두 나오세요."

　지금도 그런 학교가 있는지 모르겠지만, 내가 학교 다닐 때만 해도 학교 운동회의 마지막 종목은 줄다리기였다. 학교 운동회뿐만 아니라 웬만한 직장이나 마을별 체육대회 등에서도 대부분 줄다리기로 마무리했다. 왜 그럴까? 줄만 있으면 진행할 수 있고 규칙도 아주 간단해서 누구나 쉽게 할 수 있고, 참가자들이 아무리 많아도 문제 되지 않았기 때문이다.

　그때의 장면을 떠올려보자. 운동회가 끝나갈 무렵 텅 빈 운동장 가운데에는 긴 줄이 놓인다. 선생님들은 우리를 정렬시키고 인원수를 맞춘 다음 줄을 당기게 했다. 다른 놀이와 달리 운동회 때 줄다리기는 즐거운 기억이 떠오르지 않는다.

무엇보다 먼저 떠오르는 것은 매우 억압적인 분위기이다. 선생님들이 우리를 정렬시킬 때 대단히 거칠고 권위적이었다. 질서정연하게 두 줄로 맞추어 들어가게 했고, 어떤 규칙이나 행동도 선생님들의 통제에 따를 것을 요구했다.

또 아주 빨리 끝났다. 제식훈련하고 줄 맞추며 준비하는 시간에 비해 놀이시간은 허무할 정도로 빨리 끝났다. 양쪽에서 잡아당기면 뭔가 붕 뜨는 느낌이 들고 어느 순간 잡아끌거나 끌려갔다.

승부욕도 불타올랐다. 이긴 쪽은 만세를 불렀지만 진 쪽은 분노하고 이기기 위해 온갖 수단을 썼다. 땅바닥을 파서 마찰력을 높이려고 하는 아이, 당기자마자 쓰러지자고 외치는 아이 등, 이기기 위해 온 힘을 기울였다. 보통 3판 2승제로 했는데 그렇게 애를 쓰고도 지고 나면 너무 억울해서 우는 아이들까지 있었다. 그래서 말만 대동 놀이이지 끝난 뒤 마음이 합쳐지기는커녕 갈라지는 것만 느꼈다.

마을에서 했던 놀이나 지신밟기 등 세시 놀이 경험은 항상 여유 있고 즐거웠다. 그래서 학교 운동회와 우리 마을에서 옛날에 했던 줄다리기 방식이 같았는지 궁금했다.

옛날에는 사람들을 웃고 울리는 이야기꾼이 마을마다 한 명씩은 있었다. 우리 마을 이야기꾼은 아버지였다. 농한기에는 사람들이 우리 집에 몰려들었는데, 처음에는 부모님 안부나 집안 소식들을 풀어놓다가 사람들이 다 모이면 본격적인 이야기판이 벌어졌다. 겨우내 하루에도 몇 시간씩 이야기보따리를 풀어놓을 수 있는 아버지의 솜씨는 놀랍고 신기했다. 어떨 때는 삼국지 이야기를 거의 한 달에 걸쳐 처음부터 끝까지 연행할 때도 있었다. 이렇게 마을 사람들이 아버지 이야기에 빠져들고 서로 공감하는 모습이 내 어렸을 때 마을 생활의 배경이었다. 그것은 떠들썩하면서 신나고 즐거운 경험이었다.

그런데 마을에 텔레비전이 들어오면서 우리 집에 오는 사람들이 조금씩 줄어들기 시작하더니 나중에는 아버지 연배나 좀 더 나이 든 분들만 오셨다. 그 가운데에는 아버지보다 스무 살 이상 되는 노인도 있었다. 나는 우리 집 맏아들이었는데, 내가 태어났을 때 아버지는 마흔다섯 살이었다. 내 친구들의 할아버지와 비슷한 연배였다. 그리고 아버지보다 스무 살이나 더 나이가 많은 분은 증조할아버지뻘이나 마찬가지였다. 나중에 확인해보니 그 할아버지는 20세기가 아니라 19세기에 태어난 분이었다. 그렇게 우리 집에 오시는 마을 어른들은 내 질문에 싫어하는 기색 하나 없이 아주 친절하고 자세하게 이야기해주었다. 경부선 철도를 처음 만들 때 우리 마을 사람들이 어땠는지, 일제가 토지조사 할 때 무슨 일이 있었는지까지도 체험을 바탕으로 한 이야기를 들을 수 있었으니 내 생활세계는 풍요로울 수밖에 없었다. 그것은 학교 선생님들의 가르침보다 훨씬 구체적이고 깊이가 있었기에 학교 교육이 내게 미치는 영향보다 훨씬 컸다. 우리 집에 할아버지들이 모였을 때 우리 마을 줄다리기에 대해 물어보았다. 그 가운데 가장 나이가 많은 할아버지는 1890년대에 태어난 것으로 보이는데, 그 할아버지로부터 우리 마을 줄다리기 이야기를 들을 수 있었다.

"할아버지, 우리 동네에서도 옛날에 줄다리기를 했나요?"
"그럼. 아, 예전에는 온 동네 사람이 모여서 한 이삼일씩 했지."

"어떻게 했어요?"

"줄다리기할 때면 아이들이 제일 신났어. 정월 초사흘부터 아이들이 집마다 돌아다니면 골목마다 들썩들썩하지. 그리고 며칠 지나면 마을 장정들이 모여서 새끼를 꼬기 시작해. 그 옆에서 아이들은 작은 새끼줄을 가지고 줄다리기를 하는데 그걸 아기 줄다리기라고 했어. 정월 열흘째가 넘어가면 좀 큰 애들도 좀 더 길고 굵은 줄을 갖고 줄다리기를 했어. 중줄다리기지. 그리고 보름이 되어야 어른, 애, 남자, 여자 할 것 없이 모두 참여하는 거야. 그때는 뭐, 온 마을이 하나 되는 거지. 아버지와 아들, 며느리와 시어머니의 구분도 그때는 없어졌어."

"근데 왜 없어졌어요?"

"일정(일제강점기) 때 마을에서 그런 걸 하면 '미신'이니, '시국이 문제'니 하면서 못하게 했지. 우리 마을은 면사무소가 있어서 더 빨리 사라졌어. 그래서 요즘 웬만한 어른들도 우리 동네에 줄다리기가 있었다는 건 모를걸?"

"그러면 학교에서 하는 줄다리기랑 달랐겠네요?"

"그렇지. 그렇게 빨리 끝나는 줄다리기는 일제강점기 때 시작된 거야. 그때 1년에 한 번 청원군 군수부터 면장, 지역 유지들이 모여서 군민체육대회를 했거든. 그때 마지막에 했던 것이 줄다리기야. 당시 일본 관리들이 그렇잖아. 사람들이 자발적으로 참여하는 것은 못 하게 하고 조선사람들이 서로 마음을 모으지 못하도록 경쟁시키는 거지."

현재도 많이 남아 있는 군민체육대회식 줄다리기는 일본이 그 기원이라는 깃을 이렇게 확인했다. 줄다리기가 억압적인 것이 아니고 일본이 강요했던 군민체육대회식 줄다리기는 식민지 노예를 창출하는 방식이었기 때문에 그렇게 딱딱하고 힘들었던 것이다. 일본의 사회학자 요시미 순야는 『운동회』(공저)에서 집단경쟁이 중심이 된 운동회의 의미를 이렇게 정의한다.

> 이에 전교생을 홍백으로 나누어 경쟁을 시키고 합계 성적이 좋은 쪽에게 단체 우승기를 수여하였다. 그 결과 직접 경쟁하는 아동뿐만 아니라, 관람석에 있는 아동도 응원점수가 있어서 맹렬하게 응원할 수밖에 없었다. 매 경기마다 더해지는 홍군 혹은 백군의 득점에 아동 모두 기뻐하고 슬퍼했던 것이다. 다시 말해, 더 큰 단체를 위해 작은 단체가 분발하고 노력하며, 작은 단체를 위해 각 개인들이 분골쇄신하는 결과를 얻는 것이다.

운동회에서의 단체적인 경쟁은 아동 개인의 경쟁심이 아니라 집단적인 단결심을 키워 아이들을 천황을 위해 충성하는 몸으로 훈련시키는 프로그램이었다. 그런데 놀이가 지닌 자발적인 참여의 즐거움이 사라진 상황에서 극단적 경쟁을 강조하지 않고서는 아이들의 열기를 끌어낼 수 없었던 것이고, 그 경쟁의 절정에 있었던 것이 일제강점기 운동회나 군민체육대회에서 진행했던 줄다리기였다.

우리 옛 줄다리기를 찾아서

어렸을 때 마을 어른들로부터 우리 옛 줄다리기에 관한 얘기를 듣긴 했지만 내가 직접 경험한 것이 아니었기에 전체적인 모습을 상상할 수도, 실감할 수도 없었다. 내가 다시 줄다리기에 관심을 가진 것은 서른이 넘어 서였다. 교육 운동과 마을공동체 운동을 하면서 모두의 마음을 하나로 모 으는 장치인 대동 놀이 살리기에 관심이 생겼기 때문이다. 그래서 충북 전 역을 대상으로 줄다리기에 대한 조사를 해보았다.

충북 옥천군 청산면 교평리에서는 지금도 정월 보름에 줄다리기를 한 다. 왜 이 마을에서 줄다리기가 전승되고 있는지 물으니 '동네 단합이 잘 되기 때문'이라는 답변이 돌아왔다. 그들은 청산 22개 마을 중 자기 마을 이 가장 단결이 잘 된다고 믿고 있었다. 교평리 사람들은 줄다리기를 마을 이 생길 때부터 했고 일제강점기 때도 중단되지 않았으며 앞으로도 계속 할 것이라고 했다. 교평리라는 마을 이름은 향교가 있어서 생긴 이름이다. 이 마을은 양반들이 살던 반촌이 아니라 민촌이었으며, 줄다리기에서 편 가름은 향교를 중심으로 윗말과 아랫말로 나뉘는데, 윗말이 이기면 벼농 사가 잘 되고 아랫말이 이기면 보리농사가 잘 된다고 믿었다. 윗말이 언제 든지 이겼고 줄다리기를 할 때는 구경하는 사람이 아무도 없이 모두가 참 여했다고 한다. 제천과 단양 일대, 나아가 경상남북도 지역, 전남 지역도 조사했는데 여러 마을을 조사하니 조선후기 줄다리기가 성황리에 벌어졌 을 때의 전체 모습을 그릴 수 있었다.

① 먼저 아이들이 나서서 짚을 모으거나 짚을 살 수 있는 돈을 걷는다.
② 짚을 모은 다음에는 가는 새끼를 꼬고, 그 가는 줄 세 가닥을 한꺼 번에 꼬아 굵은 줄을 만들고, 다시 그 줄들을 묶어서 원하는 굵기

만큼 만든다. 줄을 꼴 때는 줄 꼬는 소리가 있다.

③ 정월 보름날이 되면 줄을 메고 마을을 돌면서 서로 기세를 제압하는 노래를 부른다. 경남 남해군 남면 선구마을에서는 '어허 술베야' 소리를 했고, 다른 지역에서는 '쾌지나 칭칭 나네' 소리를 했다고 한다. 그때 부르는 소리는 다음과 같다.

들어보소 들어보소   어허 술베야 어허 술베야
집집마다 볏짚모아   〃
한날두날 모은정성   〃
서낭당에 메고서   〃
우리소원 빌어보세   〃
오늘해가 다 졌는가   〃
오늘밤 달 떠거든   〃
줄끗기를 할적에는   〃
달떠온다 달떠온다   〃

줄을 당기는 과정에서도 그냥 무조건 당기는 것이 아니라 노래와 춤, 풍물이 있었다.

놀이 진행자가 먼저 '술렁수' 하고 부르면 모두 '예'라고 대답하면서 놀이가 시작된다. 놀이는 서로 말을 주고받는 과정, 용머리를 비비는 용머리 싸움 과정, 용머리를 비녀목으로 합치며 줄을 당기는 과정으로 진행되었다. 그 과정을 자세히 살펴보자.

처음 부분 전체가 화답하며 놀이의 흥을 돋운다	술렁수- (진행자) / 예- (전체가 대답) 동편 서편 줄다리세- / 그러세- 술렁수- / 예 - 우리 끝까지 해보세- / 그러세- 동편 장정 서편 장정 몽땅 나와 놀아보세- 풍악을 울려라- (풍물)
가운데 부분 용머리 싸움으로 풍요 기원	비벼라 비벼라(동편) / 용머리 비벼라(서편) 붙어라 붙어라 / 용머리 붙어라
마지막 부분 서로 균형을 맞춰 줄을 주고받다가 신호가 울리면 당긴다	으여차(동편) / 으여차(서편) 우리 줄(동) / 당겨라(서) 여기다 우리 줄 / 우리 줄 당겨라 와-(전체가 함성)

④ 풍물에 맞추어 춤추고 노래한 후 징이 세 번 울리면 줄을 당기는데,
5판 3승 또는 3판 2승으로 한다. 놀이가 다 끝나면 노래를 부르면
서 신명 나게 뒤풀이를 한다.

옛 군민체육대회 줄다리기와 우리 전통 줄다리기가 뚜렷이 비교되지
않는가. 먼저 교사, 공무원 등이 일방적으로 주도하는 군민체육대회 방식
과 달리 우리 줄다리기는 누구나 주체적으로 참여하는 과정을 만들어낸
다. 그 시작이 아이들이라는 것도 놀랍다. 옛날 마을 사람들은 아이들이
먼저 참여해야만 온 마을이 하나 될 수 있다는 것을 알았다. 어른들이 다
결정한 다음 아이들에게 같이 하자고 하는 것은 진정한 참여가 아니라 장
식적 참여이기 때문이다. 아이들의 참여는 줄을 모으는 데서 끝나지 않는
다. 어른들이 줄을 꼴 때 옆에서 어린아이들이 놀고, 분위기가 만들어지면
청소년들도 함께 놀기 시작한다. 어린아이들의 줄다리기는 아기 줄다리기,

청소년들의 줄다리기는 중줄다리기라고 했다. 중장년 남성들은 줄을 꼬는 과정에서 참여가 시작되고, 줄이 다 만들어지면 여자들도 참여한다. 그리고 놀이판에서 여자들은 주인공이 된다. 여자 편이 이겨야 풍년이 든다고 믿었기에 항상 이겼으니 얼마나 신이 났겠는가. 그러면 어떻게 서편 곧, 여자 편이 다 이길 수 있었을까? 거기엔 비밀이 있다. 중장년 남성을 제외한 노인과 청소년들이 모두 여자 편에 붙는 것이다. 심지어 남자 편이 이기지 못하도록 할머니들이 짓궂은 방해를 해도 다 허용되었다. 온 마을 사람들이 한마음으로 풍년 약속을 받고 싶은 의례이자 제의였기에 가능했을 것이다.

다음으로 줄을 꼬고, 나르고, 당기고, 끝나고서 뒤풀이하는 모든 과정에 노래가 있었다. 민요는 가사와 가창 방식이 마음을 공유하는 구조다. 그렇게 함께 노래하고 동작을 공유하는 과정에서 공통감각과 감정이 길러진다. 줄다리기는 단 하나의 동작을 연행하면서 공동체를 만들고 유지하는 힘을 갖는 위대한 놀이인 것이다.

줄을 결합하는 과정도 재미있다. 우리 줄다리기는 하나의 줄이 아니라 두 개의 줄을 만든다. 두 편이 각자의 줄을 가지고 마을을 돌면서 사람을 모은다. 줄도 그냥 바로 결합하는 것이 아니라 서로 먼저 들어오라고 하면서 한 시간 넘게 말로 댓거리를 한다.

이렇게 자발적이고 자유로운 놀이를 일방적으로 주최 측 혹은 관료가 주도하는 놀이로 만들게 되면 그 놀이가 만드는 삶의 축제성은 사라진다. 그리고 그 자리에 등장하는 것은 경쟁이다. 경쟁이 아니고서 사람들의 마음을 움직일 수 없는 것이다.

일제는 놀이를 없애거나 왜곡함으로써 우리 문화를 파괴했다. 다른 놀이도 그랬지만 그 영향이 줄다리기에서 가장 강하게 나타났고 지금도 그 영향이 남아 있다. 줄다리기 연행과정에도 여전히 식민통치 효과는 지속되고 있는 것이다.

이러한 식민성을 극복하기 위해 여러 지역의 부분적인 문화 요소들을 통합하여 내가 재구성한 것이 술렁수 줄다리기다. 이 술렁수 줄다리기를 가지고 교사 연수와 몇몇 학교에서 진행해보았다. 앞에 사설이 있고 노래를 같이 부르는 과정은 아주 즐거웠는데, 문제는 줄을 당길 때 나타났다. 무조건 잡아당겨서 바로 승패가 결정되어, 옛날 마을 줄다리기에서 온종일 또는 며칠 동안 줄을 당기고, 당기는 도중에 밥을 먹으러 갔다 온다거나 화장실을 갔다 왔다는 그 실상이 복원되지 않는 것이었다. 그래서 줄다리기를 해본 어른들에게 다시 물었더니 무조건 서로 잡아당기려고 하지 말고 서로 주고받다가 징 소리가 울리면 잡아당기는 것이라고 했다. 그렇게 했더니 한 시간도 넘게 신명 나게 주고받으며 당길 수 있었다. 진정한 줄다리기를 되살릴 수 있는 준비가 된 것이다.

줄다리기, 어떻게 다시 살릴 수 있을까?

〈오징어 게임〉이 전 세계적인 신드롬을 일으키면서 줄다리기를 다시 살릴 가능성이 생겼다. 청주 한솔초등학교는 세계에서 놀이문화가 가장 활성화된 학교 가운데 하나일 것이다. 학생들이 요즘 아이들이라고 믿기 힘들 성도로 놀이를 많이 알고 잘하기 때문이다. 교사와 학교 차원의 지원도 전폭적이다. 하지만 아이들이 원하는 놀이목록에 줄다리기는 없었다. 요즘에는 운동회가 없기에 아이들이 줄다리기를 경험할 기회도 없었고, 선생님들도 군이 줄다리기를 권하지 않았기 때문이다. 그런 것에는 줄다리기에 대해 좋지 않은 추억이 있었기 때문이다. 2학년 선생님의 이야기를 들어보자.

> "어렸을 때 운동회 막바지에 했던 줄다리기는 재미가 하나도 없었어요. 줄을 서느라고 거의 진을 빼고, 바짝 긴장하고 '땅'하는 소리에 줄을 당기면 어느새 끝나버렸던 줄다리기. 지고 나면 속상함만 가득했죠. 청백으로 나누어서 했던 운동회에서 어떤 경기보다 점수가 높았던 줄다리기는 지면 안 된다는 생각 때문에 가장 긴장되는 경기였어요."

그런데 〈오징어 게임〉이 아이들의 요구를 바꾸었다. 거의 모든 학년에서 가장 하고 싶은 놀이로 줄다리기를 꼽았다. 문자 그대로 모든 학년의 공통된 요구였다.

> 어느 날 중간놀이 시간에 1학년 아이들이 폴짝폴짝 넘던 개인용 줄넘기 줄을 양쪽에서 잡아당기는 걸 보고 깜짝 놀라서 물어봤다.
> "줄넘기 줄을 왜 잡아당기니? 그러다 끊어지겠네."
> "우리 지금 '오징어 게임'하는 거예요."
> 큰 소리로 대답하는 아이들을 보면서 줄다리기에 관한 관심을 느낄 수 있었다. (1학년)

"이번 주 금요일부터 놀이 선생님이 오셔서 놀이 수업을 할 건데, 어떤 놀이

가 하고 싶어?"

"줄다리기요."

평소 놀이에 별 관심이 없던 재훈이가 큰소리로 가장 먼저 외쳤다. 1학기에

비석치기나 얼음땡, 술래잡기 같은 놀이를 하자고 아무리 꼬드겨도 한쪽

에 할아버지처럼 기운 없이 주저앉아서 자기는 이런 놀이는 관심이 없다고

고개를 가로젓던 재훈이가 말이다.

"어떤 줄다리기?"

"〈오징어 게임〉에 나왔던 그런 줄다리기요."

그날부터 재훈이는 금요일만 되면 줄다리기를 하느냐고 나에게 물어봤다.

다른 아이들 여럿도 마찬가지로 금요일이면 묻곤 했다. (2학년)

그런데 교사들 가운데는 〈오징어 게임〉에 나오는 그 잔인한 놀이를

모방하기도 그렇고 옛날 운동회에서 했던 군민체육대회 줄다리기 방식으

로 진행하는 것도 마땅치 않은 사람이 있었다. 내가 기획한 놀이 연수에서

우리 전통의 '술령수' 줄다리기를 해 본 선생님들은 더욱 그랬다. '땅' 하면

끝나는 줄다리기가 아니라 함께 줄을 꼬며 마음을 모으고, 줄을 들고 입장

하면서 흥에 겨워 신나게 춤을 추고, 비녀목을 꽂고 줄을 당기기까지 흥겨

운 축제의 한마당이 되는 진정한 놀이를 아이들에게 알려주고 싶었던 것

이다. 어렸을 때 운동회에서 지고 난 다음 아이들이 너무 속상해하는 모습

을 보고 싶지도 않았기에 그 교사는 놀이 교사들이 와서 줄다리기를 진행

하기 전에 미리 연습도 했다.

"얘들아, <오징어 게임>에 나온 줄다리기는 사실 우리 줄다리기가 아니야."

내 말에 아이들 눈이 동그래졌다.

"그럼요?"

"우리 줄다리기는 술렁수 줄다리기라고 굉장히 재미있는 건데, 일본 사람
들이 그렇게 재미없게 바꾸었대. 우리 술렁수 줄다리기 한번 배워볼까?"

"네~~~"

내 말에 고맙게도 아이들이 신나게 호응해주었다.

"술렁수, 우리 한번 줄다리기 해보세~"

"그러세~"

꽤 어려운 노래라고 생각했는데, 아이들은 신나게 잘 따라 했다. 그렇게
노래를 익히고, 내일 줄다리기에 져도 속상해하지 말자고 약속을 했다.

드디어 줄다리기를 하는 날!

"선생님, 너무 설레서 어제 잠을 못 잤어요."

아침에 학교에 온 재훈이가 나를 보자마자 이야기한다.

"왜?"

"오늘 줄다리기하잖아요."

재훈이의 말에 아이들 여러 명이 자기도 그랬다며 동조했다. 그 모습이 어
찌나 귀엽던지!

2학년들이 줄을 꼬는 건 무리라는 생각에 줄 꼬기는 4학년 전래놀이 동
아리에 부탁했다. 언니, 오빠, 형들이 "어여차, 어여" 하면서 줄을 꼬는 과정
을 2학년들이 신기하게 쳐다보았다.

언니, 오빠, 형들이 꼬아준 줄을 들고, 드디어 운동장으로 입장~

"옹헤야!"

"어절씨고!"

소리도 힘차게 지르면서 운동장 한가운데 섰다. 비녀목을 꽂고, 양손에 줄을 단단히 잡고 서 있는 2학년들!

"술렁수, 우리 줄다리기 해보세."

"그러세."

소리를 받는 2학년들의 목소리에 긴장감이 살짝 느껴진다. 징 소리에 드디어 줄다리기 시작.

"어여차, 어여차!"

아이들이 젖 먹던 힘까지 짜내어 줄을 당긴다. 첫판은 1반 승리, 자리를 바꾸고 한 두 번째 판은 선생님들의 도움으로 2반이 승리했다.

그래도 우리 반 아이들은 화내거나 짜증 내지 않았다.

전날 미리 약속한 것도 있지만, 줄다리기의 흥겨움 때문일 것이다.

"선생님, 줄다리기 한 번 더 하면 안 돼요? 너무 재미있어요."

"줄다리기 너무 재미있었어요."

"지금까지 했던 놀이 중에 가장 재미있었어요."

그동안 대동 놀이로 줄다리기를 시도했지만 성공하지 못했다. 나는 학교나 마을 단위에서 줄다리기를 되살고자 노력해왔다. 여러 가지 한계 때문에 성공하기 어려웠는데, 농촌에는 사람이 없고 도시에는 사람들이 너무 많은 데다가 줄다리기를 축제처럼 진행할 수 있는 문화 역량이 부족한 점이 두드러진 이유였다. 그런데 요즘 들어 생각이 비꼈었다. 마을이나 학교 전체에서보다 먼저 학급 단위로 살릴 수 있겠다는 생각이 든 것이다. 교실마다 줄다리기가 벌어지고 옆 반하고 줄다리기를 하면 자기 반에 대한 정체성이나 협동심이 높아질 수 있다. 강강술래는 교실에서 아이들의 마음을 통합하고, 줄다리기는 다른 반과의 협력적 경쟁 속에서 아이들을 성장시킬 수 있는 환경을 만들어낼 수 있는 것이다. 이것이 모든 교실에서 가능하려면 교사들에게 술렁수 줄다리기 같은 대동 놀이 교육이 필요하다. 이렇게 학교에서 대동 놀이를 체험한다면 마을 축제, 고장 축제 등에서 대동 놀이를 진행할 수 있을 것이고, 그것은 거대한 장관을 연출할 것이다. 그런 미래가 기대된다.

용 문화의 뿌리

줄다리기에 쓰이는 줄을 옛날 어른들은 용이라고 불렀다. 줄을 메고 다니면서 흙먼지가 날리면 용이 풍운 조화를 일으킨다고 했다. 용은 비를 내리게 하는 수신(水神)의 성격을 띠므로 특히 벼농사 지대에서는 중요한 신격이었다.

내가 어렸을 때까지만 해도 수신인 용에 대한 관념은 옛이야기가 아니었다. 농사일의 주요 고비마다 용에 관한 이야기가 있었고 그 가운데 가장 중요한 것은 기우제였다.

모를 심어놓고 일주일, 열흘이 지나도 비가 오지 않으면 논물이 마른다. 그 뒤에도 비가 오지 않으면 논이 쩍쩍 갈라지면서 모가 타들어 갔다. 모가 타들어 가면 농사짓는 사람의 마음도 타기 때문에 마을 분위기는 전에 없이 무거워졌다. 어린이들은 개의치 않고 골목에서 신나게 놀지만, 집에 가면 부모님의 표정을 보고 뭔가 심각한 문제가 생기고 있다는 것을 알 수 있었다.

모두가 참을 수 없는 상태가 되면 마을 아주머니들이 솥단지 같은 것을 들고 마을 뒷산 꼭대기로 올라갔다. 남자 어른들은 모른 척하고 집에 들어앉아 있다. 어머니도 같이 올라갔기 때문에 나도 따라가려 했지만 절대 와서는 안 된다며 말리셨다. 그렇다고 가만히 있을 내가 아니다. 호기심과 궁금증을 참을 수 없어 마을 뒷산에 몰래 올라가서 무슨 일을 하나 살펴보았다. 산꼭대기 주변에 예비군들이 파놓은 참호가 있다. 시멘트 블록으로 마감해놓아서 작은 틈이 있었는데, 그 틈으로 마을 아주머니들이 하는 행위를 지켜볼 수 있었다.

아주머니들은 치마저고리를 벗고 춤을 추었다. 어떤 아주머니는 솥단지를 뒤집어쓰고 춤을 추었다. 평소 점잖아 보이는 아주머니도 정말 미친 듯이 춤을 추었다. 남자 어른들의 눈치를 보던 모습이 아니었다. 음악도 없이 한참을 그렇게 춤을 추더니 다시 마을로 내려가는데 '이게 뭐지?' 하는 느낌에 어안이벙벙했다. 그런데 며칠이 지나도 비가 오지 않았다. 그러자 아주머니들이 또 모였다. 이번에는 각자 키나 체 같은 것을 들고 있었다. 그리고 마을 서쪽으로 걸어갔다. 멀리서 따라갔더니 우리 마을에서 5리쯤 떨어진 금강변으로 가는 것이었다. 강변에 도착해서는 쭉 늘어서서 키로 물을 담아서 뿌렸다. 그러기를 한참을 했다. 나는 먼저 집에 돌아와 있다가 홀가분한 얼굴로 돌아오는 어머니에게 여쭈어보았다.

"엄마, 왜 산에 가서 속옷만 입고 춤을 추는 거야?"

"봤니? 지금 비가 안 오잖아. 그래서 비를 내려달라는 기우제를 지내는 건데, 여자들이 그렇게 하는 것을 보고 용왕님이 꼴 보기 싫지 않겠니? 그렇게 하면 빨리 비를 내려주실 거라고 믿는 거야."

"그러면 키로 물은 왜 뿌리는 거야?"

"그것도 예전부터 마을 아줌마들이 비가 안 오면 지내는 기우제야. 여자들이 마음을 모아서 함께 물을 뿌리면 용왕님도 물을 뿌려주신다고 생각하는 거지."

마을 사람들은 여름이 되면 마을 우물을 청소하고 굿을 하는데 그것을 용왕굿이라고 했다. 정월 보름 새벽이 되면 어머니는 우물에서 물을 떠 왔다. 한 사발은 부뚜막에 올려놓고 나머지 물로 밥을 하셨다. 가장 먼저 용알을 뜨면 그해 운수가 대통하고 그 물로 밥을 해 먹으면 풍년이 든다고 믿었기 때문이다. 그래서 마을 아주머니들끼리 용알을 먼저 뜨려는 경쟁이 치열했다. 어머니가 가장 먼저 떠오는 경우가 많았는데, 그날이 되면 거의 뜬눈으로 밤을 지새웠다.

아버지의 이야기에도 용에 관한 것이 많았다. 우물이나 강에 살던 용이 하늘에 올라가서 행패를 부리는 이야기도 있었고, 흑룡과 백룡이 싸우는데 백룡이 이겨야만 비가 내린다는 이야기도 있었다.

우리 마을 주변에서 보이는 산 가운데 용산이라는 이름이 붙어 있는 것만 해도 계룡산, 구룡산, 용덕산 등 세 개나 된다. 산에 소(沼)가 있으면 용소라는 이름이 붙어 있는 경우가 많았다. 하늘에 흐르는 은하수도 미리내라고 불렀다. 미리내는 용이 사는 시내라는 뜻이다. 아버지는 강이나 연못, 우물에 사는 용들이 승천하면 머무는 곳이 미리내라고 하셨다.

이렇게 용 문화가 생활 속에 깊이 뿌리박혀 있었기에 어릴 때는 용 문화가 우리 문화가 아니라는 생각을 해본 적이 없었다. 그런데 커서 용과 관련된 책이나 논문을 읽다 보니 대다수 학자가 우리 용 문화가 독자적인 기원이 있는 것이 아니고 중국 문화의 영향을 받아서 생긴 것이라고 주장했다.

그래서 중국의 용 문화에 대한 자료를 찾아보았다. 확실히 중국의 용 신앙은 대단히 뿌리가 깊었다. 옛날 중국 신화 속의 존재인 복희·여와·신농·황제는 사람 머리에 용의 몸을 한 모습으로 표현되었다.

용은 천자의 권력도 상징했다. 용기, 용안, 용의, 용곤, 용상이란 말에서 볼 수 있는 것처럼 용은 곧 천자였다. 심지어 한족은 자신들을 용의 후예로 여기고 있었다. 그래서 고고학 발굴에서도 용과 관련된 유물 발굴에 더 힘을 기울인다.

1987년 하남성 복양시 서수파 유적 1호 무덤에서 서기전 4400년 무렵의 용 형상물을 발견했다. 가운데 무덤 주인을 사이에 두고 동쪽에는 용, 서쪽에는 호랑이 모습을 조개껍데기로 쌓아 만든 형상물이다. 용은 1.78m, 호랑이는 1.39m 정도의 크기였다. 다리 쪽에는 북두칠성도 있었는데, 이는 용과 호랑이를 하늘의 별자리, 곧 동방 청룡과 서방 백호로 볼 수 있는 근거를 제공하는 것이었다. 이 발견은 중국인의 문명관, 곧 아시아 문명의 중심지가 황하 부근이고 모든 문명은 중국에서 시작하여 주변으로 확대된다는 관념을 확인해주는 듯했다.

그 후 1994년, 황하 일대가 아니라 그들이 동이족의 근거지라고 보았던 요녕성 부신 사해에서 서수파 유적보다 천년 전에 만들어진 것으로 보이는 서기전 5600년 무렵의 용 형상물을 발굴했다. 사해 유적에서는 56개의 집 자리와 10여 개의 무덤이 함께 발견되었는데, 그 한가운데에 돌을 쌓아 만든 용 형상물이 있었다.

　이 용 형상물은 서수파 유적에서 발견된 것에 비해 아주 컸다. 길이가 19.7m나 되는데, 이는 서수파 유적의 용보다 열 배 이상 긴 것이다. 발견된 장소도 달랐다. 서수파 용은 무덤에서, 사해 용은 마을 한복판에서 발견되었다. 그만큼 용 신앙이 마을 신앙과 의례에서 절대적이었음을 짐작할 수 있다. 이는 사해 유적의 용이 죽음과 관련된 의례가 아니라 마을 농경의례의 대상이었다는 점을 보여주는 것이다.

　사해 유적을 보면서 두 가지를 깨달을 수 있었다. 하나는 사해 유적이 옛 동이의 땅에서 발견된 것이므로 용 문화는 중국 문명에서 비롯된 것이 아니라 동이족과 관련된 문화라는 것이다. 중국 은나라 사람들을 포함해서 황하 하류와 산동성, 하남성까지 동이족이 살고 있었으므로 그들의 문화를 한족이 흡수했다고 본다면 용 문화는 최소한 동이족과 한족의 공통 문명인 것이다.

　다른 하나는 용 문화의 뿌리를 중국과 우리가 공유하고 있다면 중국의 기록이나 민간 속담을 통해 우리 옛 신앙의 모습을 부분적으로 복원할 수 있겠다는 생각이었다. 우리에게는 용과 관련된 자료가 『삼국유사』에 실린 기사와 사찰연기담, 민간신앙으로 남아 있다. 이와 달리 중국은 그와 관련된 자료가 상대적으로 풍부해서 우리 옛 용 신앙의 흔적을 발견할 수 있다고 본 것이다. 하지만 중국의 용 문화를 연구하면서 가장 인상적이었던 것은 문헌 기록이 아니라 아래의 민간 속담이다.

> 2월 2일, 용이 머리를 쳐든다. 나라의 곳집이 가득 차고 집마다 곳집이 가득 차 각 곡식이 밖으로 흘러나온다.

용이 머리를 든다는 것이 무슨 뜻인지 처음에는 도무지 알 수 없었다. 그러다가 별자리에 관한 공부가 깊어지면서 이 말이 동방 청룡 별자리가 하늘에 떠오르기 시작하는 장면을 뜻한다는 것을 깨달았다. 옛 중국인들은 봄에 동방 청룡이 머리를 드러내는 음력 2월이 되면 밭갈이를 하고 씨앗을 뿌렸다. 이때는 벌레나 개구리, 뱀도 겨울잠을 자던 굴을 떠나 밖으로 나온다. 이렇게 동방 청룡 별자리가 떠오르면서 생명이 왕성하게 활동하는 것을 보고 그들은 이 별자리에 모든 생명을 관장하는 힘이 있다고 믿었을 것이다.

청룡 별자리는 기우제와도 관련이 있다. 음력 2월에 모습을 드러내기 시작하는 동방 청룡은 음력 4월 초저녁이면 자신의 모습을 완전히 드러낸다. 이때가 중국의 장마철이다. 이때 비가 오지 않으면 농작물이 다 타버리기 때문에 기우제를 지낸다. 그 기우제의 대상이 동방 청룡이었다.

중국인들은 동방 청룡 별자리가 하늘 한가운데 가장 높이 떠 있을 때 곡식의 성장이 왕성해지는 것에도 특별한 뜻과 속살이 있다고 믿었다. 하늘 높이 떠오르는 것을 동방 청룡의 힘이 가장 커지는 것으로 생각했기 때문이다. 가을이 되어 동방 청룡 별자리가 서쪽 하늘로 기울어지면 청룡 별자리는 힘을 잃어 더는 곡식을 키울 수 없다고 믿었다.

사해 유적에서 확인할 수 있는 것처럼 용이 생명을 탄생시키고 성장시키는 기운이라고 보는 관념은 황하 유역에서 생겨난 것이 아니다. 옛 동이족의 땅에서 생겨나 황하 유역으로 확장된 것이다. 황하 상류의 한족들은 하류에 사는 동이족의 영향을 받으면서 용과 관련된 신앙을 받아들였고, 그 결과 만들어진 것이 복양시 서수파 유적의 용인 것이다.

'미리내'라는 말도 용 신앙이 우리의 토착 문화였다는 근거가 된다. 중국의 영향이 절대적이었다면 '미리'나 '미리내'라는 말이 필요했을까? 나는 우리말 미리내와 중국말인 은하수를 비교해볼 때, 미리내라는 말이 훨씬 원초적이고 신화적인 의미가 있다고 생각한다. 옛날 사람들은 하늘나라가 있다고 믿었고, 그 하늘나라 한가운데를 흐르는 강 이름을 미리내라고 불렀다. 그 안에는 용이 살고 있어서 비도 내려주고 가뭄도 들게 한다. 미리내에 사는 용들 가운데는 착한 용도 있고 나쁜 용도 있다. 그들은 서로 싸우는데, 착한 용이 이기면 비를 내려주지만 나쁜 용이 이기면 가뭄이나 홍수가 일어난다. 이 우주의 드라마는 해마다 되풀이된다. 그렇게 되풀이되는 시간의 마디에서 사람들은 이 우주의 드라마에 참여하여 착한 용을 도우려고 했다. 착한 용이 이길 수 있도록 북돋우는 놀이가 줄다리기와 용마놀이 같은 대동 놀이였을 것이다.

그런데 왜 이 땅의 학자들은 우리의 독자적인 문화를 중국 문화의 영향 아래 만들어진 것으로 믿는 것일까?

삼국시대 이후 지배계급은 중국 문화를 적극적으로 받아들이려고 했다. 중국 황제로부터 용포를 하사받고 한자말을 적극적으로 받아들였다.

그 결과가 스스로를 오랑캐로 여기고 중국에서 태어나지 않은 것을 한으로 생각한 조선 선비들이다. 그들은 중국의 사상과 학문을 받아들일 뿐만 아니라 일상생활도 중국식으로 뜯어고치려고 했다. 그런 사람들이 자신의 문화에 애정을 가지고 접근하거나 정리할 까닭이 없다. 그들은 중국과 한국의 기층문화 사이에 존재하는 용과 관련된 개념이나 느낌의 차이, 기우제에서 드러나는 차이를 볼 수도 없었고 보려고도 하지 않았다. 그렇게 자기를 부정하는 사람들이 남겨놓은 책으로 용을 공부하니 중국 문화의 영향만이 보일 뿐이었다. 우리 지식인들은 옛날이나 지금이나 사대주의 문화를 벗어나지 못하고 있다. 자기 것을 낯설게 보고 남의 것을 자기 것으로 여기는 것을 학문이라고 한다면 그 학문이 겨레의 삶을 어떻게 소통케 할 수 있을까?

놀이는
공동체의 밥이다

....

왜 공동체의 밥인가

언제부턴가 "아이들에게는 놀이가 밥이다."라는 말이 떠돌고 있다. 이 말이 일부 부모와 정책가, 아이들 권리를 추구하는 사람들에게는 놀이에 관한 관심을 불러일으키는 무기로 사용되고 있다. 하지만 나는 그 말을 들을 때마다 불편한 느낌이 든다. 이 말이 놀이 운동이 확장되는 데 걸림돌이 되고 있다고 믿기 때문이다. 또한, 그 비유가 공동체의 삶에서 놀이가 지닌 뜻과 속살을 제대로 잡아채지 못하고 있다고 생각한다.

어렸을 때의 경험을 떠올려보면 놀이는 아이들만 하는 것이 아니었다. 어른들도 항상 놀았다. 절기와 명절, 잔치가 있을 때마다 신명 나게 놀았고, 일할 때도 노래하며 춤추었으며, 동제 때도 지신밟기와 줄다리기를 했다. 어른들이 노는 장소는 열려있었고, 아이들은 어른들과 함께 놀거나 주변에서 지켜보면서 분위기를 느낄 수 있었다.

아이들은 이웃집 아이와 주로 놀았고, 가까운 놀이 친구의 부모들은 대개 품앗이 관계에 있는 사람들이었다. 다시 말하면 지속적인 어른들의 관계가 아이들 관계의 지속성과 놀이 활동의 배경을 이루고 있었다.

놀이는 아이들의 밥일 뿐 아니라 어른들의 밥이었고, 무엇보다도 공동체의 밥이었다. 놀이를 아이들의 밥이라고 하면 아이들을 위한 놀이터, 놀이시간 만들기가 놀이 운동의 속살이 될 수밖에 없다. 당연히 놀이 환경을 지원하지 못하는 어른들을 비난하는 담론도 생겨난다.

놀이를 공동체의 밥이라고 하면 모든 세대가 놀이할 수 있는 환경과 관계를 만드는 것이 중요한 과제가 된다. 아이들 못지않게 어른들이 놀지 못하는 것도 심각한 문제이기 때문이다. 한국인은 여전히 세계에서 가장 오래 일하는 사람들이고, 세계에서 가장 빠른 인터넷 속도에서 볼 수 있는 것처럼 그 변화를 따라잡기에 안간힘을 써야 하는 상황이다. 그 결과가 만성적인 '탈진 증후군'이다. 그리고 놀이처럼 보이지만 엄청난 돈을 지불해야 하는 소비적인 여가활동 역시 고단한 활동을 벗어나게 하는 것이 아니라 고통의 원인이 되고 있다. 화려한 놀이공원, 값비싼 전자 놀잇감, 사계절 이루어지는 백화점 축제 등 각종 놀이산업이 번창하고 있고 이러한 시설을 돈과 여유시간이 없는 사람은 사용할 수 없다. 따라서 지불 능력에 따라 천차만별의 놀이시설이 있고 이에 따라 놀이의 양극화 현상이 심해지고 있다. 그래서 현대인은 놀기 위해 더 많이 일해야 하는 기막힌 현실에 직면해 있다. 이런 상황은 아이들의 놀이문화 못지않게 어른들의 건강한 놀이문화를 되살릴 것을 요구한다. 어른들의 놀이가 건강해져야 우리 사회의 문화적 수준을 높이고 어른들의 향락문화를 모방하는 노는 아이들의 문제도 해결할 수 있다. 따라서 놀이를 아이들의 권리가 아니라 인간의 권리, 개인의 욕구가 아니라 진정한 공동체적 삶의 요구라는 측면에서 접근하는 것이 타당하다고 생각한다. 한 사람 한 사람의 삶의 질과 함께 새로운 세계를 상상하는 사회적 기획의 대안적 준거가 놀이일 수밖에 없기 때문이다. 그러한 사회적 기획의 첫 출발이 마을 놀이문화를 되살리는 실천이다.

마을 놀이문화를 살리는 데는 여러 가지 여건과 맥락이 필요하다. 모든 세대가 서로를 알고 교류하는 삶, 어른들의 놀이에 아이들이 참여할 수 있는 환경, 언니, 오빠, 형이 동생들의 놀이를 이끄는 상황, 모든 어른이 아이들의 놀이를 허용하고 기쁘게 바라볼 수 있는 마음 등이다. 놀이목록의 복원만으로는 놀이문화를 살릴 수 없는 것이다. 그러면 옛 마을처럼 온 마을이 놀이할 수 있는 사회문화적 맥락은 어떻게 복원할 수 있는 것일까?

옛 마을의 놀이문화

"우리도 문화로서의 놀이를 지향하고 있어요. 왜냐하면, 아이들이 스스로 생활 속에서 자기의 즐거움을 찾는 것을 놀이라고 보고 있거든요. 다시 말하면 자기가 좋아서 영화를 보는 것도 놀이이고, 컴퓨터 게임을 하는 것도 생활 속의 놀이문화인 것이지요."

"아이들이 스스로 즐거움을 찾는 것이 놀이의 전제인 것은 맞지요. 하지만 오늘날 우리가 놀이문화를 살린다는 것이 소비문화를 촉진하고 지원하는 것은 아니지 않나요? 문화라는 것은 두 가지 핵심적인 속성이 있지요. 그 집단 전체가 공유한다는 것, 그리고 전승된다는 것입니다. 그런데 선생님이 말씀하시는 그 활동에는 그러한 문화의 특성이 없지 않나요?"

충남교육청에서 주최한 놀이 워크숍을 끝내고 저녁 식사 자리에서 강원도교육청 놀이담당 장학사와 주고받은 대화다. 놀이문화를 이야기할 때 우리 전통이나 관계 맺기가 아니라 개인의 취향이나 선택을 강조하는 논리를 언젠가부터 놀이활동가나 그 활동을 지원하는 공직자들에게서 들어왔다. 대다수 교육청 담당자들의 논리가 이러하므로 현재 14개 교육청에서 진행하는 놀이 밥 주기 프로그램은 진정한 놀이문화의 확산이 아니라 놀이산업의 확장이 될 우려가 크다. 따라서 놀이 살리기를 위해서는 먼저 놀이문화의 진정한 뿌리요 샘인 마을 놀이문화를 살펴보는 것이 중요하다.

요즘 마을공동체 운동에 대한 강연을 많이 다니면서 청중에게 꼭 물어보는 것이 있다. 옛날에 살았던 마을을 떠올릴 때 가장 인상적인 장소와 장면이 무엇인가 하는 것이다. 사람들의 대답은 거의 같았다. 가장 인상적인 장소는 친구들과 어울려 놀던 곳이고, 가장 인상적인 장면은 놀이 장면이었다. 거의 모든 어른이 이런 인식을 공유하는 것은 어느 마을에 살든 놀이에 대한 경험이 공유되었기 때문이다.

실제로 옛 마을에서는 놀이시간, 놀이터, 놀잇감들이 공유되었다.

먼저 놀이터가 공유되었다. 집마다 있는 방과 마당이 놀이터였고, 뒷산과 마을 숲 역시 모두가 공유하는 놀이터였다. 여름에는 마을 앞 시내가 놀이터였고, 겨울이 되면 텃밭이나 논까지 놀이터가 되었다.

놀이시간도 공유되었다. 놀이는 연중 세시풍속의 리듬에 따라 펼쳐지고 변주되었다. 설에는 집마다 윷놀이가 펼쳐졌고, 대보름에는 줄다리기와 놋다리밟기 등의 대동 놀이가, 삼월삼짇날에는 화전놀이, 단오에는 씨름과 그네 놀이가, 추석에는 강강술래와 거북놀이, 소놀이가 펼쳐졌다. 평상시에는 세대별로 놀다가 명절에는 세대 간 또는 마을 전체가 같은 시간에 같은 음식을 먹으면서 같은 놀이를 했다. 따라서 하나하나의 놀이는 공동체의 감각과 감정, 인식을 공유하는 활동이었다.

이러한 놀이문화는 한 인간의 삶에서도 결정적인 의미가 있었다. 한 사람이 자라나는 과정에서 놀이가 어떠한 만남과 소통을 가능하게 했는지 알아보자. 우리 문화에서는 아기가 뱃속에서 움직이는 것을 '아기가 논다'라고 한다. 뱃속의 아이는 자아의식은 없지만, 엄마가 심리적·생리적으로 즐거운 상태일 때 바깥에서 느낄 수 있을 정도로 활발한 활동을 한다. 따라서 놀이에 몰입한 사람들의 생리 또는 심리와 다를 것이 없는 상태가 된다. 이런 생각은 서양 놀이 이론에는 없는 것이다. 삶 전체가 놀이였던 우리 문화에서 가능한 생각이기 때문일 것이다. 갓난아기 때는 어른들이 놀이 친구였다. 조금 더 자라면 형, 언니, 누나들이 골목에서 놀이할 때 참견하고 기웃거리면서 놀이 세계와 관계를 맺었다. 열 살가량 되면 또래들과 규칙을 만들고 바꾸면서 놀았다. 어른이 되면 갓난아기들과 놀아주고 세시풍속의 흐름에서 마을공동체 놀이를 주도했다. 아이들에게 가르치지는 않았지만, 아이들은 어른들의 문화를 선망하면서 열심히 쫓아다녔다. 그리고 한 개인의 삶에서 중요한 마디인 백일, 돌, 혼인, 장례에 이르는 일생 의례 때는 주인공이 마을 주민들과 함께 참여하고 만들어가는 놀이의 중심이 되었다. 모두가 그렇게 자랐기에 놀이는 노인부터 어린아이까지 모두가 공유하고 전승하는 문화였다.

놀잇감 역시 공유되기 마련이다. 마을 풍물은 개인 소유가 아니라 마을공동체 소유였다. 줄다리기할 때 쓰는 줄 역시 마을 전체에서 짚을 모으고 함께 꼬았고, 줄다리기 후에는 잘라서 가져가거나 당산에 둘렀다.

요한 호이징하나 로제 카이와 같은 서양의 놀이 학자들은 놀이의 특징 가운데 하나를 '일상성을 벗어난 활동'이라고 정의한다. 하지만 우리 놀이문화에는 그런 논리를 적용하기 어렵다. 그런 논리는 일과 놀이의 분리, 그리고 성인 중심 또는 귀족 문화 중심 사고를 반영하기 때문이다. 아이들은 일상과 삶 전체가 놀이였다. 어른들도 항상 놀았고, 일하면서도 놀았고, 의례를 하면서도 놀았다. 양반들의 경우 외래적이고 소비적이고 개인적인 만족을 중요시했지만, 일반 민중의 놀이는 공동체적 참여와 신명이 중심이었다. 그래서 호이징하 등의 논리는 양반 놀이문화에는 적용할 수 있지만, 민속 문화 곧 민중의 놀이문화에는 적용하기 어려운 것이다. 그래서 나는 놀이 문화가 다르면 놀이 이론이 달라야 한다고 생각한다. 하지만 많은 학자가 놀이 이론이라 하면 요한 호이징하를 인용한다. 그들의 글 가운데는 우리 놀이문화에 대해 단 한 번의 언급조차 없는 경우도 있다. 그러니 놀이를 경쟁이나 개인적 쾌락 중심으로 생각하는 사고가 현대 산업사회의 소비문화를 중심으로 확산할 수밖에 없는 것이다. 그렇게 서양의 사고와 이론이 우리 삶과 교육을 지배하고 있기에 나는 늘 이런 질문을 받는다.

"왜 바깥에서 놀아야 돼요?"

"꼭 같이 놀아야 돼요?"

"자본주의 사회인데 옛날 농업 사회에서 형성된 문화를 살릴 필요가 있나요?"

"왜 꼭 전래놀이여야 돼요?"

　한 세대 전까지만 해도 이런 말은 나오지 않았을 것이다. 이렇게 이전 세대와 다음 세대가 서로의 경험과 문화를 전혀 모르게 된 현상을 '세대 간 기억상실'이라고 한다. 이는 사회적 소통의 중심이 되는 우리 문화를 가볍게 보는 것이고, 식민지배자들이 강요한 사고에서 우리가 자유롭지 못하다는 것을 보여주는 것이다. 우리 놀이문화가 왜 중요한지에 대한 내 생각을 일리야 프리고진의 말을 빌려서 표현하고자 한다.

　"유럽인으로서 나는 미래에 대한 결정적으로 중요한 두 가지 돌파구를 유럽이 마련했다는 데 특별한 자부심을 느낀다. 하나는 17세기에 근대 과학의 프로젝트를 규정한 것이고, 다른 하나는 민주주의 이상을 널리 펼친 것이다. … (중략) … 우리가 과학, 민주주의, 문명에 연관된 상이한 합리성들 사이의 더 나은 조화에 도달했다는 것은 특히 오늘날 심대한 중요성을 띤다."

　- 일리야 프리고진(1986)

　"한국인으로서 나는 현재 우리가 안고 있는 문제와 미래에 대한 결정적 돌파구를 마련할 수 있다는 데 특별한 자부심을 느낀다. 하나는 우리가 촛불 집회를 통해 보는 것처럼 새로운 민주주의의 지평을 열어왔다는 것이고, 다른 하나는 새로운 사회의 대안적 준거가 될 수 있는 놀이문화를 가지고 있다는 것이다. 특히 우리의 놀이문화를 되살리려는 우리의 실천이 서양의 근대적 기획이 가져온 삶의 파탄 곧, 일을 신성시하고 놀이를 파괴

한 역사에 대한 대안이 될 수 있다는 것. 그래서 일과 놀이가 조화로운 사회를 만들 수 있는 자원이 될 수 있다는 것은 현대 문명의 축복이 될 수 있다고 믿는다."

– 문재현(2019)

어떤 놀이가 마을을 살릴까? - 진짜놀이 vs 가짜놀이

"선생님, 우리 집에서는 아빠하고 아들하고 서로 생각하는 놀이가 다른 것 같아요."

"왜 그렇게 생각하시죠?"

"아들이 아빠한테 놀자고 하면 아빠는 에버랜드 같은 놀이공원에 갈 계획을 세워요. 놀이공원에서는 애가 신나게 놀거든요. 그런데 집에 돌아올 때면 차 안에서 '근데 아빠, 우리 놀이 안 해?' 하는 거예요. 그러면 아빠가 '내가 시간과 돈을 내서 놀이공원에 오지 않았느냐? 이게 놀이인데 왜 또 놀자고 하니?'라고 설득하죠."

"그러면 아이는 뭐라고 하지요?"

"근데 아빠는 '나랑 안 놀았잖아'라고 해요."

"누가 놀이에 대해 더 잘 알고 있는 걸까요?"

"물론 아들이죠."

"잘 알고 계시는군요. 사람은 협력적이고 타인과 상호작용하려는 욕구를 지니고 태어나죠. 다시 말하면 사람은 자신의 생각과 감정을 주변 사람들과 나누고 싶어 히는 욕구가 있습니다. 따라서 어떤 기능의 숙달이나 감각적 자극이 아니라 친구, 부모, 교사 등 주변 사람들과 표정과 감정, 몸짓을 나눔으로써 함께 살아가는 느낌을 얻고자 하는 것이 놀이의 본질이라는 것을 부모님들이 이해할 필요가 있습니다."

부모들에게 놀이 강의를 할 때 가끔 있는 대화 장면이다. 이런 대화를 통해 나는 두 가지의 문제의식을 느끼게 되었다. 하나는 많은 부모가 놀이를 '돈 내고 사는 상품'이라고 생각한다는 것이다. 어렸을 때 골목에서 신나게 놀이를 했으면서도 자신의 경험과 감각을 되살리거나 그 의미를 성찰하지 못하고 국제미디어산업과 놀이산업의 결탁을 통해 이윤을 추구하는 기업의 논리를 맹목적으로 따르고 있다.

또 하나의 문제의식은, 놀이를 자기가 사는 장소에서 가까운 사람들하고 하는 것이 아니라 다른 곳에 가서 하는 활동이라고 생각한다는 점이다.

요즘 들어 놀이공원, 놀이카페, 연극놀이, 국악놀이 등 놀이라는 이름의 수없이 많은 새로운 문화 현상이 나타나고 있다. 우리 사회의 현실은 진짜 놀이를 되살리는 것만이 대안인데, 아직 놀이문화를 어떻게 되살려야 하는지에 대한 사회적인 합의가 이루어지지 않은 사이에 그 빈 공간을 기업이 만들어낸 브랜드가 재빠르게 자기 영토로 만들고 있다. 이는 대다수 사람이 가짜놀이와 진짜놀이를 구분하지 못하고 있기 때문일 것이다. 어떤 것이 진짜놀이인지 알려면 놀이에 대한 근본적인 접근이 필요하다. 지금까지 많은 학자가 놀이가 무엇인지 정의하려고 했다. 피아제나 비고츠키, 쇼이에를처럼 교육학적으로 접근한 사람도 있고, 로제 카이와처럼 사회학적으로 접근한 사람도 있다. 요한 호이징하는 인류학적으로 접근

했고, 플라톤, 니체, 하이데거, 핑크 등은 철학적으로 놀이를 정의하려고 했다. 마르크스 역시 놀이와 취미가 중심이 된 대안적인 사회를 꿈꾸었다.

그들 대다수가 공유하는, 그리고 놀이하는 사람들 누구나 공감할 수 있는 어떤 기준점이 있다면 그것을 진짜놀이라고 할 수 있다. 대부분의 인문학자는 다음과 같은 기준들을 갖추었을 때 놀이라고 정의한다.

놀이는 즐겁고 기쁘고 신나는 것이다
표준 국어대사전에는 '즐겁다'와 '기쁘다'의 뜻을 이렇게 풀이한다.
즐겁다 마음에 거슬림이 없이 흐뭇하고 기쁘다.
기쁘다 마음에 즐거운 느낌이 나다.

'즐겁다'를 '기쁘다'라고 하고 '기쁘다'를 '즐겁다'라고 하니 같은 뜻인 것처럼 보인다. 하지만 그 뜻과 속살이 분명히 다르다.

① 고무줄놀이를 하니 즐겁다.
② 고무줄놀이를 하니 기쁘다.

어떤 말이 더 적절한 쓰임새일까? 많은 사람에게 물어봤지만, 모두가 ①이 맞다고 했다. 이처럼 '즐겁다'라는 말은 '사과를 먹으면 즐겁고 좋은 영화를 봐도 즐겁고, 훌륭한 음악을 들어도 즐거운' 것처럼 감각기관으로부터 빚어지는 느낌이다. 그러면 '기쁘다'라는 말에는 어떤 뜻과 속살이 있을까?

① 너랑 오랜만에 고무줄놀이를 하니 즐겁다.
② 너랑 오랜만에 고무줄놀이를 하니 기쁘다.

이 경우엔 거의 모든 사람이 ②를 선택했다. 몸져누우셨던 어머니가 일어나시니 기쁘고, 전쟁터에 갔던 아이들이 살아 돌아오니 기쁜 것처럼 '기쁘다'는 관계에 대한 기대와 설렘, 일치감 등이 마음 깊은 곳에서 우러나오는 것이다.

요즘 놀이활동가들 가운데 레크리에이션 방식으로 가르치면서 '재미있으면 되는 것 아니야?', '아이들은 즐거워해요.'라고 강변하는 사람들이 있다. 이들은 놀이가 '즐겁다'라는 것에 초점을 맞추고 있다. 컴퓨터 게임이나 놀이기구, 교구도 놀 때는 즐거울 수 있다. 하지만 오랜 관계로부터 오는 기쁨과 즐거움이 없다면 그것을 과연 진정한 놀이라고 할 수 있을까?

놀이의 속살을 말할 때 즐겁고 기쁜 것만으로는 부족하다.

우리는 예로부터 놀이의 즐거움을 '신난다', '신명 난다'로 표현해 왔다. 놀이하는 너와 나의 경계가 없어지고 놀이하는 사람과 구경하는 사람들, 그리고 자연과 한 몸이 되어서 하나로 되는 느낌이 될 때 그것을 우리는 '신난다'라고 한다. 자기가 알고 있는 마을 사람들 모두가 같은 날, 같은 시간에 같은 음식을 먹으면서 대동 놀이를 할 때 신명은 최고조로 표현된다. 바로 이러한 신명이야말로 우리가 놀이에 몰입하는 가장 기본적인 요소 또는 계기라고 할 수 있다. 어떤 사람들은 놀이할 때 심각한 표정을 짓기도 하고, 전쟁놀이의 결과 때문에 불쾌할 수도 있다는 점 때문에 놀이의 재미와 즐거움을 본질로 볼 수 없다고 주장하기도 한다. 물론 그러한 경우가 없지는 않다. 하지만 그러한 심각함은 더 큰 즐거움을 위한 계기가 된다. 판소리를 보면 잘 알 수 있다. 춘향전이든 심청전이든 앞부분은 슬프고 한이 맺히는 사건들이 주로 펼쳐진다. 하지만 후반부로 가면 그런 한 맺힘이 풀리면서 신명의 놀이판으로 바뀐다. 따라서 한과 신명 가운데 신명이 중심이 되고 한은 신명을 확대하고 증폭시키는 계기가 되는 것이다. 그 결과 놀이는 심오한 슬픔과 깊은 고통도 그 안에 받아들일 수 있으며 두려운 것도 감싸 안을 수 있다. 우리 놀이는 그러한 신명의 미학이 아주 강렬한 것이 특징이다.

놀이는 자유로운 것이다

사람들은 누가 주는 것만을 수용하는 수동적 존재가 아니고 자기 세계를 적극적으로 구성하려는 의지와 자유를 지닌 존재다. 놀이는 '~로부터의 자유'도 보장하지만, 더 중요한 것은 '~을 할 수 있는 자유'라고 할 수 있다. 따라서 누군가의 명령과 지시를 받아서 하는 행동은 놀이라고 볼 수 없다. 스스로 판을 만들어가는 것이 아니라 놀이기구를 탈 때처럼 정해진 궤도에 따라 수동적으로 즐거움과 재미를 찾는다면 이 역시 순간적인 감각적 자극을 추구하는 가짜놀이이다. 다시 말하면 강제나 가르쳐주는 것이 아니라 아이들이 자유로이 선택할 수 있을 때만이 놀이이다.

놀이하는 사람들이 규칙을 만들고 바꿀 수 있다

놀이는 자유롭지만 동시에 놀이 규칙을 지킬 때만 그 판이 유지된다는 특징도 가지고 있다. 따라서 어떤 사람이 일방적으로 규칙을 부여한다면 그 역시 놀이라고 볼 수 없다. 사람들이 놀이하면서 규칙을 만들고 바꿀 수 있어야 진정한 놀이이다. 누가 일방적으로 규칙을 정하고 따라야 한다면 그것은 일방적인 통제이며 훈련일 뿐이다.

놀이는 공동체의 바탕이다

옛날에 우리가 잘 놀았던 것은 개인의 능력이 아니라 공동체의 힘이었다. 골목에 가면 항상 놀이하는 언니, 오빠, 형을 볼 수 있었다. 아이들은 언니들이 하는 놀이를 구경하고, 혼자 연습하면서 놀이에 대한 내적 동기를 자연스럽게 만들어 갈 수 있었다. 조금 지나면 깍두기로 참여하면서 언니, 오빠, 형들이 놀이하며 규칙을 만들고 갈등 상황에서 서로 협상하고 조절하는 모습을 온몸으로 받아들였다. 놀이라는 공통 문화 기반을 바탕으로 내가 신나게 놀고, 내 신명이 공통 문화 기반의 잠재력을 더 높이는 그 되먹임이 공동체에 참여하고 인간관계를 유지하고 또, 자기를 사랑하는 힘을 길러주었다.

다시 말하면 놀이는 언제나 관계 맺기였다. 그것은 공동체에 참여하면서 하나의 리듬을 만들고 새로운 관계를 형성하면서 새로운 세계를 창조하는 것이다. 함께 강강술래를 하고, 장단에 맞춰 춤을 추며, 서로의 표정과 몸짓이 하나로 어우러지면서 내가 아닌 우리로 존재하는 감각을 생생하게 경험하게 하는 것이 놀이이고, 그렇게 서로 연결되고 수용될 때 하나의 동아리가 되는 것이다.

요즘 아이들은 그런 경험이 부족할 뿐만 아니라 어렸을 때부터 장난감과 인형 교구를 가지고 논다. 이런 활동은 자신을 넘어서 타인과 한 몸이 되는 경험을 하기 어려울 뿐만 아니라 대상을 지배하려는 심리 특성을 만들어낸다.

놀이는 모든 문화의 바탕이 된다

우리말의 놀이는 '놀다'라는 움직씨 씨줄기 '놀'에 이름씨 씨끝인 '이'가 붙어서 된 말이다. 놀이에서 파생된 말을 찾아보면, '노닐다', '노래', '노릇', '노릇바치'(배우), '노릇새것'(놀잇감), '노리개', '노름', '놀음', '놀림', '놀보'가 있다. 그리고 굿할 때도 '논다'고 하니 굿 역시 같은 속살을 가지고 있는데 일반적인 놀이가 이웃, 친구들과 함께 노는 것이라면 굿은 공동체가 자신들의 수호신과 함께 노는 놀이이다. 그래서 놀이라는 말은 예술이 분화되기 이전 원시 종합예술을 일컫는 말이었고, 모든 문화가 놀이에서 비롯된 것이라고 볼 수 있다.

호이징하 역시 문화가 놀이를 만들어내는 것이 아니라 놀이가 문화를 만들어냈다고 했다. 원시시대의 노래에서 음악과 시가 탄생했고 이야기에서 소설과 드라마가, 수수께끼 놀이에서 철학이 탄생했다는 것이다. 어디 그뿐인가. 소꿉놀이나 역할놀이에서 연극이 탄생했고, 경쟁 놀이는 스포츠가 되었다. 놀이의 규칙은 윤리와 법률적 사고와 감각을 길러냈다. 따라서 인류문화는 놀이라는 뿌리를 바탕으로 서 있다고 해도 과언이 아니다.

놀이가 이렇게 공동체 문화의 바탕이 될 수 있었던 것은 놀이가 개인과 사회, 자연 간의 관계에서 서로 접속의 계기를 형성하는 매체이기 때문이다. 많은 학자가 놀이가 인지 발달, 정서발달, 사회성발달, 도덕 발달의 바탕이 된다고 주장한다. 확실히 놀이는 그런 모든 발달과 연결되어 있고, 모든 문화의 근원적인 모습을 보여준다. 이는 놀이의 뿌리가 원시공동체의 종합예술이었다는 것에서도 증명된다. 하지만 인지 발달과 정서발달을 위해 놀이하는 것은 아니다. 그냥 놀다 보면 어느새 그런 발달들이 자연스럽게 이루어지는 것이다. 그리고 그런 발달 가능성은 부모, 교사, 주변 친구들 같은 구체적 인간관계 속에서 이루어질 때 더 높아진다. 자기가 사는 곳에서 주변 사람들과 역동적으로 상호작용하면서 뿌리내리는 활동일 때 놀이가 그 모든 것을 발달시키는 원천이 될 수 있다.

이러한 다섯 가지 요소를 갖춘 놀이를 진짜놀이라고 할 수 있다. 놀이에 대해 이런 관점을 갖게 된다면 현실 세계에서 만들어지는 가짜놀이에 대한 성찰 지점과 분명한 잣대를 지닐 수 있다.

그런데 이러한 진짜놀이의 기준을 놀이를 살리기 위한 것만으로 봐서는 안 될 것이다. 놀이야말로 한 사람의 삶의 질을 평가하는 데 대안적인 준거가 되고, 이를 바탕으로 대안적 사회설계가 이루어져야 하기 때문이다. 따라서 공동체 문화를 살리고자 하는 사람들은 반드시 인식과 활동에서 이를 기준으로 삼는 것이 바람직하다고 본다.

레크리에이션은 왜 아이들에게 위험할까?

많은 놀이 모임에서 놀이를 할 때 레크리에이션 방식으로 진행한다. 레크리에이션 방식이란 교사들이 기획한 정형화된 게임을 아이들에게 시키는 것이다. 따라서 게임을 진행하는 교사의 권력과 아이들이 말을 잘 듣는 것이 아주 중요하다. 나는 이런 방식이야말로 '교사 또는 강사는 알고 학생 또는 배우는 사람들은 모른다'는 전문가 주의가 반영된 것이라고 본다. 놀이에서 사회적 인정과 적응도 중요하지만, 자유와 해방의 가치도 중요하다. 둘 가운데 더 중요한 것은 자유와 해방의 가치다. 왜냐하면, 근대 사회에서 경제적 가치를 위해 희생되는 자유의 다른 이름이 놀이이기 때문이다. 우리는 자본주의 발달이 곧 놀이문화의 파괴와 과정을 같이 했다는 것을 기억해야 한다. 놀이하는 사람을 일하는 사람으로 만들기 위해 길들이는 것이 근대성의 본질이기 때문이다. 그래서 자본주의 초기에는 도로에서 놀이하는 것뿐만 아니라 집에서 놀이하는 것도 금지했다. 이와 달리 후기 자본주의 사회가 되면 생산뿐만 아니라 소비에서 이윤 획득이 기업의 주된 목표가 되었다. 여가 산업이 발달하고, 돈을 지불하면서 여가를 소비하는 것을 놀이라고 하는 의식이 만들어졌다. 골목의 놀이가 중시되지 않는 것은 그것이 자본주의 사회에서 돈이 되지 않기 때문이다. 함께 하는 놀이는 거대한 사회적·문화적·인간적 가치를 창조하지만, 눈앞의 이익에만 관심이 있는 기업에는 별 의미가 없는 것이다. 전문가가 있고 돈이 되는 것만이 기업들에게 의미가 있기 때문이다. 요즘 4차 산업혁명이 이야기되고 있는데 생산과 서비스 노동의 많은 부분을 기계가 담당하게 된다면 사람들의 활동은 서로 공감하며 놀이하는 것이 중심이 될 수밖에 없다. 미래사회에서 놀이는 삶의 질을 평가하는 준거가 되어야 하며, 놀이에 근거하여 사회의 대안적 설계가 이루어져야 한다.

이런 인식을 바탕으로 전문가 중심이 아니라 집단지성에 의한 놀이 활동을 하는 평화샘 모임을 소개하고자 한다. 교사와 부모, 마을활동가들이 참여하는 이 모임에서 놀이 연수를 할 때 가장 중시하는 것은 참여자들의 경험과 주체성이다. 3박 4일 동안 진행하면 아침 먹고 놀고, 점심 먹고 놀고, 저녁 먹고 놀면서 어렸을 때의 놀이 분위기를 그대로 되살린다.

강사도 없다. 놀이를 하고 싶은 사람이면 누구든 '여기 여기 붙어라'하고 초대하면 된다. 그러면 참여하고 싶은 사람은 참여하고, 자신 없는 사람은 구경하면서 혼자 연습하기도 하고, 힘든 사람은 쉬기도 한다. 아무도 강요하지 않고 자기 속도에 맞추어서 참여하도록 한다. 그런데도 참여한 사람들이 신기해하는 것은, 아무도 딴짓하는 사람 없이 늘 신명 나는 놀이판이 펼쳐진다는 것이다. 연수 계획과 강사 없이 그렇게 3박 4일을 신명 나게 놀고 갈 때면 "아쉽다, 이제 감각이 좀 회복되고 있는데."라는 말이 나오기 마련이다.

다른 교사나 부모, 지역사회 활동가들을 대상으로 연수하는 방법도 다르지 않다. 평화샘 모임은 현재 충북 신규교사 연수, 1급 정교사 연수, 지역교육청 단위의 신규교사·저경력·희망교사 연수, 학교 단위 연수, 각 지역 부모 연수, 놀이활동가 연수 등을 진행하고 있다. 그때도 전문가로서 가르치는 것이 아니라 참여자들의 경험을 묻고 그 경험을 살려 나가는 것이 연수의 기본 방법이다.

어떤 교사모임은 주강사와 보조강사, 도우미를 두고 놀이 방법을 전달하는 연수를 한다. 하나의 놀이를 주강사가 가르쳐주면 보조강사를 중심으로 소모임 단위의 놀이를 하고 도우미들이 분위기를 주도하는 것이다. 평화샘은 그런 방법이 각자의 놀이 경험과 자율성을 해치는 것이라고 믿는다. 다시 말하면 강사의 경험과 지도가 중심이 아니라 참여자들이 자신의 경험과 감각을 되살리는 과정을 통해 놀이 능력과 감각을 되찾는 것을 가장 중요하게 보는 것이다.

그때 참여자들의 반응이 인상적인데, 나이 먹은 부모와 교사들은 행복한 표정으로 이렇게 말한다.

"맞아, 맞아! 이렇게 놀았어."

"신기하다. 다 잊은 줄 알았는데 내 몸이 기억하고 있네!"

"야, 추억 돋는다. 그런데 가물가물해. 언니한테 자세히 물어봐야지."

젊은 사람들의 반응은 조금 다르다.

"엄마한테 물어봐야겠네요."

"앞으로 제가 배우려면 언니한테 가도 되죠?"

서로 거리감을 느끼던 사람들이 놀이를 통해 몸과 마음을 부딪치고 하나가 되면서 어느새 마음을 나누는 사이가 되는 경우가 많다.

평화샘 모임 선생님들은 학교에서도 놀이 경험이 거의 없는 젊은 교사들을 위해 여러 가지 방법을 찾는다. 개별적으로 가르쳐주기도 하고, 창의적 체험활동이나 합동 체육 시간을 통해서도 도와준다. 젊은 교사들은 수업을 진행하는 부담 없이 아이들과 똑같이 놀이에 참여하면 된다. 한 학기 동안 그렇게 놀이 감각과 능력을 기르면 어느덧 스스로 놀이를 주도하는 놀이꾼이 되어있다.

마을에서 놀이문화를 어떻게 살릴 수 있을까?

요즘 놀이 운동에서 가장 뜨거운 주제가 놀이터 만들기일 것이다. 여러 자치단체와 학교가 많은 예산을 투입해서 특별한 놀이터를 만든다. 순천시 '기적의 놀이터 만들기'와 서울시 '창의놀이터 사업'이 대표적이다. 문제는 각기 수십, 수백억의 예산을 들인 그 사업이 놀이를 살린다는 근거를 찾기 어렵다는 것이다. 우리 연구소에서 확인해 본 결과 그 주변에 사는 아이들이 노는 것이 아니라 멀리서 이벤트처럼 한 번씩 와서 놀다 가거나 벤치마킹하기 위해 찾아온 어른들이 많다고 한다. 또, 놀이하는 아이들 사이에 생겨나는 권력 관계와 그로 인해 발생하는 여러 가지 문제도 해결하지 못하고 있다. 이는 놀이를 잘 알고 있는 눈 밝은 사람이라면 충분히 예견할 수 있었던 문제다. 그러한 특별한 놀이터 만들기가 모든 아이의 보편적 놀이 욕구를 충족시키기에는 턱없이 부족하기 때문이다.

이런 문제를 해결하려면 놀이터 만들기에 대한 발상의 전환이 필요하다. 나는 두 아이를 기를 때 적어도 한 달에 두 번쯤은 아이들과 마을 나들이를 했다. 생태, 땅이름, 역사 등 다양한 주제와 이야기로 진행했지만, 특히 기억에 남는 것은 아이들이 중·고등학교 다닐 때 진행한 아빠의 놀이터 둘러보기였다. 여기서는 사방치기를 했고, 자치기 집이 그려진 곳은 여기고, 여름에는 여기서 놀았고, 겨울에는 저기서도 놀았다는 이야기를 하면서 마을 한 바퀴를 돌고 나서 아이들이 한 말은 이랬다.

"온 마을이 놀이터네요?"

"그럼 지금 놀이터는 유배지네요?"

우리가 어렸을 때는 마을의 모든 장소가 놀이터였고, 누가 특별히 놀이터를 만들어줬다 하더라도 거기서 놀지는 않았을 것이다. 따라서 놀이터를 살리려면 유배지가 아닌 마을 전체를 놀이터로 만드는 것이 중요하다.

먼저 현재 아파트나 공원마다 있는 놀이터를 살려야 한다. 놀이터마다 씻을 수 있는 수도와 정자 그리고 밤에는 놀이터의 흙을 덮을 수 있는 덮개가 준비되면 어떨까? 그뿐만 아니라 학교 운동장과 교실, 복도 그리고 골목길도 언제든지 놀이를 할 수 있도록 허용해야 한다.

아파트 단지나 주택지구에도 실내·외 놀이터, 세대별 이야기·놀이 공간을 마련해야 한다. 물론 공간을 마련한다고 해서 아이들의 놀이문화가 살아나는 것은 아니다. 놀이가 벌어지려면 놀이를 지원하는 공동체의 맥락이 복원되어야 하기 때문이다. 이를 위해서는 어른들이 아이들과 함께 놀이할 수 있는 시간을 보장해야 한다. 부모들이 아이들과 놀고 마을에서 놀이판을 벌이려면 적어도 1주일에 한 번은 일찍 퇴근해서 아이들과 이야기하고 놀이할 수 있는 시간이 보장되어야 하기 때문이다. 단오와 대보름 같은 명절에 휴가를 주는 것도 마을 놀이문화를 살릴 수 있는 중요한 조건이다.

놀이터와 놀이시간보다 더 중요한 것이 놀이를 통한 관계 맺기이다. 인간관계는 아이가 운동능력을 발달시킬 수 있는 행동 공간이자 상호작용 공간이고, 그 공간을 개척할 가능성이 놀이를 통해 이루어진다. 문제는 놀이를 바탕으로 사회적 관계가 형성, 유지, 복원되었던 옛 마을과 달리 오늘날에는 놀이를 살리기 위한 새로운 관계, 새로운 기획이 요구된다는 것이다. 그러한 새로운 관계, 새로운 기획은 새로운 인간상과 인간관계의 창조가 필요하다. 그 새로운 인간관계 구성의 주체들이 놀이하는 교사, 놀이하는 사회적 부모, 놀이하는 사회적 형제자매, 그런 사람들과 관계를 지원하는 지역 기관이다.

놀이하는 교사는 교실에서 아이들에게 교과 지식을 전달하는 교사가 아니라 함께 놀이하고, 마을을 걷고, 마을에 문제가 있을 때 함께 참여하는 교사이다. 마을 지향적 교사라고도 부를 수 있다.

놀이하는 사회적 부모는 자기 아이와 놀 뿐만 아니라 마을 아이들과 함께 놀이하고 마을환경을 바꿀 수 있는 부모이다.

놀이하는 사회적 형제자매는 옛날 아이들이 언니, 오빠들과 놀았던 것처럼 유치원, 초등학교, 중등학교를 넘어 서로 관계 맺고 놀이할 수 있는 관계를 말한다.

이런 활동을 지원하고 모든 마을 공간이 아이들 놀이터가 될 수 있도록 기관들이 서로 협력할 수 있을 때, 놀이터와 시간을 확보하는 활동이 질적으로 보장될 것이다. 이러한 조건은 가족과 교실 및 학교, 마을에서 동시에 갖춰져야 한다. 현재 여러 마을과 교실, 학교에서 이런 활동이 일어나고 있다. 그 가운데 청주 수곡동과 한솔초등학교 사례를 중심으로 그것이 어떻게 가능한지 살펴보자.

요즘 청주에서 마을 사업을 하려는 사람들이 부러워하는 것은 수곡동 아이들이 대보름과 단오에 학교에서 쥐불놀이도 하고 학교 대항 씨름을 하는 모습이다. 그것이 어떻게 가능하냐는 것이다. 수곡동의 마을 만들기 과정을 살펴보면 놀이하는 교사, 곧 마을 지향적 교사의 활동이 중요하다는 것을 발견할 수 있다. 한솔초에는 놀이를 바탕으로 왕따 문제도 해결하고 통합교육을 실천하는 평화샘 교사들이 있었다. 자기 교실에서만 하는 것이 아니라 옆 반 선생님들과 합동 체육이나 창의적 체험활동 시간을 통합해서 운영하기도 했고, 한 달에 한 번씩 교사 놀이 워크숍을 진행했다. 그래서 많은 선생님이 서로 놀이를 하면서 교사와 아이들의 관계는 물론 아이들끼리의 관계를 조정해 줄 힘이 생겼다. 또 상담 시간을 활용하여 부모들과 놀이를 하면서 어떤 반에서는 반 차원의 부모 놀이 모임이 생겨났다. 이런 관계는 교사들이 지역사회의 여러 가지 문제 해결에 참여할 수 있는 힘이 되어주었다.

교사들은 학교에만 머무는 것이 아니라 마을 놀이터를 살리고 지역아동센터 등 지역사회 기관과 관계를 맺기 위해 움직였다. 한 선생님이 지역아동센터를 방문하고 놀이프로그램을 제안하자 아이들의 열렬한 지지 속에 일주일에 두 시간이라는 놀이시간을 만들 수 있었다. 그 결과 지역아동센터 선생님들도 놀랄 수밖에 없는 변화가 생겼다. 아동센터에 오면 스마트폰만 잡고 있던 아이들도 삼삼오오 고무줄이며 사방치기를 했다. 아이들의 다툼이 줄었고, 다투는 일이 생겨도 쉽게 해결되었다. 동생들을 괴롭히던 형들은 새로운 아이들이 오면 적극적으로 놀이에 초대하고 놀이를 잘 모르는 아이들은 깍두기로 끼워주면서 서로 친해졌다. 지역아동센터에서 배운 놀이를 학교에 펼쳐놓으면서 학교와 마을 놀이의 촉진자가 되었다. 지역아동센터 선생님들도 많이 바뀌었다. 처음에는 놀이 제안에 부담스러워하던 선생님들이 스스로 아이들하고 놀이하기 시작했고, 놀이의 효과에 대해 누가 묻지 않아도 이야기하게 되었다.

학교 선생님과 지역아동센터가 그렇게 협력이 되니 함께 마을 놀이마당을 만들 수 있었다. 교장 선생님은 목요일 놀이마당에 참여하는 선생님이 일찍 나가도록 해주었다. 특히 집에서 혼자 있는 아이들은 그날을 손꼽아 기다렸고, 이렇게 되자 지역사회 분위기도 달라졌다. 동장부터 복지관장, 마을의 여러 직능단체와 모임, 학교 교장, 교감, 담당 교사들이 모여서 아이들과 무엇을 할 것인지에 대한 워크숍을 열었다. 이 워크숍에서 제안한 것이 마을 기관장과 부모들, 교사들이 함께 모여 어른들만의 놀이판을 열자는 것이었다. 놀이판이 열리는 날, 처음에는 다들 어색한 모습이었지만 하나둘 자신들이 어렸을 때 경험을 펼쳐놓으면서 놀이에 빠져들기 시작했다. 놀이판이 끝나자 어른들이 보인 반응은 "우리가 이렇게 좋은데 아이들은 말할 필요가 없겠다."라는 것이었다. 그 결과 자연스럽게 논의된 것이 세시풍속을 중심으로 아이들의 놀이판을 제대로 열어보자는 것이었고, 그때 마음을 모은 것이 대보름 쥐불놀이를 학교 운동장에서 하자는 것이었다. 마을 사람들이 모두 요구하니 교장 선생님도 학교를 열 수밖에 없었다. 그렇게 시작된 쥐불놀이는 4년간 계속 진행되었다. (코로나19로 인해 현재는 하지 못하고 있다.)

요즘 들어서는 서로 보살피는 여러 직능단체의 활동이 활발해지면서 학교 병설 유치원이 아니라 일반 유치원에서 마을 할머니들이 함께하면서 안전하고 즐겁고 포근한 이야기를 나누며 놀이, 나들이를 진행하고 있다. 아이들이 특히 할머니를 좋아하고 선생님들도 세대를 잇는 느낌과 아이들을 여유 있고 따스하게 대하는 할머니의 손길이 지닌 힘을 실감한다. 현재 마을 사람들의 고민은 어떻게 하면 중·고등학교 학생, 지역사회의 대학생들이 유치원, 초등학교에서 놀이 형, 놀이 언니로서 자원봉사 활동을 할 수 있게 할까 하는 것이다. 이는 학교와 지역사회의 깊이 있는 연결은 물론 교육청 차원의 지원이 필요한 문제다.

한솔초등학교 선생님들은 병설 유치원이나 마을에 있는 유치원과도 유·초 연계 활동을 통해 놀이문화를 확산시키고 있다. 초등학교 아이들이 유치원에 가서 정기적으로 놀이와 나들이를 진행하면 언니도 동생도 모두 즐거워한다. 그런 경험이 있는 유치원 아이들은 한솔초등학교를 꼭 가고 싶은 꿈의 학교로 생각하고, 초등학교에 입학해서는 놀이판을 이끄는 아이들이 되었다. 한솔초등학교를 졸업한 아이들이 중학교에 가면 자기들끼리 잘 놀기 때문에 문제가 덜 발생했고, 중학생들이 초등학교와 유치원 놀이 자원봉사를 할 수 있는 힘도 생겼다. 그래서 현재 수곡동에서는 유·초·중 선생님들이 함께 지역사회에서 아이들을 어떻게 기르고 도울 것인지에 대한 워크숍을 준비하고 있다. 처음에는 교육청의 지원이 필요하다고 생각했지만, 지역사회의 역량이 높아지다 보니 각 학교 간 수평적 연결과 건강한마을만들기수곡동주민네트워크의 힘만으로 가능하게 되었다.

이제 앞으로의 과제는 가족 놀이문화의 활성화다.

'할아버지는 과거에 아이였고, 아이는 미래의 할아버지'라는 말이 있다. 사회 변동이 크지 않았던 전통 사회에서 여러 세대가 문화를 공유하는 모습을 잘 표현하고 있다. 놀이 중심으로 살펴보면 아이들의 놀이를 할아버지들이 지금은 하고 있지 않지만 어렸을 때는 그 놀이를 다 경험했기 때문에 아이와 같은 마음자리를 가질 수 있었고, 아이들도 할아버지의 따뜻한 시선과 지원 속에 맘껏 뛰놀 수 있었다. 할아버지와 아버지, 아들, 할머니와 어머니, 딸이 문화를 공유하며 전승하기 때문에 옛날 가족은 가치와 의미, 규범을 함께 창조하는 문화적 단위였다. 할아버지나 아버지가 아이에게 연을 만들어주거나 팽이를 깎아주기도 하고, 형이나 누나, 언니들이 동생에게 놀이를 가르쳐주었다. 형제자매도 많아서 5남매, 6남매가 일반적이다. 그래서 골목으로 나가지 않아도 마당에서 형제자매만으로도 놀이

집단이 되었다. 가족이 일과 놀이를 같이 하고 하루의 시작과 끝도 같이 했다. 그렇게 해서 가족의 일체감이 생겼다.

요즘에는 아빠는 보기도 힘들고, 엄마 혼자 아이들을 돌보기 때문에 기본적인 것을 챙기기도 벅차다. 놀이하려면 사람이 좀 있어야 하는데 형제자매가 하나, 둘인 경우가 많아서 놀이 분위기도 안 만들어지고, 부모의 사랑받기를 경쟁하는 관계가 되기 때문에 서로 많이 싸우게 된다. 더구나 요즘 젊은 부모들은 놀이를 경험하지 못한 경우가 많아서 어떻게 놀아야 하는지 몰라 장난감이나 교구를 사줄 수밖에 없다.

이런 문제를 해결하려면 학교, 마을, 지역사회, 국가를 잇는 대책이 필요하다. 영유아기부터 지원해야 하는데, 먼저 생각할 수 있는 것은 영유아기 부모들이 마을을 중심으로 놀이 모임을 만들고 이를 운영할 수 있는 공간과 인적 지원을 하는 것이다. 요즘 호주나 덴마크 같은 나라에서 시행하는 정책이다. 그러한 정책이 시행되는 나라에서는 부모 놀이 활동을 지원하는 NGO의 활동도 활발하다고 한다. 그렇게 시작된 부모 놀이 모임이 초등학교에 가서도 이어진다면 유·초 연계 교육의 강력한 사회적 기반이 만들어지는 것이다. 가족의 놀이문화 역량이 높아지고 그것이 놀이하는 교실, 유치원과 연계된다면 아이의 발달 요구에 민감하게 반응하는 진정한 공동체가 탄생하는 것이다.

부록

고무줄놀이에 대한 경험 나누기

마을배움길 단체대화방에서

재현　이번에 새 책을 내는데, 그 가운데 한 꼭지로 '고무줄놀이와 새로운 문화창조-
그 아름답고 위대한 놀이의 잠재력'이라는 글을 쓰려고 합니다. 그런데 내가
남자라서 여자아이들이 어렸을 때 어떤 느낌으로 고무줄놀이를 했는지 알 수
가 없어요. 그래서 우리 마을 배움길 선생님들이 고무줄놀이의 경험, 관련된
느낌과 정서, 그리고 여자아이들 전체에게 고무줄놀이가 갖는 의미를 이야기
해주면 좋겠습니다.

명신　저는 고무줄놀이 하면 여럿이 어울려 신나게 노래 부르며 놀던 왁자지껄함,
주목받는 즐거움, 단계가 올라갈 때의 도전 의식과 설렘, 남자아이들의 고무
줄 끊기에 함께 대항했던 자매의식 등이 생생하게 떠올라요!!!

재현　고무줄놀이할 때의 구체적인 장면과 분위기에 대한 생생한 경험이 담긴 이야
기면 좋겠어요.

명순　고무줄 하면 가장 먼저 고무줄 하던 공간과 깍두기가 생각나요. 아파트 앞 난

간이 있는 좀 넓은 곳이 있었는데 늘 거기서 했어요. 사람이 부족하면 난간 쇠파이프에 걸어서 하기도 하고. 난간 위로 굵은 전깃줄이 지나갔는데, 고무줄을 폴짝폴짝 뛰면 머리 위로 전깃줄이 닿는 것 같았고, 전깃줄에 제비들이 앉아 있던 것이 기억나요. 허리 이상 넘어갈 때 발 걸어서 하는 거나 땅 짚고 넘는 거를 잘 못 했던 걸 보면 도전 의식이 별로 없었나 싶네요~^^ 그래서 다른 놀이에서는 깍두기를 했던 기억이 별로 없는데, 고무줄 하면 깍두기를 했던 기억이 먼저 떠오르나 봐요. 그래도 고무줄 노래가 많이 생각나는 걸 보면, 고무줄을 많이 하고 놀았던 것 같아요. 좀 쉬웠던 건 '떼굴떼굴 도토리', '장난감 기차'였고, 고무줄을 발에 감고 현란한 동작이 있었던 것은 '아름다운 종소리가 새벽 종소리가~'였던 것 같아요. 동작은 잘 기억나지 않지만, 마지막에 '땡 땡 땡' 하면서 끝날 때 뭔가 음악적 여운이 좋았던 것 같아요. '전우의 시체를 넘고 넘어~, 무찌르자 공산당~' 이런 시대상(?)이 담긴 노래도 많이 불렀고.

미자 고무줄놀이 하니 그 리듬과 노래, 탄력 있는 고무줄이 착착 감기는 느낌이 먼저 떠올라요. 주로 동네 어귀 너른 공터에서 했는데, 두 편으로 나눌 때, 그때는 뽑아가기를 했던 것 같아요. 늦게 이름을 불리지 않으려고 봉당 기둥에 고무줄을 묶어 무진장 연습했던 기억이 나요. 또래 여자아이들 사이에서는 고무줄 좀 해야 어디에도 끼어들 수 있었고요. 우리 자매들이 키가 좀 큰 편이어서 항상 먹고 들어갔는데, 먼저 틀린 아이들이 살려달라고 두 손 모아 응원할 때, 친구 몫까지 살렸을 때 그 흥분이란 그야말로 하늘을 날아갈 것 같았어요. 발목에서 정강이, 허벅지, 허리, 겨드랑이, 목, 귀, 머리, 머리에서 다시 한

뺑, 만세까지 갈수록 성취감은 더 커졌고, 고무줄이 잘 보이지 않을 때까지 놀았어요. 복장은 치마 안에 꼭 반바지를 입었더랬어요. 다리를 번쩍번쩍 올려야 할 뿐만 아니라 옆돌기도 해야 했으니. 옆돌기할 때는 반바지 속에 치마를 넣고 두 팔을 번쩍 들었다가 풀썩! 잘했던 고무줄은 '풀 냄새 피어나는~'으로 시작하는 푸른 잔디였어요.

동네에서는 고무줄을 끊는 남자아이는 없었고, 학교 운동장에서 할 때는 꼭 끊는 아이들이 있었어요. 그럴 때면 그 아이를 잡으려고 고무줄 팽개치고 운동장을 몇 바퀴나 쫓아다니기도 했네요.

언니들이랑 통화해 보면 더 생생하게 떠오를 것 같은데 전화를 안 받네요. 내일 통화하고 이야기 더 올릴게요~

달님 ㅎㅎㅎㅎ 저두요. ㅎㅎㅎ 그래도 일단 급하게 생각나는 것 먼저 올려봐요. ㅎㅎ 고무줄놀이라면 할 이야기가 꽤 많아요. ^^ 초등학교 때부터 점심시간이면 얼굴이 빨개져서 터져버릴 때까지(밥 얼른 먹고 종 치기 1분 전까지) 정말 죽어라 고무줄을 했습니다. 중학교에 가서는 교실 뒤에서 교복 바지 아래 체육복 바지를 입은 채로 고무줄을 했습니다. 그러다가 사물함에 발등을 찧기도 여러 번. ^^ 그렇게 좁은 교실에서도 어떻게든 고무줄을 해보겠다며 쉬는 시간 10분에 목숨 걸었던 기억이 납니다. 그런데 제 기억이 맞는지 확실치는 않은데. 넓은 운동장에서는 왜 안 했나 모르겠습니다.

초등학교 때는 운동장은 축구시합을 하는 아이들이 점령하고 있어서 뒤편 공터(교장 선생님 관사 앞)에서 했습니다.

그렇게 고무줄놀이를 하고 있으면 남자아이들이 교실 올라갈 때 한 번씩 들러서 장난을 치고 가곤 했습니다. 고무줄을 끊기도 하고, 고무줄하고 있는데 끼어들기도 하고 말이죠. 고무줄을 끊어놓아서 생긴 곳을 오징어(?)라고 했던 것 같은데. 맞는지 이것도 확실하지 않아요. 그 오징어를 건드리면 죽는 규칙이 있었어요.

명순   달님 샘처럼 학교에서 쉬는 시간마다 나가서 고무줄을 했던 것이 기억나네요. 그 짧은 시간에도 고무줄을 하겠다고 계단을 오르락내리락~^^

달님   원래 종 칠 때까지 하고 부리나케 뛰어 올라갔는데. ㅎㅎㅎㅎ 선생님이 종 치기 전에 올라오라 하셔서 ㅎㅎ 진짜 6학년 땐 4층이었나…? 그랬는데도 그렇게 오르락내리락 ㅎㅎㅎㅎㅎㅎ

우정   폴짝폴짝 뛸 때의 쾌감, 목이 터져라 함께 노래할 때의 즐거움, 다리에 줄을 감고 푸는 기술을 성공할 때의 성취감, 내가 성공해서 우리 팀 친구 목숨 하나 구해줄 때의 기쁨, 우리 팀 친구가 그 단계를 성공해서 내 목숨 한 번 더 살려줄 때의 고마움, 언니들이 놀이에 끼워줄 때 세상을 얻은 듯 행복하던 기억, 치마가 찢어져서 실내화 가방으로 엉덩이 가리고 집에 가던 일까지… 초등 시절은 고무줄놀이로 꽉 찼어요.

윤희   고무줄은 제가 다닌 학교에서는 4학년 때 가장 유행했어요. 기억은 가물가물

한데 4학년 1반이 1층이고 현관 옆이라 매일 밖에 나와서 고무줄 했던 기억이 납니다. 저도 키가 큰 편이라 먹고 들어갔어요. 머리 단계에서 다 같이 발 올렸을 때 제 발만 걸리던 쾌감이 기억납니다^^

영상으로 기억되는 것은, '전우의 시체를 넘고 넘어 앞으로 앞으로~~' 그 노래가 어깨 정도 단계였던 것 같은데 친구들과 셋이서 상대 팀 뒤로 돌아 뛰느라고 죽어라고 달렸던 거예요. 진짜 그땐 전우의 마음으로 '살아야 한다.' 하며 내달렸어요. 일체감이 장난 아니었죠. 노래도 발 올릴 때는 동시에 소리가 크고 세졌다가 달릴 때는 작아졌다가 그랬네요~~

그런데 고무줄 노래 전체가 생각나는 건 두 줄 고무줄인, '월계화계수수목단 금단초단일' 이거랑 '단추 단추 내 단추 어머니가 사다 주신 내 단추 영희야 영희야 단추 달아라 싫어요 싫어요 내일 달아요.' 이거에요. 동작은 기억 안 나는데 이 노래가 생각나는 건 줄 잡는 애, 고무줄 하는 애, 구경하는 애 할 것 없이 모두 합창했기 때문인 것 같아요. 다 같이 한마음으로 노래 부르고 달리고, 응원하고, 살리고 그러는 게 너무 좋아서, 다들 눈이 벌게서 고무줄에 달려들었나 봅니다.

미숙　저도 고무줄놀이를 아주 좋아했어요. 노래 부르며 고무줄을 넘고, 밟고, 감으며 춤추듯 리듬을 타는 것이 정말 흥겹고 재밌었어요. 초등학교 때 쉬는 시간마다 1층 현관 계단 앞 넓지 않은 공간에서 놀았는데, 종 치면 바로 올라가야 해서 그랬던 거 같아요.

고무줄 하며 가장 생각나는 노래는 '하아얀 눈 위에 구두 발자국/ 바둑이와 같이 간 구두 발자국/ 누가 누가 새벽길 떠나갔나/ 외애애로운 산기일에 구두 발자아국' 이 노래를 부르면서 마지막 부분에 양발을 번갈아 고무줄을 계속 밟았던 게 생각나요.

영기 다들 고무줄이 너무나 즐거운 추억인데 거기에 찬물을 확 끼얹는 건 아닌지 하는 생각이 드네요….

저는 어렸을 때 매우 내성적이었어요. 학교에서 말도 없고 가만히 앉아 있었어요. 그래서 아이들이 수다 떨고 뛰면서 노는 쉬는 시간보다 공부 시간이 좀 더 마음이 편했어요.

고무줄놀이는 둘째 언니가 날아다녔어요. 골목에서 하는 거 늘 구경만 했어요. 저는 거기에 낄 실력이 안 됐거든요. 집에서 월화수목금토일 두 줄 고무줄만 배우고 그만뒀어요. 고무줄은 잘하는 애들만 하는 걸로 알았어요.

제가 국민학교 다닐 땐 고무줄 잘하는 애가 인싸였어요. 4학년 때 갑자기 인기 많은 여자애가 엄청 친한 척하면서 같이 고무줄을 하자고 했어요. 내가 할 줄 아는 게 월화수목금토일밖에 없다고 하자 자기 친구들 동원해서 같이 놀아줬어요.

그때부터 걔네랑 놀려고 집에서 본격적으로 연습을 했어요. '금강산 찾아가자'하고 '기찻길 옆 오막살이'를 언니의 도움으로 마스터했어요.

그런데 그 여자애가 시험 볼 때 쪽지를 보내서 답을 보여달라는 거예요. 잘 기억은 안 나는데 제 성격에 답을 보여줬을 거예요.

그 후 그 애랑 더 이상 같이 놀지 않았어요. 고무줄도 그만뒀고요. 그래서 제

가 지금도 고무줄을 못 하는 거랍니다~

혜원 제목 - 고무줄의 신으로 산다는 것

4학년 2반 점심시간이었습니다. 저와 친구들은 도시락 깐 지 10분도 안 돼서 다 먹어치운 후 연장(고무줄) 챙겨서 후다닥 본관 건물 옆 그늘로 갔습니다. 매일 그렇듯 편짜기를 순식간에 해냈습니다. 저랑 ○○가 가위바위보를 해서 예닐곱 명 중에 한 명씩 교대로 뽑아 두 팀을 나눴거든요. 그럴 수밖에 없는 게, 저랑 친구 ○○가 투톱이었기에 같은 팀이 될 수는 없었지요. 아주 가끔 어쩌다 같은 팀이 될 때는 상대 팀에게 너무 잔인한 결과를 가져다주기에 양심상 다른 팀이 되기도 했습니다. 얼마 안 되는 점심시간을 이용해 놀이해야 하는 특성상, 모든 시간 활용이 몹시 효율적이었습니다. 심지어 치마 입었다고 놀리거나 뭐 뜻 없이 놀리는 남자애들이 있더라도 놀이 진행이 더 중요했기에 "야! 나중에 두고 보자!" 일갈해 놓고 고무줄 얼른 묶은 다음 그냥 킵고잉이었죠. 그리고 정말 나중에 각자 방식대로 반쯤 죽여 놨던 것 같기도 하고요.

장소 선정도 중요했는데 운동장 모랫바닥은 별로였어요. 땡볕이기도 하거니와 뛰다가 모래에 좌르르 미끄러지기도 했거든요. 그래서 차라리 시멘트 바닥이 나았고, 건물 옆 그늘진 곳이 좋았지요.

신발도 중요했습니다. 발끝 감각이 살아있어야 했기에 너무 두껍거나 높은 운동화는 피해야 했고, 실내화처럼 얇은 게 차라리 나았지만, 밖에 나갈 때 실내화 신었다 걸리면 혼나니까. ^^ 실내화 비슷한 단화를 즐겨 신었습니다. 양말도 스킬이 있었는데, 긴 목양말을 올려 신었다가 발목 부분까지 말아 내리면 엄청난 무기가 되었습니다. 고무줄을 그 부분에 딱 걸면 고무줄과 내 발목이 하나가 될 수 있었거든요. 그리고 참여한 친구들의 수준과 남은 시간을 고려해서 곡을 선정하고 자잘한 규칙들을 통일시키면 비로소 고무줄 시작! 이 모든 게 거의 5분 안에 끝난 것 같아요. 이게 고무줄 프로라서 가능했지요. 어느 단계에서 뭔가 버벅거리면 '야, 종 치겠다!!' 하면서 다들 마음 모아 넘길 거 넘기고 따질 건 따지면서 진행했습니다. 그래도 대충 목 즈음이면 종 쳐서 끝내고 교실 들어갔던 것 같아요. 제가 머리맡에 있는 고무줄을 앞 돌기로 휙 발목에 걸고 "금강산 찾아가자~" 하고 시작하면 저학년 동생들은 눈이 휘둥그레져서 구경하기도 했지요.

다른 애들 할 때 머릿속으로 계속 되풀이해 보고 내 순서가 오면 막 떨리는데, 하나도 안 떨리는 척 고무줄 앞에 딱 서요. 박자에 맞춰서 첫발을 떼고 숨을 들이키면 내 무대가 시작되는 거죠. 제 시선은 흔들리는 고무줄에 있지만 다른 친구들 시선은 모두 내 발 움직임에 있는 게 느껴져요. "금 나와라와라 뚝딱, 은 나와라와라 뚝딱!" 하고 빙글빙글 돌 때는 온 친구들이 나만 보고 있는데, 실수할까 봐 조마조마해요. 실수 없이 무사히 노래가 끝나면 숨돌리면서 또 다른 친구가 하는 걸 보는데 그제야 찾아오는 평안. 놀이가 무르익고 같은 편 친구들을 살려야 될 타임이 오면 숨이 넘어갈 지경인데도 한 명 살리고, 두 명 살리고 친구들 환호가 들리다 보면 포기할 수가 없지요.

가끔 남자애들이 진짜 신기해하면서 알려달라고 하기도 했는데 대부분은 끈기없이 나가떨어지더라고요. 그럼요. 고무줄 프로가 되려면 혼자만의 연습 또한 매우 중요했거든요.

저는 종종 놀 애들이 없거나 심심할 때 안방 문고리와 베란다 잠금쇠에 고무줄을 걸어놓고 연습을 했습니다. 고무줄 규칙에 박자에 맞춰서 뛰는 것도 있었기 때문에 엇박일 경우 첫 시작 발 구름을 어떻게 해야 할지 맹연습! 고무줄장력에 알맞게 신체를 세팅한다고 해도 무방할 만큼 감각 살리는 데 여념이 없었습니다. 고무줄 두께에 알맞은 장력 찾아내기, 고무줄 연결해서 안 풀리게 묶기 등이 있었지요. 심지어 책상에 금이 보이면 검지와 중지를 제 다리라고 생각하고 고무줄 뛰듯이 마음속으로 노래 부르며 연습을 했습니다.

상대적으로 여유 있는 방과 후에는 학원 시간 피해서 시간 맞는 친구들이 주로 아파트 마당에서 놀았습니다. 시간 여유가 있다 보니 동생들도 껴서 같이 하고, 깍두기도 한두 명 있었지요. 학교 친구들과는 잘 안 하는 두 줄 뛰기(월화수목금토일), 다각형 뛰기도 아파트 마당에서는 많이 했어요.

이런 즐거운 놀이를 어디서 어떻게 전수받았는지는 잘 생각이 안 나고 1학년 때 즈음, 두 줄 고무줄로 시작한 것 같아요. 본격 놀이 꽃이 핀 3, 4학년 즈음엔 규칙도 세세해지고 적용도 칼같이 했는데 그래야 재밌었던 것 같아요. 법당에서 만난 친구나 사촌들을 만나서 해보는데, 기본적인 즐거움은 있었지만 지역 간 규칙 차이 때문에, 또 처음 본 사이라 배려하느라, 많이 봐주면 재미가 약간 떨어지더라고요. 그래서 놀이가 무르익으려면 서로 관계가 중요하고 시간과 공이 들어간다는 걸 알았어요. 그때는 관계가 우선이라기보다는 진짜 재밌게 놀기 위해서 관계를 다졌어요.

해가 지도록 우리 팀 애들 다 살리고 집에 가서 "빨강머리 앤" 보다가 엄마가 "혜원아, 밥 무라~" 하시면 꽃게탕이 식탁에 있었어요. 밥 먹으며 오늘 놀았던 고무줄을 복기하며 엄마한테 고무줄 얘기를 들려드리면 엄마가 좋아했던 것 같아요.

고무줄 프로의 삶 어떠셨나요. 지난번 어렸을 적 마을지도 그리기에도 제 이야기가 좀 있어요. 좀 더 세세하게 적어보려 했어요. 고무줄 하면 뛰는 사람에게 자동 주목되는 효과 때문에 소극적인 친구들은 별로 안 좋아했던 것 같아요.

진숙 이야~ 정말 대하 드라마 같아요. 몰입의 경지가 이런 거구나 알게 되었네요.

재화 고무줄 달인 인정! 샘의 글을 따라 시간여행도 하고 심리 여행도 했네요. '맞아, 그때 그랬지!'가 절로. 그런데 고무줄 팀장의 기억과 그냥 팀원이었던 나의 기억에 생생함이 다르네요. 아침에 찾아온 고무줄 기억 너무 좋아요.

두환 새벽에 읽었어요, 답장할 수 없는 시간에. 샘의 열정이 전해졌어요. 덕분에 힘찬 하루를 시작해요.

용대 역시 그냥 되는 건 아무것도 없군요. 고무줄 프로의 자리를 유지하려고 그 많은 연습을 하셨다니… 제 고무줄 실력이 안 느는 건 남자라서가 아니라 연습을 하지 않아서라는 단순한 사실을 선생님 글을 통해 알게 되었어요. 이제 교실에 고무줄 묶어놓고 혼자 연습해야겠어요

명순 저는 엄마, 아버지, 시어머님께 전화로 고무줄 경험을 여쭈어보았어요. 엄마

(79세, 경북 선산)는 고무줄을 해본 경험이 없다고 하세요. 학교에 다니지 않고 일찍 남의집살이하셨기 때문인 것 같아요. 아버지(81세, 전남 담양)는 누님들이 하는 것을 보았다고 합니다. 고모님 연세는 85세, 90세(작고)이시고. 일본 노래로 하는 것을 들으셨다고 해요.

"유니오상 아이란세 모모 까리까리 주니치와 오조사마와리 아리가도. 장게 이포 시대. 진 사람은 빨리빨리 나가 주세요."

고무줄 할 때도 하고, 새끼줄 넘을 때도 하셨다고 해요. 시어머님(83세, 제천 봉양)의 경험도 여쭈어봤어요.

"옛날에 친정어머니가 꺼먹고무신을 신고 그러는 걸 흰 고무신을 사다가 벽장에다 넣어놓았거든. 어디 갈 때만 신고 그렇게 아껴둔 건데 내가 그걸 몰래 훔쳐다가 가위로 오려서 고무줄을 길게 만들고 짚 북두가리에다 파묻어 났어. 그 고무줄은 대인기였어. 검은 고무줄은 쉽게 끊어지지만 하얀 고무줄은 안 끊어지니까. 친정어머니가 고무신을 개가 물어갔나 하고 계속 찾아도 난 모른 척했지. 그리고 학교에 가서 놀면 남자애들이 와서 그것을 다 채 가지고 가. 그러면 우리가 막 쫓아가잖아. 거기에는 우리 친척도 있었는데 그 친척도 꼭 합세를 해. 그 친척이 좀 짓궂었는데 쫓겨가면서 '나 잡아봐라' 하면서 놀려. 다른 여자애들이 쫓아가다 다 포기했는데 난 끝까지 쫓아가서 그놈 붙잡고 두들겨 팼지."

부모님들의 경험을 들으니 나도 그 시절로 돌아가서 같이 있는 듯했어요. 엄마는 일찍 고향을 떠나서 놀이 경험보다는 어릴 때 들로 산으로 다닌 기억이 더 많고, 아버지는 막내라 주로 누님들과 많이 놀았대요. 시어머니는 엄청 말

괄량이셨구나 싶고~^^ 고무줄 노래는 해방 즈음엔 일본 노래로 하다가 어머니처럼 학교에 가면서는 동요를 배워서 했나 싶습니다. 동요로 주로 하셨다고 했고, 학교에서 배워서 했겠지 그러시네요. 정이월~("그리운 강남")은 잘 모른다고 하시고요.

휘연　제가 선생님들께 나눌 수 있는 이야기는 두 가지예요.

첫 번째는 학교에서 교사로서 고무줄을 나눈 경험이에요. 2015년, 2017년, 2019년에 학생들과 고무줄을 했고요, 2015년엔 한 달, 2017년엔 산발적으로 일 년, 2019년엔 꾸준히 일 년을 고무줄을 했어요. 고무줄놀이는 여학생들과 빨리 친해지는 데 가장 좋은 놀이였다는 점을 먼저 말씀드리고 싶어요. 여선생님도 여학생을 힘들어하고, 남선생님들도 여학생들과 가까워지진 못하는데 고무줄은 이걸 쉽게 좁혀주었어요.

그리고 놀이판을 재밌게 해나가는 데는 신명을 일으키는 사람(열심히 하고 잘하는 사람, 웃으면서 땀 흘리는 앞서가는 사람)이 중요하다는 걸 알게 됐어요. 기능이 중요한 놀이에서는 기능도 신명의 주요 요소더라고요. 잘하는 언니들과 '고신'들이 바로 이 사람이었을 것 같아요.

한편 고무줄에서의 묘미는 여럿이 박자를 맞추는 것에 있을 것 같아요. 군무의 짜릿함을 아이들과 느낄 때 한 팀으로서 연결되는 느낌은 마치 진 놀이에서 나 하나를 구출하러 위험을 뚫고 온 친구와 손이 닿는 느낌에 비유할 수 있을 듯해요.

이렇게 기능적 측면과 군무의 즐거움이라는 요소 때문에 잘하는 사람이 최소 3명은 되어야 놀이판에 힘이 생긴 걸로 기억해요. 다른 놀이보다 저의 개입이 더 절실했어요. 제가 빠지면 쉽게 죽는 놀이 1순위. 한 가지 고무줄을 질리도록 한 뒤에는 다른 노래를 보급할 필요도 있었고요.

'기능'이라는 장벽 때문에 아무나 할 수 있는 놀이는 아니었어요. 창체동아리도 운영했는데, 고무줄놀이가 뭔지 모르고 온 학생들 대부분은 기능을 익히지 못해 놀기는커녕 고통스러워했어요. (저도 지도교사라 함께 고통…) 노래를 마음속으로 부르고, 박자에 맞춰 뛰는, 기본적인 기능이 되고 두 개를 연결할 수 있어야 하는데, 3~4학년 남학생의 10% 정도만 이걸 하더라고요. 여학생은 80% 이상 가능했어요.

그리고 놀이시간이 짧아도 20분은 되어야 3:3이나 4:4에서 팀을 바꿔가며 발목에서 목까지 갈 수 있는데, 시간이 너무 짧게 끊어지면 아이들이 자기 기회가 안 온다며 실망하고, 저도 재미없었어요. (혜원쌤이 어떻게든 점심시간 내 해내려 했던 그 지혜는 고무줄에서 고무줄로 전승되던 것이었겠고, 아직 저희 학생들은 자기 힘만으로 창조해내긴 어려웠습니다. 음, 20분은 정말 마지노선인 듯해요.)

두 번째는 고무줄의 교육적, 문화적 가치에 대한 것이에요.(여기선 깍두기의 가치 이야기는 생략) 고무줄의 가장 특별한 요소는 노래가 반드시 무반주 라이브 가창이라는 점과 상대편이 불러준다는 점인 것 같아요. 내가 추어야 할 춤의 노래를 상대편이 불러주는 게임이 세상에 어디 있을까요? 배려와 소통, 화합의 덕목이 있다고나 할까요. 편 나눠 겨루기는 하지만 '이게 다 즐겁자고 하는 놀이 아니겠냐'고 소리치는 것 같아요.

그리고 상대의 몸짓에 맞게 노래 부르고, 상대의 노래에 맞게 춤추는 것이 상대와 긴밀히 조응하는 능력을 길러주고요. 음악적 합주, 합창, 군무에 필요한 협력적 기능이 집중돼 있어요.

죽은 사람도 어쨌든 다음 판에는 다 같이 들어가서 한다는 점 때문에 기능이 낮은 사람도 계속 연습할 기회가 생긴다는 점도 훌륭한 교육적 측면이고요. 무반주 라이브 가창으로 이뤄지는 놀이라는 점은 (음악 장르는 국악이 아니지만) 과거 국악의 핵심이 담겨있는 듯해요. 국악이 무대 예술화, 문화재화하면서 박제화하거나 관람의 대상이 되었는데, 고무줄은 계속 변화 발전하면서 대중이 직접 누리고 있어요. 국악은 강강술래와 고무줄을 만나야 예전처럼 살아 움직이지 않을까 싶습니다.

하고 싶었던 이야기는 이게 다인 것 같아요. 얘기하다 보니 4학년 때 고무줄 하던 학생들과 6학년을 하고도 고무줄을 되살려내지 못한 것이 못내 아쉽네요.

고무줄에서 노래가 엄청 중요하다는 것도 빼놓을 수 없겠어요. 2017년에 담임을 맡았던 아이들은 노래를 못 부르고 몸동작만 하기도 했어요. 노래를 못하면 반쪽 정도가 아니라 아예 가치를 잃는 게 고무줄이더라고요. 클래식 서양음악에는 지휘자가 있지만 대부분 월드뮤직에 그것이 없는 것, 그래도 가능한 것이 고무줄에서 노래와 춤을 다른 사람이, 그것도 여러 명이 하면서도 맞춰 가는 것을 보면 한 번에 설명될 것 같아요.

삶의 행복을 꿈꾸는 교육은 어디에서 오는가?

교육혁명을 앞당기는 배움책 이야기 혁신교육의 철학과 잉걸진 미래를 만나다!

● 비고츠키 선집 시리즈 발달과 협력의 교육학 어떻게 읽을 것인가?

 생각과 말
레프 세묘노비치 비고츠키 지음
배희철·김용호·D 켈로그 옮김 | 690쪽 | 값 33,000원

 도구와 기호
비고츠키·루리야 지음 | 비고츠키 연구회 옮김
336쪽 | 값 16,000원

 어린이 자기행동숙달의 역사와 발달 I
L.S. 비고츠키 지음 | 비고츠키 연구회 옮김
564쪽 | 값 28,000원

 어린이 자기행동숙달의 역사와 발달 II
L.S. 비고츠키 지음 | 비고츠키 연구회 옮김
552쪽 | 값 28,000원

 어린이의 상상과 창조
L.S. 비고츠키 지음 | 비고츠키 연구회 옮김
280쪽 | 값 15,000원

 비고츠키와 인지 발달의 비밀
A.R. 루리야 지음 | 배희철 옮김 | 280쪽 | 값 15,000원

 수업과 수업 사이
비고츠키 연구회 지음 | 196쪽 | 값 12,000원

 비고츠키의 발달교육이란 무엇인가?
비고츠키교육학실천연구모임 지음 | 412쪽 | 값 21,000원

 비고츠키 철학으로 본 핀란드 교육과정
배희철 지음 | 456쪽 | 값 23,000원

 성장과 분화
L.S. 비고츠키 지음 | 비고츠키 연구회 옮김
308쪽 | 값 15,000원

 연령과 위기
L.S. 비고츠키 지음 | 비고츠키 연구회 옮김
336쪽 | 값 17,000원

 의식과 숙달
L.S 비고츠키 | 비고츠키 연구회 옮김
348쪽 | 값 17,000원

 분열과 사랑
L.S. 비고츠키 지음 | 비고츠키 연구회 옮김
260쪽 | 값 16,000원

 성애와 갈등
L.S. 비고츠키 지음 | 비고츠키 연구회 옮김
268쪽 | 값 17,000원

 관계의 교육학, 비고츠키
진보교육연구소 비고츠키교육학실천연구모임 지음
300쪽 | 값 15,000원

 비고츠키 생각과 말 쉽게 읽기
진보교육연구소 비고츠키교육학실천연구모임 지음
316쪽 | 값 15,000원

 교사와 부모를 위한 비고츠키 교육학
카르포프 지음 | 실천교사번역팀 옮김 | 308쪽 | 값 15,000원

 혁신학교
성열관·이순철 지음 | 224쪽 | 값 12,000원

 행복한 혁신학교 만들기
초등교육과정연구모임 지음 | 264쪽 | 값 13,000원

 서울형 혁신학교 이야기
이부영 지음 | 320쪽 | 값 15,000원

 대한민국 교사, 어떻게 가르칠 것인가?
윤성관 지음 | 320쪽 | 값 15,000원

 아이들을 어떻게 가르칠 것인가
사토 마나부 지음 | 박찬영 옮김 | 232쪽 | 값 13,000원

 모두를 위한 국제이해교육
한국국제이해교육학회 지음 | 364쪽 | 값 16,000원

 혁신교육, 철학을 만나다
브렌트 데이비스·데니스 수마라 지음
현인철·서용선 옮김 | 304쪽 | 값 15,000원

 혁신교육 존 듀이에게 묻다
서용선 지음 | 292쪽 | 값 14,000원

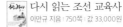 **다시 읽는 조선 교육사**
이만규 지음 | 750쪽 | 값 33,000원

 대한민국 교육혁명
교육혁명공동행동 연구위원회 지음 | 224쪽 | 값 12,000원

 경쟁을 넘어 발달 교육으로
현광일 지음 | 288쪽 | 값 14,000원

 독일 교육, 왜 강한가?
박성희 지음 | 324쪽 | 값 15,000원

 핀란드 교육의 기적
한넬레 니에미 외 엮음 | 장수명 외 옮김 | 456쪽 | 값 23,000원

 한국 교육의 현실과 전망
심성보 지음 | 724쪽 | 값 35,000원

● **4·16, 질문이 있는 교실 마주이야기** 통합수업으로 혁신교육과정을 재구성하다!

 통하는 공부
김태호·김형우·이경석·심우근·허진만 지음
324쪽 | 값 15,000원

 내일 수업 어떻게 하지?
아이함께 지음 | 300쪽 | 값 15,000원
2015 세종도서 교양부문

 인간 회복의 교육
성래운 지음 | 260쪽 | 값 13,000원

 교과서 너머 교육과정 마주하기
이윤미 외 지음 | 368쪽 | 값 17,000원

 수업 고수들
수업·교육과정·평가를 말하다
박현숙 외 지음 | 368쪽 | 값 17,000원

 도덕 수업, 책으로 묻고 윤리로 답하다
울산도덕교사모임 지음 | 320쪽 | 값 15,000원

 체육 교사, 수업을 말하다
전용진 지음 | 304쪽 | 값 15,000원

 교실을 위한 프레이리
아이러 쇼어 엮음 | 사람대사람 옮김 | 412쪽 | 값 18,000원

 마을교육공동체란 무엇인가?
서용선 외 지음 | 360쪽 | 값 17,000원

 교사, 학교를 바꾸다
정진화 지음 | 372쪽 | 값 17,000원

 함께 배움
학생 주도 배움 중심 수업 이렇게 한다
니시카와 준 지음 | 백경석 옮김 | 280쪽 | 값 15,000원

 공교육은 왜?
홍섭근 지음 | 352쪽 | 값 16,000원

 자기혁신과 공동의 성장을 위한
교사들의 필리버스터
윤양수·원종희·장군·조경삼 지음 | 280쪽 | 값 14,000원

 함께 배움 이렇게 시작한다
니시카와 준 지음 | 백경석 옮김 | 196쪽 | 값 12,000원

 함께 배움 교사의 말하기
니시카와 준 지음 | 백경석 옮김 | 188쪽 | 값 12,000원

 교육과정 통합, 어떻게 할 것인가?
성열관 외 지음 | 192쪽 | 값 13,000원

 학교 혁신의 길, 아이들에게 묻다
남궁상운 외 지음 | 272쪽 | 값 15,000원

 미래교육의 열쇠, 창의적 문화교육
심광현·노명우·강정석 지음 | 368쪽 | 값 16,000원

 주제통합수업, 아이들을 수업의 주인공으로!
이윤미 외 지음 | 392쪽 | 값 17,000원

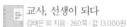 수업과 교육의 지평을 확장하는 수업 비평
윤양수 지음 | 316쪽 | 값 15,000원
2014 문화체육관광부 우수교양도서

 교사, 선생이 되다
김태은 외 지음 | 260쪽 | 값 13,000원

 교사의 전문성, 어떻게 만들어지나
국제교원노조연맹 보고서 | 김석규 옮김 392쪽 | 값 17,000원

 수업의 정치
윤양수·원종희·장군 지음 | 280쪽 | 값 14,000원

 학교협동조합,
현장체험학습과 마을교육공동체를 잇다
주수원 외 지음 | 296쪽 | 값 15,000원

 거꾸로 교실,
잠자는 아이들을 깨우는 수업의 비밀
이민경 지음 | 280쪽 | 값 14,000원

 교사는 무엇으로 사는가
정은균 지음 | 292쪽 | 값 15,000원

 마음의 힘을 기르는 감성수업
조선미 외 지음 | 300쪽 | 값 15,000원

 작은 학교 아이들
지경준 엮음 | 376쪽 | 값 17,000원

 아이들의 배움은 어떻게 깊어지는가
이시이 준지 지음 | 방지현·이창희 옮김 | 200쪽 | 값 11,000원

 대한민국 입시혁명
참교육연구소 입시연구팀 지음 | 220쪽 | 값 12,000원

 교사를 세우는 교육과정
박승열 지음 | 312쪽 | 값 15,000원

 전국 17명 교육감들과 나눈 교육 대담
최창의 대담·기록 | 272쪽 | 값 15,000원

 들뢰즈와 가타리를 통해 유아교육 읽기
리세롯 마리엣 올슨 지음 | 이연선 외 옮김 | 328쪽 | 값 17,000원

 학교 민주주의의 불한당들
정은균 지음 | 276쪽 | 값 14,000원

프레이리의 사상과 실천
사람대사람 지음 | 352쪽 | 값 18,000원
2018 세종도서 학술부문

 혁신학교, 한국 교육의 미래를 열다
송순재 외 지음 | 608쪽 | 값 30,000원

 페다고지를 위하여
프레네의『페다고지 불변요소』읽기
박찬영 지음 | 296쪽 | 값 15,000원

 노자와 탈현대 문명
홍승표 지음 | 284쪽 | 값 15,000원

 선생님, 민주시민교육이 뭐예요?
염경미 지음 | 244쪽 | 값 15,000원

 어쩌다 혁신학교
유우석 외 지음 | 380쪽 | 값 17,000원

 미래, 교육을 묻다
정광필 지음 | 232쪽 | 값 15,000원

 대학, 협동조합으로 교육하라
박주희 외 지음 | 252쪽 | 값 15,000원

 입시, 어떻게 바꿀 것인가?
노기원 지음 | 306쪽 | 값 15,000원

 촛불시대, 혁신교육을 말하다
이용관 지음 | 240쪽 | 값 15,000원

 라운드 스터디
이시이 데루마사 외 엮음 | 224쪽 | 값 15,000원

 미래교육을 디자인하는 학교교육과정
박승열 외 지음 | 348쪽 | 값 18,000원

 흥미진진한 아일랜드 전환학년 이야기
제리 제퍼스 지음 | 최상덕·김호원 옮김 | 508쪽 | 값 27,000원

 폭력 교실에 맞서는 용기
따돌림사회연구모임 학급운영팀 지음 | 272쪽 | 값 15,000원

 그래도 혁신학교
박은혜 외 지음 | 248쪽 | 값 15,000원

 학교는 어떤 공동체인가?
성열관 외 지음 | 228쪽 | 값 15,000원

 교사 전쟁
다나 골드스타인 지음 | 유성상 외 옮김 | 468쪽 | 값 23,000원

 시민, 학교에 가다
최형규 지음 | 260쪽 | 값 15,000원

 교육과정, 수업, 평가의 일체화
리사 카터 지음 | 박승열 외 옮김 | 196쪽 | 값 13,000원

 학교를 개선하는 교장
지속가능한 학교 혁신을 위한 실천 전략
마이클 폴란 지음 | 서동연·정효준 옮김 | 216쪽 | 값 13,000원

 공자뎐, 논어는 이것이다
유문상 지음 | 392쪽 | 값 18,000원

 교사와 부모를 위한 발달교육이란 무엇인가?
현광일 지음 | 380쪽 | 값 18,000원

 교사, 이오덕에게 길을 묻다
이무완 지음 | 328쪽 | 값 15,000원

 낙오자 없는 스웨덴 교육
레이프 스트란드베리 지음 | 변광수 옮김 | 208쪽 | 값 13,000원

 끝나지 않은 마지막 수업
장석웅 지음 | 328쪽 | 값 20,000원

 경기 꿈의 학교
진흥섭 외 지음 | 360쪽 | 값 17,000원

 학교를 말한다
이성우 지음 | 292쪽 | 값 15,000원

 행복도시 세종, 혁신교육으로 디자인하다
곽순일 외 지음 | 392쪽 | 값 18,000원

 나는 거꾸로 교실 거꾸로 교사
류광모·임정훈 지음 | 212쪽 | 값 13,000원

 교실 속으로 간 이해중심 교육과정
온정덕 외 지음 | 224쪽 | 값 13,000원

 교실, 평화를 말하다
따돌림사회연구모임 초등우정팀 지음 | 268쪽 | 값 15,000원

 학교자율운영 2.0
김용 지음 | 240쪽 | 값 15,000원

 학교자치를 부탁해
유우석 외 지음 | 252쪽 | 값 15,000원

 국제이해교육 페다고지
강순원 외 지음 | 256쪽 | 값 15,000원

 선생님, 페미니즘이 뭐예요?
염경미 지음 | 280쪽 | 값 15,000원

 평화의 교육과정 섬김의 리더십
이준원·이형빈 지음 | 292쪽 | 값 16,000원

학교를 살리는 회복적 생활교육
김민자·이순영·정선영 지음 | 256쪽 | 값 15,000원

 교사를 위한 교육학 강의
이형빈 지음 | 336쪽 | 값 17,000원

 새로운학교 학생을 날게 하다
새로운학교네트워크 총서 02 | 408쪽 | 값 20,000원

 세월호가 묻고 교육이 답하다
경기도교육연구원 지음 | 214쪽 | 값 13,000원

 미래교육, 어떻게 만들어갈 것인가?
송기상·김성천 지음 | 300쪽 | 값 16,000원
2019 세종도서 교양부문

 교육에 대한 오해
우문영 지음 | 224쪽 | 값 15,000원

 혁신교육지구 현장을 가다
이용운 외 지음 | 348쪽 | 값 18,000원

 배움의 독립선언, 평생학습
정민승 지음 | 240쪽 | 값 15,000원

 서울의 마을교육
이용운 외 10인 지음 | 352쪽 | 값 18,000원

 학습격차 해소를 위한 새로운 도전:
보편적 학습설계 수업
조윤정 외 3인 지음 | 225쪽 | 값 15,000원

물질의 새로운 만남
베로니차 파치니-케처바우 지음 | 이연선 외 옮김
240쪽 | 값 15,000원

 수포자의 시대
김성수·이형빈 지음 | 252쪽 | 값 15,000원

 혁신학교와 실천적 교육과정
신은희 지음 | 236쪽 | 값 15,000원

 삶의 시간을 잇는 문화예술교육
고영직 지음 | 292쪽 | 값 16,000원

 혐오, 교실에 들어오다
이혜정 외 지음 | 232쪽 | 값 15,000원

 혁신교육지구와 마을교육공동체는
어떻게 만들어지는가?
김태정 지음 | 376쪽 | 값 18,000원

 선생님, 특성화고 자기소개서 어떻게
써요?
이지영 지음 | 322쪽 | 값 17,000원

 학생과 교사, 수업을 묻다
전용진 지음 | 344쪽 | 값 18,000원

 혁신학교의 꽃, 교육과정 다시 그리기
안재일 지음 | 344쪽 | 값 18,000원

 교육혁신의 시대 배움의 공간을
상상하다
함영기 외 13인 지음 | 264쪽 | 값 17,000원

 평화와 인성을 키우는 자기우정
따돌림사회연구모임 우정팀 지음 | 240쪽 | 값 15,000원

 미래교육을 열어가는 배움중심 원격수업
하늘빛중학교 원격수업연구회 지음 | 332쪽 | 값 17,000원

● 살림터 참교육 문예 시리즈 영혼이 있는 삶을 가르치는 온 선생님을 만나다!

 꽃보다 귀한 우리 아이는
조재도 지음 | 244쪽 | 값 12,000원

 성깔 있는 나무들
최은숙 지음 | 244쪽 | 값 12,000원

 아이들에게 세상을 배웠네
명혜정 지음 | 240쪽 | 값 12,000원

 밥상에서 세상으로
김홍숙 지음 | 280쪽 | 값 13,000원

 우물쭈물하다 끝난 교사 이야기
유기창 지음 | 380쪽 | 값 17,000원

 오천년을 사는 여자
염경미 지음 | 272쪽 | 값 16,000원

 선생님이 먼저 때렸는데요
강병철 지음 | 248쪽 | 값 12,000원

 서울 여자, 시골 선생님 되다
조경선 지음 | 252쪽 | 값 12,000원

 행복한 창의 교육
최창의 지음 | 328쪽 | 값 15,000원

 북유럽 교육 기행
정애경 외 14인 지음 | 288쪽 | 값 14,000원

 시험 시간에 웃은 건 처음이에요
조규선 지음 | 252쪽 | 값 15,000원

 다정한 교실에서 20,000시간
강정희 지음 | 296쪽 | 값 16,000원

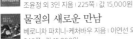

교과서 밖에서 만나는 역사 교실 상식이 통하는 살아 있는 역사를 만나다

 전봉준과 동학농민혁명
조광환 지음 | 336쪽 | 값 15,000원

 남도의 기억을 걷다
노성태 지음 | 344쪽 | 값 14,000원

 응답하라 한국사 1·2
김은석 지음 | 356쪽·368쪽 | 각권 값 15,000원

 즐거운 국사수업 32강
김남선 지음 | 280쪽 | 값 11,000원

 즐거운 세계사 수업
김은석 지음 | 328쪽 | 값 13,000원

 강화도의 기억을 걷다
최보길 지음 | 276쪽 | 값 14,000원

 광주의 기억을 걷다
노성태 지음 | 348쪽 | 값 15,000원

 선생님도 궁금해하는 한국사의 비밀 20가지
김은석 지음 | 312쪽 | 값 15,000원

 걸림돌
키르스텐 세룹-빌펠트 지음 | 문봉애 옮김
248쪽 | 값 13,000원

 역사수업을 부탁해
열 사람의 한 걸음 지음 | 388쪽 | 값 18,000원

 진실과 거짓, 인물 한국사
하성환 지음 | 400쪽 | 값 18,000원

 우리 역사에서 사라진 근현대 인물 한국사
하성환 지음 | 296쪽 | 값 18,000원

 꼬물꼬물 거꾸로 역사수업
역모자들 지음 | 436쪽 | 값 23,000원

 즐거운 동아시아사 수업
김은석 지음 | 240쪽 | 값 15,000원

 노성태, 역사의 길을 걷다
노성태 지음 | 324쪽 | 값 17,000원

 혁신학교 역사과 교육과정과 수업
황현정 지음 | 236쪽 | 값 15,000원

 교과서 밖에서 배우는 역사 공부
정은교 지음 | 292쪽 | 값 14,000원

 팔만대장경도 모르면 빨래판이다
전병철 지음 | 360쪽 | 값 16,000원

 빨래판도 잘 보면 팔만대장경이다
전병철 지음 | 360쪽 | 값 16,000원

 영화는 역사다
강성률 지음 | 288쪽 | 값 13,000원

 친일 영화의 해부학
강성률 지음 | 264쪽 | 값 15,000원

 한국 고대사의 비밀
김은석 지음 | 304쪽 | 값 13,000원

 조선족 근현대 교육사
정미량 지음 | 320쪽 | 값 15,000원

 다시 읽는 조선근대 교육의 사상과 운동
윤건차 지음 | 이명실·심성보 옮김 | 516쪽 | 값 25,000원

 음악과 함께 떠나는 세계의 혁명 이야기
조광환 지음 | 292쪽 | 값 15,000원

 논쟁으로 보는 일본 근대 교육의 역사
이명실 지음 | 324쪽 | 값 17,000원

 다시, 독립의 기억을 걷다
노성태 지음 | 320쪽 | 값 16,000원

 한국사 리뷰
김은석 지음 | 244쪽 | 값 15,000원

 경남의 기억을 걷다
류형진 외 지음 | 564쪽 | 값 28,000원

 **어제와 오늘이 만나는 교실
학생과 교사의 역사수업 에세이**
정진경 외 지음 | 328쪽 | 값 17,000원

**우리 역사에서 왜곡되고 사라진
근현대 인물 한국사**
하성환 지음 | 348쪽 | 값 18,000원

더불어 사는 정의로운 세상을 여는 인문사회과학 사람의 존엄과 평등의 가치를 배운다

 밥상혁명
강양구·강이현 지음 | 298쪽 | 값 13,800원

 도덕 교과서 무엇이 문제인가?
김대용 지음 | 272쪽 | 값 14,000원

 자율주의와 진보교육
조엘 스프링 지음 | 심성보 옮김 | 320쪽 | 값 15,000원

 민주화 이후의 공동체 교육
심성보 지음 | 392쪽 | 값 15,000원
2009 문화체육관광부 우수학술도서

 갈등을 넘어 협력 사회로
이창언·오수길·유문종·신윤관 지음 | 280쪽 | 값 15,000원

 동양사상과 마음교육
정재걸 외 지음 | 356쪽 | 값 16,000원
2015 세종도서 학술부문

 교과서 밖에서 배우는 철학 공부
정은교 지음 | 280쪽 | 값 14,000원

 교과서 밖에서 배우는 사회 공부
정은교 지음 | 304쪽 | 값 15,000원

 교과서 밖에서 배우는 윤리 공부
정은교 지음 | 292쪽 | 값 15,000원

 한글 혁명
김슬옹 지음 | 388쪽 | 값 18,000원

 우리 안의 미래교육
정재걸 지음 | 484쪽 | 값 25,000원

 왜 그는 한국으로 돌아왔는가?
황선준 지음 | 364쪽 | 값 17,000원
2019세종도서교양부문

 공간, 문화, 정치의 생태학
현광일 지음 | 232쪽 | 값 15,000원

 인공지능 시대의 사회학적 상상력
홍승표 지음 | 260쪽 | 값 15,000원

 동양사상과 인간 그리고 사회
이현지 지음 | 418쪽 | 값 21,000원

 장자와 탈현대
정재걸 외 4인 지음 | 424쪽 | 값 21,000원

 놀자선생의 놀이인문학
진용근 지음 | 380쪽 | 값18,000원

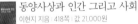 **포스트 코로나 시대, 예술과 정치**
현광일지음 | 288쪽 | 값 16,000원

 좌우지간 인권이다
안경환 지음 | 288쪽 | 값 13,000원

 민주시민교육
심성보 지음 | 544쪽 | 값 25,000원

 민주시민을 위한 도덕교육
심성보 지음 | 500쪽 | 값 25,000원
2015 세종도서 학술부문

 교과서 밖에서 배우는 인문학 공부
정은교 지음 | 280쪽 | 값 13,000원

 오래된 미래교육
정재걸 지음 | 392쪽 | 값 18,000원

 대한민국 의료혁명
전국보건의료산업노동조합 엮음 | 548쪽 | 값 25,000원

 교과서 밖에서 배우는 고전 공부
정은교 지음 | 288쪽 | 값 14,000원

 전체 안의 전체 사고 속의 사고
김우창의 인문학을 읽다
현광일 지음 | 320쪽 | 값 15,000원

 카스트로, 종교를 말하다
피델 카스트로·프레이 베토 대담 | 조세종 옮김
420쪽 | 값 21,000원

 일제강점기 한국철학
이태우 지음 | 448쪽 | 값 25,000원

 한국 교육 제4의 길을 찾다
이길상 지음 | 400쪽 | 값 21,000원
2019세종도서학술부문

 마을교육공동체 생태적 의미와 실천
김용련 지음 | 256쪽 | 값 15,000원

 교육과정에서 왜 지식이 중요한가
심성보 지음 | 440쪽 | 값 23,000원

 식물에게서 교육을 배우다
이차영 지음 | 260쪽 | 값 15,000원

 왜 전태일인가
송필경 지음 | 236쪽 | 값17,000원

 한국 세계시민교육이 나아갈 길을 묻다
유네스코태평양 국제이해교육원 지음 | 360쪽 | 값 18,000원

 대한민국 대학혁명
대학무상화·대학평준화 추진본부 연구위원회 지음 | 240쪽 |
값 15,000원

 **코로나 시대, 마을교육공동체 운동과
생태적 교육학**
심성보지음 | 280쪽 | 값 17,000원

평화샘 프로젝트 매뉴얼 시리즈 학교폭력에 대한 근본적인 예방과 대책을 찾는다

 학교폭력 어떻게 만들어지는가
문재현 외 지음 | 300쪽 | 값 14,000원

 아이들을 살리는 동네
문재현·신동명·김수동 지음 | 204쪽 | 값 10,000원

 학교폭력, 멈춰!
문재현 외 지음 | 348쪽 | 값 15,000원

 평화! 행복한 학교의 시작
문재현 외 지음 | 252쪽 | 값 12,000원

 왕따, 이렇게 해결할 수 있다
문재현 외 지음 | 236쪽 | 값 12,000원

 마을에 배움의 길이 있다
문재현 지음 | 208쪽 | 값 10,000원

 젊은 부모를 위한 백만 년의 육아 슬기
문재현 지음 | 248쪽 | 값 13,000원

 별자리, 인류의 이야기 주머니
문재현·문한 외 지음 | 444쪽 | 값 20,000원

 우리는 마을에 산다
유양우·신동명·김수동 문재현 지음 | 312쪽 | 값 15,000원

 동생아, 우리 뭐 하고 놀까?
문재현 외 지음 | 280쪽 | 값 15,000원

 누가, 학교폭력 해결을 가로막는가?
문재현 외 지음 | 312쪽 | 값 15,000원

 코로나 19가 앞당긴 미래, 마을에서 찾는 배움길
문재현 외 5인 지음 | 308쪽 | 값 16,000원

남북이 하나 되는 두물머리 평화교육 분단 극복을 위한 치열한 배움과 실천을 만나다

 10년 후 통일
정동영·지승호 지음 | 328쪽 | 값 15,000원

 선생님, 통일이 뭐예요?
정경호 지음 | 252쪽 | 값 13,000원

 분단시대의 통일교육
성래운 지음 | 428쪽 | 값 18,000원

 김창환 교수의 DMZ 지리 이야기
김창환 지음 | 264쪽 | 값 15,000원

 한반도 평화교육 어떻게 할 것인가
이기범 외 지음 | 252쪽 | 값 15,000원

 포괄적 평화교육
베티 리어든 지음 | 강순원 옮김 | 252쪽 | 값 17,000원

창의적인 협력 수업을 지향하는 삶이 있는 국어 교실 우리말 글을 배우며 세상을 배운다

 중학교 국어 수업 어떻게 할 것인가?
김미경 지음 | 340쪽 | 값 15,000원

 토론의 숲에서 나를 만나다
명혜정 엮음 | 312쪽 | 값 15,000원

 토닥토닥 토론해요
명혜정·이명선·조선미 엮음 | 288쪽 | 값 15,000원

 인문학의 숲을 거니는 토론 수업
순천국어교사모임 엮음 | 308쪽 | 값 15,000원

 어린이와 시
오인태 지음 | 192쪽 | 값 12,000원

 수업, 슬로리딩과 함께
박경숙 외 지음 | 268쪽 | 값 15,000원

 언어던
정은균 지음 | 268쪽 | 값 15,000원
2019 세종도서 교양부문

 민촌 이기영 평전
이성렬 지음 | 508쪽 | 값 20,000원

 감각의 갱신, 화장하는 인민
남북문학예술연구회 | 380쪽 | 값 19,000원

참된 삶과 교육에 관한
생각 줍기